Reading TUTOR 리딩튜터

Challenger
1

Welcome to
Reading Tutor Challenger

<리딩튜터> 시리즈는 오랜 시간 동안 많은 사랑을 받아 온 중등 독해 전문서입니다. 다채롭고 흥미로운 소재들로 구성하여 독해가 즐거워지고 실력이 쑥쑥 성장하는 경험을 선사하는 <리딩튜터>의 마지막 시리즈, <리딩튜터 챌린저>가 새롭게 탄생했습니다. 중등 독해의 완성을 향해 지금 바로 도전해 보세요.

구성 체계적인 학습을 위한 시리즈 구성 및 난이도

단어 수와 렉사일(Lexile) 지수를 기반으로 개발되어, 더욱 객관적으로 난이도를 비교·선택하실 수 있습니다.

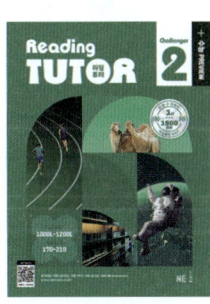

150-190 words
900L-1100L

170-210 words
1000L-1200L

190-230 words
1100L-1300L

특징 독해 실력을 완성하고 수능 독해에 한걸음 다가가는 <리딩튜터 챌린저>만의 특징

- 흥미로운 최신 소재의 지문들을 수록하였습니다.
- 이해력을 높여 독해가 쉬워지도록 Knowledge Bank 코너를 강화했습니다.
- 실질적인 실력 향상을 뒷받침하는 내신·서술형 문제를 더 많이 수록하였습니다.
- 수능 유형을 포함한 다양한 독해 문제를 수록하여 독해력을 높일 수 있습니다.
- 수능 대표 유형을 자세한 유형TIP과 함께 경험해볼 수 있는 수능:ON코너를 신설하였습니다.

How to Study
Reading Tutor Challenger

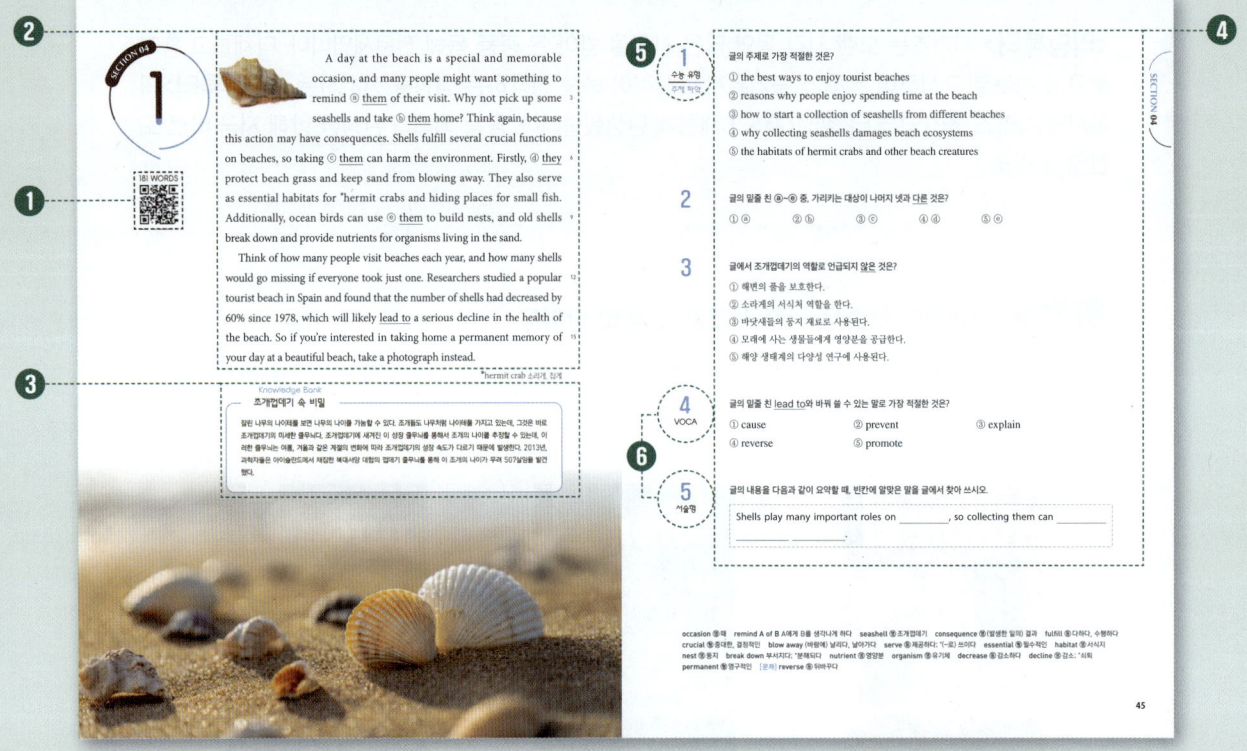

❶ QR코드

지문을 읽기 전에 녹음 파일을 듣고, 내용을 미리 파악해 보세요. 또, 학습 후 녹음 파일을 들으면서 복습할 수도 있어요.

❷ Reading

재미있고 상식도 쌓을 수 있는 지문을 읽어 보세요. 영어 독해 실력 향상은 물론, 상식을 넓히고 사고력도 기를 수 있어요.

❸ Knowledge Bank

지문 이해를 돕는 배경지식을 읽어 보세요. 지문이 이해가 안 될 때, 내용을 더 깊이 알고 싶을 때 큰 도움이 될 거예요.

❹ 최신 경향의 문제

최신 학습 경향을 반영한 다양한 유형의 문제를 풀어 보세요. 대의 파악 문제부터 세부 정보 파악, 서술형 문제까지 정답을 보지 않고 스스로 푸는 것이 중요해요.

❺ 수능 유형

수능 영어 영역에 나오는 대표 유형들을 풀며 수능에 한걸음 다가가 보세요. 조금 어렵지만 풀다 보면 어느새 수능 유형에 익숙해져 있는 것을 느낄 수 있을 거예요.

❻ 서술형 & VOCA

독해력을 높이는 동시에 학교 내신 서술형 문제에도 대비할 수 있어요. VOCA 문항으로 내신과 수능 어휘 실력을 높일 수 있어요.

섹션의 마지막 지문은 수능 유형 문항을 집중 학습하도록 구성했어요. 풀이를 도와주는 자세한 유형TIP이 포함되어 있으니 두려워하지 말고 차근차근 따라 풀다 보면 수능 영어 문제가 점점 쉬워질 거예요.

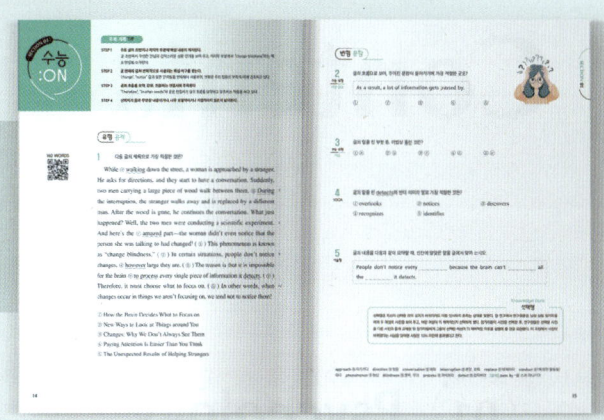

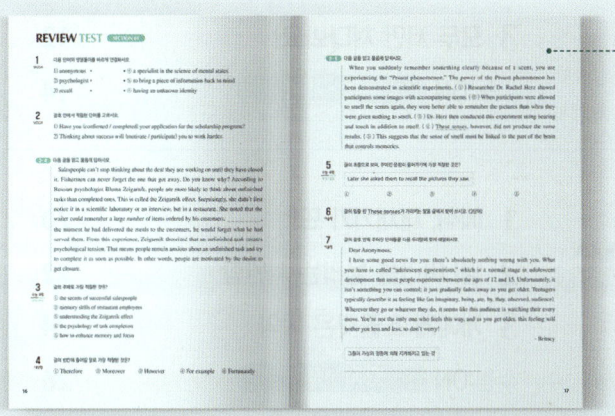

REVIEW TEST

각 섹션에서 학습한 어휘를 반복 학습하며 정리하고, 수능 및 최신 내신 기출 서술형 유형을 반영한 문제를 통해 실전 감각을 기를 수 있어요.

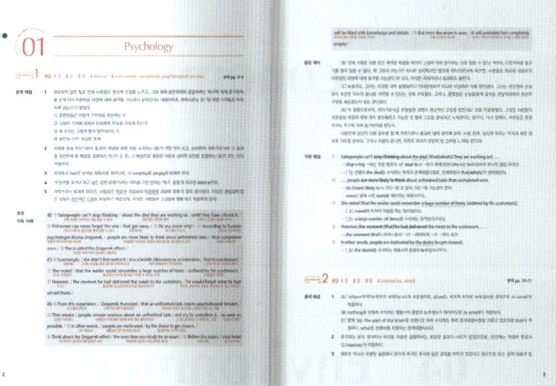

정답 및 해설

정답의 이유를 알려 주는 문제 해설, 빠르게 해석할 수 있는 방법을 보여 주는 직독직해, 한눈에 보는 본문 해석, 해석이 안 되는 부분이 없도록 도와주는 구문 해설로 알차게 구성했어요.
수능:ON 코너에는 문제를 왜 틀렸는지 알 수 있는 오답 풀이도 있어요.

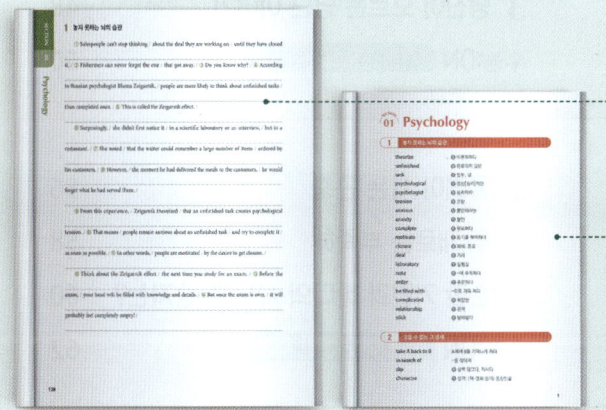

직독직해 워크시트

각 지문의 문장별 직독직해 훈련을 통해 완벽하게 복습할 수 있어요.

어휘 암기장

본문에 나온 단어와 숙어를 한눈에 볼 수 있도록 정리했습니다. 간단한 확인 문제도 있으니, 가지고 다니며 암기해 보세요.

Contents

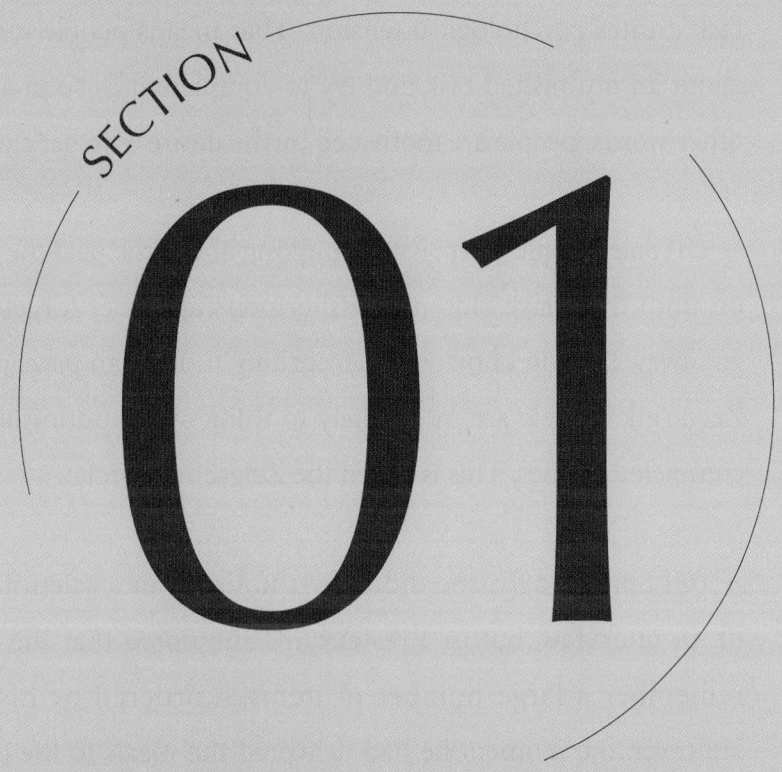

SECTION

01

Psychology

SECTION 01

1

184 WORDS

Knowledge Bank
**자이가르닉 효과를
이용한 학습법**

러시아의 심리학자 자이가르닉은 어떤 일이 순조롭게 진행될 때, 의도적으로 이를 중단시키는 것이 그렇지 않을 때보다 더 많은 내용을 기억하게 한다는 사실을 발견했다. 따라서 자이가르닉의 의견에 따르면, 독서나 공부를 할 때 주기적으로 휴식을 취하는 것이 쉬지 않고 계속할 때보다 더 많은 내용을 효과적으로 기억할 수 있다고 한다.

(A) From this experience, Zeigarnik theorized that an unfinished task creates psychological tension. That means people remain anxious about an unfinished task and try to complete it as soon as possible. In other words, people are motivated by the desire ⓐ to get closure. ³

(B) Salespeople can't ⓑ stop thinking about the deal they are working on until they have closed it. Fishermen can never forget the one that got away. Do you know why? According to Russian psychologist Bluma Zeigarnik, people are more likely to think about unfinished tasks than completed ⓒ ones. This is called the Zeigarnik effect. ⁶ ⁹

(C) Surprisingly, she didn't first notice it in a scientific laboratory or an interview, but in a restaurant. She noted that the waiter could remember a large number of items ⓓ ordered by his customers. ¹² However, the moment he had delivered the meals to the customers, he would forget what he had served them.

Think about the Zeigarnik effect the next time you study for an exam. ¹⁵ Before the exam, your head will be filled with knowledge and details. But once the exam is over, it will probably feel completely ⓔ emptily!

1

수능 유형
제목 파악

글의 제목으로 가장 적절한 것은?

① How Waiters Train Their Memories

② What Exams Teach Us About Memory

③ Why We Forget Things So Quickly

④ Anxiety and Memory: A Complicated Relationship

⑤ Why Certain Memories Stick in Your Brain

2

(A)~(C)의 글의 순서로 가장 적절한 것은?

① (A) – (C) – (B)　　　　　　② (B) – (A) – (C)

③ (B) – (C) – (A)　　　　　　④ (C) – (A) – (B)

⑤ (C) – (B) – (A)

3
수능 유형
어법

글의 밑줄 친 부분 중, 어법상 틀린 것은?

①ⓐ　　　②ⓑ　　　③ⓒ　　　④ⓓ　　　⑤ⓔ

4
VOCA

다음 영영풀이에 해당하는 단어를 글에서 찾아 쓰시오.

> A strong feeling of wanting to have or do something

_____

5
서술형

글의 내용과 일치하도록 빈칸에 알맞은 말을 글에서 찾아 쓰시오.

> According to the Zeigarnik effect, people think about _____ work more than _____ work. This is because things that aren't finished cause _____ _____, which keeps people worried about them.

theorize ⑧이론화하다　unfinished ⑨완료되지 않은　task ⑨임무, 일　psychological ⑩정신[심리]적인 ※ psychologist ⑨심리학자　tension ⑨긴장　anxious ⑩불안해하는 ※ anxiety ⑨불안　complete ⑧완료하다　motivate ⑧동기를 부여하다　closure ⑨폐쇄; *종료　deal ⑨거래　laboratory ⑨실험실　note ⑧~에 주목하다　order ⑧주문하다　be filled with ~으로 가득 차다　[문제] complicated ⑩복잡한　relationship ⑨관계　stick ⑧달라붙다

166 WORDS

Knowledge Bank
향기 마케팅

후각은 인간의 오감 중 가장 강력한 인상을 남긴다. 후각의 효과를 활용해 제품을 소비자에게 인지시키고 향과 특정 제품을 연결하는 향기 마케팅의 사례는 여러 영역에서 찾아볼 수 있다. 예를 들어, 어떤 의류 매장에 특정 향기를 사용한다면 그 매장에 방문한 사람은 그 향을 맡을 때 그 브랜드를 떠올릴 수 있다. 또한 그것이 자신이 좋아하는 향이라면 매장에 더 오래 머무르게 될 수도 있다. 이와 같은 향기 마케팅은 카페, 호텔, 미술관, 서점 등 매우 다양한 분야에서 활용되고 있다.

Have you ever smelled something that took you back to a specific time or place? That's exactly what happens in Marcel Proust's novel *In Search of Lost Time*. Because of the smell of a *madeleine dipped in tea, a character suddenly remembers being at his aunt's house as a child. When you suddenly remember something clearly because of a scent, you are experiencing the "Proust phenomenon."

The power of the Proust phenomenon has been demonstrated in scientific experiments. Researcher Dr. Rachel Herz showed participants some images with accompanying scents. Later she asked them to recall the pictures they saw. When participants were allowed (A) smelling / to smell the scents again, they were better able to remember the pictures than when they were given nothing (B) smelling / to smell . Dr. Herz then conducted this experiment using hearing and touch in addition to smell. These senses, _____, did not produce the same results. This suggests that the sense of smell must be linked to the part of the brain (C) what / that controls memories.

*madeleine 마들렌 (작은 카스테라의 일종)

1 수능 유형 어법

글의 (A), (B), (C)의 각 네모 안에서 어법에 맞는 표현으로 가장 적절한 것은?

	(A)		(B)		(C)
①	smelling	……	to smell	……	what
②	smelling	……	smelling	……	that
③	to smell	……	to smell	……	what
④	to smell	……	smelling	……	what
⑤	to smell	……	to smell	……	that

2

글의 빈칸에 들어갈 말로 가장 적절한 것은?

① thus ② shortly ③ however
④ for example ⑤ as a result

3 수능 유형 내용 일치

프루스트 현상에 관한 글의 내용과 일치하지 않는 것은?

① 프루스트 현상은 마르셀 프루스트의 소설에 등장한다.
② 헤르츠 박사는 실험을 통해 프루스트 현상의 영향력을 입증했다.
③ 헤르츠 박사는 실험에서 시각 자료와 향을 함께 제시했다.
④ 헤르츠 박사는 청각과 촉각에 대해서도 후각과 같은 실험 결과를 얻었다.
⑤ 후각은 기억을 담당하는 뇌 부분과 연관되어 있다.

4 서술형

글의 내용과 일치하도록 빈칸에 알맞은 말을 글에서 찾아 쓰시오.

Scents influence ___________, so people can recall forgotten things when they ___________ certain scents.

take A back to B A에게 B를 기억나게 하다 in search of ~을 찾아서 dip [동] 살짝 담그다, 적시다 character [명] 성격; *(책·영화 등의) 등장인물 scent [명] 향기 phenomenon [명] 현상 demonstrate [동] 입증하다 experiment [명] 실험 participant [명] 참가자 accompanying [형] 동반하는, 덧붙인 recall [동] 기억해 내다 conduct [동] (특정한 활동을) 하다 in addition to ~에 더하여 be linked to ~에 연관되다 [문제] influence [동] 영향을 주다

191 WORDS

Knowledge Bank
청소년기의 상상적 청중

상상적 청중은 청소년기 자아 중심성의 한 특징으로, 청소년이 자신의 행동이 다른 사람들에게 주목받고 있다고 생각하는 현상을 말한다. 예를 들어, 청소년은 자신의 외모와 행동에 신경을 쓰며, 타인도 자신을 주목한다고 믿고 걱정한다. 이로 인해 친구들과 같은 옷을 입거나 동조 행동을 보이기도 하고, 반대로 시선을 끌기 위해 일부러 요란한 옷차림을 하거나 반항적인 행동을 하기도 한다. 그러나 이러한 자아 중심성은 영원히 지속되지 않으며, 보통 청소년기가 지나면 점차 감소한다.

Dear Britney,

I'm a 13-year-old boy, and I'm afraid there's something wrong with me. I constantly feel like people are staring at me, (A) judging / prejudging the way I look. Every day, I find myself changing outfits repeatedly before I go out, and last week I tripped and fell in the school cafeteria, which everyone saw! Even though only a few people laughed, now I feel sick whenever I think about it. What's wrong with me? ⁶

- Anonymous

↳ Dear Anonymous, ⁹

I have some good news for you: there's absolutely nothing wrong with you. What you have is called "adolescent *egocentrism," which is a(n) (B) normal / abnormal stage in adolescent development that most people experience between the ages of 12 and 15. Unfortunately, it isn't something you can control; it just gradually fades away as you age. Teenagers typically (C) designate / describe it as feeling like they are being observed by an imaginary audience. Wherever they go or whatever they do, it seems like this audience is watching their every move. You're not the only one who feels this way, and as you get older, this feeling will bother you less and less, so don't worry!

- Britney

*egocentrism 자기 중심성

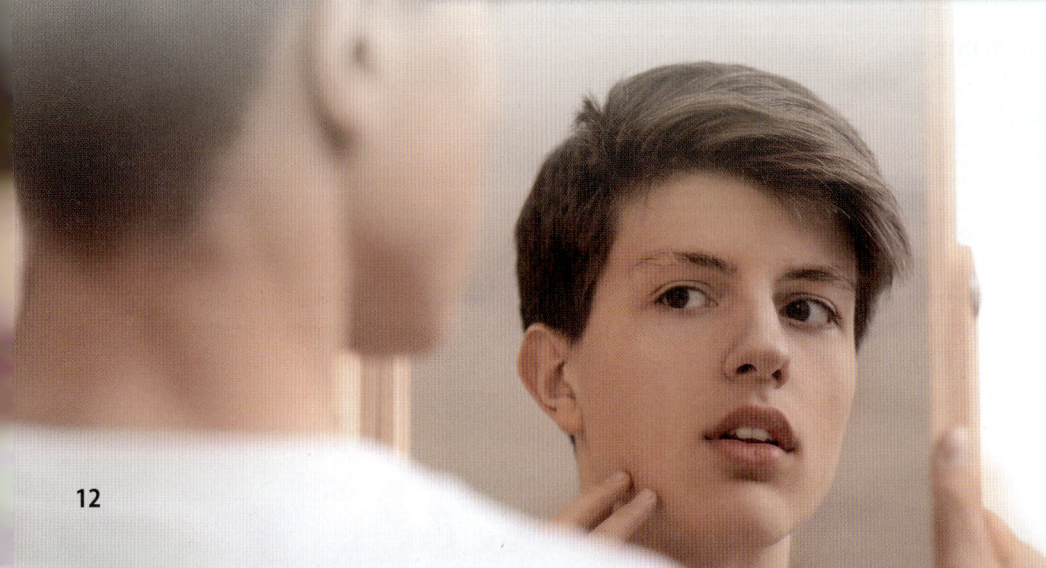

12

1

글의 주제로 가장 적절한 것은?

① the influence of peer pressure on adolescents

② how to deal with embarrassing moments at school

③ the effects of egocentrism on adolescent development

④ the role of self-esteem in adolescent development

⑤ how egocentrism can damage social relationships

2

글의 (A), (B), (C)의 각 네모 안에서 문맥에 맞는 낱말로 가장 적절한 것은?

	(A)		(B)		(C)
①	judging	……	normal	……	designate
②	judging	……	abnormal	……	designate
③	judging	……	normal	……	describe
④	prejudging	……	normal	……	describe
⑤	prejudging	……	abnormal	……	designate

3

청소년기 자기 중심성에 관한 글의 내용과 일치하면 T에, 일치하지 않으면 F에 표시하시오.

	T	F
(1) 대부분의 십 대 청소년이 겪는 과정이다.	☐	☐
(2) 나이가 들수록 증세가 심해진다.	☐	☐
(3) 가상의 청중이 자신을 지켜보고 있는 것 같은 느낌이다.	☐	☐

4

글의 밑줄 친 부분과 같은 뜻이 되도록 빈칸에 알맞은 말을 쓰시오.

_____ _____ _____ they go or _____ they do, it seems like this audience is watching their every move.

constantly ⓟ 계속해서   stare at ~을 쳐다보다   prejudge ⓥ 조급한 판단을 내리다   trip ⓥ 발을 헛디디다   feel sick 속이 불편하다   anonymous ⓐ 익명의   absolutely ⓟ 완전히; *전혀   adolescent ⓝ 청소년   abnormal ⓐ 비정상의   unfortunately ⓟ 유감스럽게도   gradually ⓟ 서서히, 차츰   fade away 사라지다   age ⓥ 나이가 들다   typically ⓟ 전형적으로   designate ⓥ 지정하다, 지명하다   imaginary ⓐ 가상의   audience ⓝ 관객, 청중   bother ⓥ 괴롭히다   [문제] peer ⓝ 또래   pressure ⓝ 압박, 압력   self-esteem ⓝ 자부심

유형 공략

162 WORDS

1 다음 글의 제목으로 가장 적절한 것은?

While ⓐ <u>walking</u> down the street, a woman is approached by a stranger. He asks for directions, and they start to have a conversation. Suddenly, two men carrying a large piece of wood walk between them. ⓑ <u>During</u> the interruption, the stranger walks away and is replaced by a different man. After the wood is gone, he continues the conversation. What just happened? Well, the two men were conducting a scientific experiment. And here's the ⓒ <u>amazed</u> part—the woman didn't even notice that the person she was talking to had changed! (①) This phenomenon is known as "change blindness." (②) In certain situations, people don't notice changes, ⓓ <u>however</u> large they are. (③) The reason is that it is impossible for the brain ⓔ <u>to process</u> every single piece of information it <u>detects</u>. (④) Therefore, it must choose what to focus on. (⑤) In other words, when changes occur in things we aren't focusing on, we tend not to notice them!

① How the Brain Decides What to Focus on
② New Ways to Look at Things around You
③ Changes: Why We Don't Always See Them
④ Paying Attention Is Easier Than You Think
⑤ The Unexpected Results of Helping Strangers

변형 문항

2
수능 유형
문장 삽입

글의 흐름으로 보아, 주어진 문장이 들어가기에 가장 적절한 곳은?

> As a result, a lot of information gets passed by.

①   ②   ③   ④   ⑤

3
수능 유형
어법

글의 밑줄 친 부분 중, 어법상 틀린 것은?

① ⓐ   ② ⓑ   ③ ⓒ   ④ ⓓ   ⑤ ⓔ

4
VOCA

글의 밑줄 친 detects와 반대 의미의 말로 가장 적절한 것은?

① overlooks   ② notices   ③ discovers
④ recognizes   ⑤ identifies

5
서술형

글의 내용을 다음과 같이 요약할 때, 빈칸에 알맞은 말을 글에서 찾아 쓰시오.

> People don't notice every _____ because the brain can't _____ all the _____ it detects.

Knowledge Bank
선택맹

선택맹은 자신이 선택한 것의 결과가 바뀌더라도 이를 인식하지 못하는 상태를 말한다. 한 연구에서 연구원들은 남성 실험 참가자들에게 두 여성의 사진을 보여 주고, 어떤 여성이 더 매력적인지 선택하게 했다. 참가자들이 사진을 선택한 후, 연구원들은 선택된 사진을 다른 사진과 몰래 교체한 뒤 참가자들에게 그들이 선택한 여성이 더 매력적인 이유를 설명해 줄 것을 요청했다. 이 과정에서 사진이 바뀌었다는 사실을 알아챈 사람은 10% 미만에 불과했다고 한다.

approach ⑧다가가다   direction ⑨방향   conversation ⑨대화   interruption ⑨중단, 방해   replace ⑧대체하다   conduct ⑧(특정한 활동을) 하다   phenomenon ⑨현상   blindness ⑨맹목, 무지   process ⑧처리하다   detect ⑧감지하다   [문제] pass by ~을 스쳐 지나가다

REVIEW TEST

1
VOCA

다음 단어의 영영풀이를 바르게 연결하시오.

1) anonymous •   • ⓐ a specialist in the science of mental states

2) psychologist •   • ⓑ to bring a piece of information back to mind

3) recall •   • ⓒ having an unknown identity

2
VOCA

괄호 안에서 적절한 단어를 고르시오.

1) Have you (confirmed / completed) your application for the scholarship program?

2) Thinking about success will (motivate / participate) you to work harder.

3-4 다음 글을 읽고 물음에 답하시오.

Salespeople can't stop thinking about the deal they are working on until they have closed it. Fishermen can never forget the one that got away. Do you know why? According to Russian psychologist Bluma Zeigarnik, people are more likely to think about unfinished tasks than completed ones. This is called the Zeigarnik effect. Surprisingly, she didn't first notice it in a scientific laboratory or an interview, but in a restaurant. She noted that the waiter could remember a large number of items ordered by his customers. _____, the moment he had delivered the meals to the customers, he would forget what he had served them. From this experience, Zeigarnik theorized that an unfinished task creates psychological tension. That means people remain anxious about an unfinished task and try to complete it as soon as possible. In other words, people are motivated by the desire to get closure.

3
수능 유형
주제 파악

글의 주제로 가장 적절한 것은?

① the secrets of successful salespeople

② memory skills of restaurant employees

③ understanding the Zeigarnik effect

④ the psychology of task completion

⑤ how to enhance memory and focus

4
내신형

글의 빈칸에 들어갈 말로 가장 적절한 것은?

① Therefore   ② Moreover   ③ However   ④ For example   ⑤ Fortunately

다음 글을 읽고 물음에 답하시오.

When you suddenly remember something clearly because of a scent, you are experiencing the "Proust phenomenon." The power of the Proust phenomenon has been demonstrated in scientific experiments. (①) Researcher Dr. Rachel Herz showed participants some images with accompanying scents. (②) When participants were allowed to smell the scents again, they were better able to remember the pictures than when they were given nothing to smell. (③) Dr. Herz then conducted this experiment using hearing and touch in addition to smell. (④) These senses, however, did not produce the same results. (⑤) This suggests that the sense of smell must be linked to the part of the brain that controls memories.

5
수능 유형
문장 삽입

글의 흐름으로 보아, 주어진 문장이 들어가기에 가장 적절한 곳은?

Later she asked them to recall the pictures they saw.

①   ②   ③   ④   ⑤

6
서술형

글의 밑줄 친 These senses가 가리키는 말을 글에서 찾아 쓰시오. (3단어)

_____

7
서술형

글의 괄호 안에 주어진 단어들을 다음 우리말에 맞게 배열하시오.

Dear Anonymous,

I have some good news for you: there's absolutely nothing wrong with you. What you have is called "adolescent egocentrism," which is a normal stage in adolescent development that most people experience between the ages of 12 and 15. Unfortunately, it isn't something you can control; it just gradually fades away as you get older. Teenagers typically describe it as feeling like (an imaginary, being, are, by, they, observed, audience). Wherever they go or whatever they do, it seems like this audience is watching their every move. You're not the only one who feels this way, and as you get older, this feeling will bother you less and less, so don't worry!

- Britney

그들이 가상의 청중에 의해 지켜봐지고 있는 것

_____

세계 최고의 축구 라이벌
레알 마드리드 VS FC 바르셀로나

수많은 축구 경기 중에서도 특히 '축구 전쟁'이라고 불리며 전 세계 축구팬들의 관심을 가장 많이 받는 경기가 있다. 바로 스페인을 대표하는 두 도시, 마드리드와 바르셀로나를 연고로 하는 레알 마드리드와 FC 바르셀로나의 라이벌 매치인 엘 클라시코(El Clasico)이다. 영어로는 '더 클래식(The Classic)', 즉 고전의 승부라는 뜻으로 두 팀의 라이벌 관계는 1902년부터 시작되었을 만큼 역사가 깊고 치열하다. 여기에는 스페인의 고질적인 지역 갈등이 자리 잡고 있다. 마드리드가 속해 있는 카스티야 지방과 바르셀로나의 카탈루냐 지방은 언어와 문화의 차이가 있어 역사적으로 충돌이 잦았고, 카탈루냐 지방에서는 분리 독립운동을 펼치기까지 하였다. 이러한 갈등이 자연스럽게 축구 경기로 이어진 것이다. 시즌에 네 번 열리는 엘 클라시코의 뜨거운 열기는 가끔 폭력으로 번지기도 한다. FC 바르셀로나의 부주장이었던 루이스 피구가 레알 마드리드로 이적한 후, 바르셀로나 팬들은 경기 중 피구를 향해 유리병, 당구공, 심지어 돼지머리까지 온갖 물건들을 집어 던지며 그를 비난하기도 했다. 오늘날에도 엘 클라시코는 단순한 축구 경기를 넘어 역사와 정치, 문화가 얽힌 치열한 승부로 수많은 화제를 낳으며 뜨겁게 이어지고 있다.

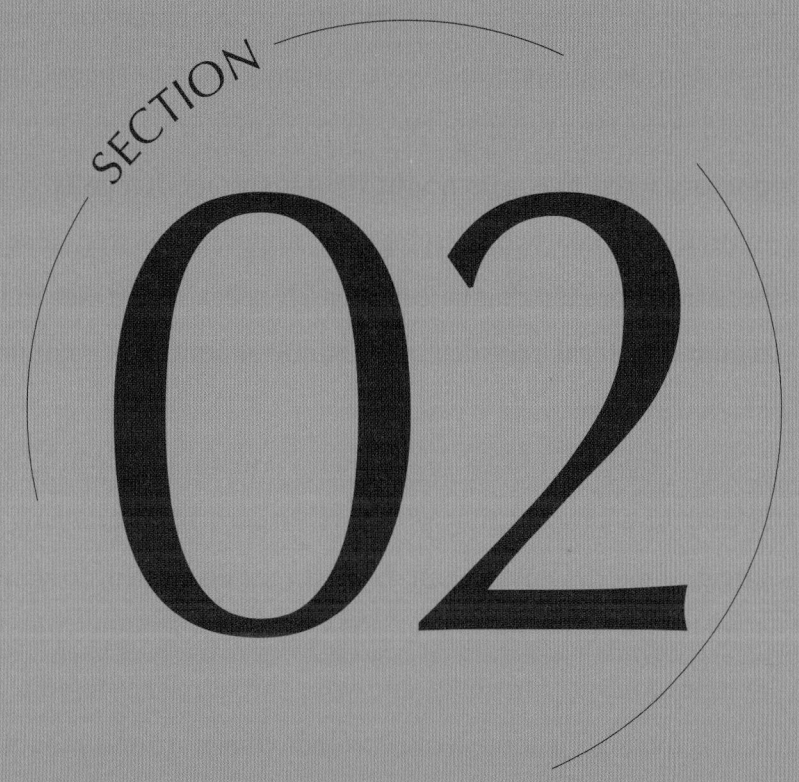

SECTION

02

Health & Medicine

SECTION 02

1

204 WORDS

Knowledge Bank
God bless you

미국이나 영국을 비롯한 서양에서는 옆 사람이 재채기할 때 "God bless you" 또는 "bless you"라고 말하는 문화가 있다. 이 표현은 재채기가 전염병의 초기 징후라고 여겨졌던 중세 시대 때 유래된 것으로, 사람의 건강을 기원하려는 의미에서 사용되었다. 또한, 고대에는 재채기할 때 몸속에서 영혼이 잠시 떠난다고 믿었고, 이때 악령이 침입하는 것을 막기 위해 "bless you"라는 말을 했다고 한다.

There are certain places (A) where / which sneezing may not feel appropriate. Perhaps you are studying in the library or watching a serious movie in the theater when you suddenly need to sneeze, but you want to avoid disturbing other people, so you attempt to hold it in. Unfortunately, doctors warn that this might be dangerous. Recently, a man seriously injured his throat while trying (B) stopping / to stop a sneeze. His neck became so swollen that he could barely speak, and it was so painful that he required medical treatment. Something as simple as holding his sneeze led to a long recovery.

And there's another reason why you shouldn't hold in a sneeze. It is part of a process that prevents viruses from entering your body. If foreign material enters your nose, a message is sent to your brain, which signals your eyes, mouth, and throat to close. Subsequently, your chest muscles contract forcefully, and your throat relaxes rapidly. As a result, air (C) is forcing / is forced out through your nose and mouth, expelling any potential viruses or harmful particles along with it. So, the next time you feel a sneeze coming on, let it out. Just remember to cover your mouth to prevent spreading viruses to other people!

20

1 글의 제목으로 가장 적절한 것은?

수능 유형
제목 파악

① Viruses That Make You Sneeze
② The Secret to Stopping Sneezes
③ Don't Resist the Need to Sneeze
④ A Man Who Can't Stop Sneezing
⑤ Sneezing: A Sign of Serious Illness

2 글의 (A), (B), (C)의 각 네모 안에서 어법에 맞는 표현으로 가장 적절한 것은?

수능 유형
어법

(A)	(B)	(C)
① where	stopping	is forcing
② where	to stop	is forced
③ where	to stop	is forcing
④ which	stopping	is forced
⑤ which	to stop	is forced

3 다음은 글의 밑줄 친 another reason이 의미하는 바를 나타낸 것이다. 빈칸에 들어갈 알맞은 말을 글에서 찾아 쓰시오.

서술형

Sneezing is a part of a process _____.

4 글의 내용과 일치하면 T에, 일치하지 않으면 F에 표시하시오.

	T	F
(1) According to doctors, holding in a sneeze is completely safe.	☐	☐
(2) When something enters your nose, your brain receives a signal.	☐	☐
(3) Your chest muscles relax before you sneeze.	☐	☐

sneeze ⑧재채기하다 ⑨재채기 appropriate ⑳적절한 disturb ⑧방해하다 attempt ⑧시도하다 hold in ~을 참다 swollen ⑳부어 오른
barely ㉖거의 ~아니게[없이] recovery ⑨회복 foreign ⑳외국의; *이질적인 signal ⑧신호를 보내다 subsequently ㉖그 뒤에, 나중에 chest
⑨가슴 muscle ⑨근육 forcefully ㉖강력하게 relax ⑧휴식을 취하다; *긴장이 풀리다[느슨해지다] expel ⑧배출하다 particle ⑨입자
along with ~와 함께 spread ⑧펼치다; *퍼뜨리다 [문제] resist ⑧저항하다; *~을 참다, 견디다

2

194 WORDS

Knowledge Bank
연관통

연관통(referred pain)은 통증이 발생한 부위가 아닌 다른 곳에서 느껴지는 통증을 말한다. 대표적인 예로 심근 경색이나 협심증이 있는데, 실제 통증의 원인은 흉부에 있지만, 많은 경우 목이나 왼쪽 어깨, 왼쪽 등에서 통증이 느껴진다. 또 다른 예로는 아이스크림 두통 또는 뇌동결(brain freeze)이 있다. 입천장이나 목구멍이 급격히 냉각되는 과정에서 감각 신경인 삼차신경이 자극되어 통증 신호를 전달하며, 뇌는 이 통증을 관자놀이 등 전혀 다른 부위에서 느끼는 것으로 착각하게 된다.

On a burning hot day, nothing ⓐ <u>beats</u> the relief of something icy cold. Perhaps some ice cream? It's such a cooling refreshment until a headache hits you.

Cold *neuralgia, better known as *brain freeze*, can affect the temples, forehead, or areas behind the eyes or nose. Despite ⓑ <u>lasting</u> only a few minutes, the sudden pain can stop you in your tracks, and that spoonful of ice cream now seems like a regrettable decision.

Among ⓒ <u>debated</u> theories, there is one that seems to logically explain brain freeze. As your mouth undergoes a drop in temperature, the blood vessels there reflexively constrict ⓓ <u>to stabilize</u> your core temperature. Expanding immediately afterward, the blood vessels allow the blood to rush back in. The brain is then sent pain signals from a nerve ⓔ <u>extended</u> throughout your face. As a result, you feel referred pain—when the cause of pain occurs in one place, in this case, your mouth, but is felt somewhere else, higher up in the head.

(A) Drinking warm water helps too. (B) Once the cold food is removed from your mouth, press your tongue against the roof of your mouth. (C) If you ever experience brain freeze, don't worry.

*neuralgia 신경통

3

6

9

12

15

18

1 수능 유형 주제 파악

글의 주제로 가장 적절한 것은?

① the causes and effects of brain freeze
② the role of nerves in pain detection
③ why eating cold food is dangerous
④ different types of headaches and their symptoms
⑤ how to prevent temperature-related pain

2 수능 유형 어법

글의 밑줄 친 부분 중, 어법상 틀린 것은?

① ⓐ ② ⓑ ③ ⓒ ④ ⓓ ⑤ ⓔ

3

(A) ~ (C)의 글의 순서로 가장 적절한 것은?

① (A) – (C) – (B)
② (B) – (A) – (C)
③ (B) – (C) – (A)
④ (C) – (A) – (B)
⑤ (C) – (B) – (A)

4 수능 유형 요약문

글의 내용을 다음과 같이 요약할 때, 빈칸에 알맞은 말을 고르시오.

Brain freeze occurs when cold substances cause blood vessels to ____(A)____ and then rapidly ____(B)____, sending pain signals to the brain.

	(A)		(B)
①	constrict	……	expand
②	loosen	……	contract
③	tighten	……	shrink
④	compress	……	narrow
⑤	widen	……	shorten

beat [동] 이기다; *더 낫다, 능가하다 relief [명] (고통·불안 등의) 경감[완화] refreshment [명] 원기 회복, 상쾌하게 함 temple [명] 관자놀이 last [동] 지속하다[되다] stop in one's tracks 하던 것을 갑자기 멈추다 spoonful [명] 한 숟가락[스푼] (가득한 양) regrettable [형] 유감[후회]스러운 debate [동] 논의하다 logically [부] 논리적으로 undergo [동] (특히 변화·안 좋은 일 등을) 겪다[받다] blood vessel 혈관 reflexively [부] 반사[반동]적으로 constrict [동] 수축되다[하다] stabilize [동] 안정되다, 안정시키다 expand [동] 확장[팽창]되다 extend [동] 확장[확대]하다 [문제] detection [명] 발견, 탐지 symptom [명] 증상 substance [명] 물질 contract [동] 수축하다 shrink [동] 줄어들다 compress [동] 압축하다[되다]

3

153 WORDS

Knowledge Bank
**개에게 주면
안 되는 음식**

초콜릿 외에도 양파, 파, 포도 같은 음식은 개에게 치명적인 위험을 줄 수 있다. 양파나 파는 개의 적혈구를 손상시켜 빈혈이나 중독 증상을 유발할 수 있으며, 포도는 신장 기능에 심각한 영향을 미쳐 과다 섭취 시 사망에 이를 수도 있다. 사람에겐 문제없는 음식이라도, 개는 사람과 소화 방식이 다르기 때문에 사람이 먹는 음식을 함부로 나눠 주지 않는 것이 반려견의 건강을 지키는 가장 좋은 방법이다.

You may love chocolate, but don't feed it to your dog—you may poison your pet! How serious the danger is depends on the type of chocolate and _____. 3

Chocolate contains a chemical called *theobromine, which is similar to caffeine and is toxic to dogs. Unlike humans, dogs cannot digest theobromine effectively, so it can accumulate in the body and become (A) helpful / harmful . 6

Theobromine levels differ depending on the type of chocolate. Cocoa, cooking chocolate, and dark chocolate are all high in theobromine, but milk chocolate and white chocolate are not. A small amount of chocolate may give your dog an upset stomach and cause vomiting. Larger amounts can have more serious effects. These (B) include / exclude shaking, internal bleeding, and, in extreme cases, even heart attacks. 9 · 12

Theobromine poisoning can be (C) tricked / treated by getting the dog to vomit. So if your dog has eaten too much chocolate, take it to the vet right away. 15

*theobromine 테오브로민 (코코아 열매의 결정 분말)

1

글의 빈칸에 들어갈 말로 가장 적절한 것은?

① the type of dog

② the amount eaten

③ the size of the dog

④ any diseases the dog has

⑤ the time it was eaten

2

글의 (A), (B), (C)의 각 네모 안에서 문맥에 맞는 낱말로 가장 적절한 것은?

(A)	(B)	(C)
① helpful	⋯⋯ include	⋯⋯ tricked
② helpful	⋯⋯ exclude	⋯⋯ tricked
③ harmful	⋯⋯ exclude	⋯⋯ treated
④ harmful	⋯⋯ include	⋯⋯ treated
⑤ harmful	⋯⋯ include	⋯⋯ tricked

3

글의 내용에서 추론할 수 <u>없는</u> 것은?

① 초콜릿에는 카페인과 비슷한 화학물질이 함유되어 있다.

② 테오브로민은 사람에게도 해로운 물질이다.

③ 사람은 테오브로민을 소화시킬 수 있다.

④ 밀크 초콜릿과 화이트 초콜릿에는 테오브로민이 함유되어 있다.

⑤ 개가 초콜릿을 먹으면 심하게는 심장마비가 올 수도 있다.

4

글의 내용과 일치하도록 빈칸에 알맞은 말을 글에서 찾아 쓰시오.

> The theobromine in chocolate can _____ dogs because they cannot _____ it like humans can.

poison ⑧독살하다 ※poisoning ⑨중독, 음독 depend on ~에 달려 있다 contain ⑧포함하다 chemical ⑨화학물질 caffeine ⑨카페인 toxic ⑨유독의 digest ⑧(음식을) 소화하다 effectively ⑨효과적으로 accumulate ⑧쌓이다, 축적되다 upset stomach 배탈 vomiting ⑨구토 ※vomit ⑧토하다 exclude ⑧제외하다 internal bleeding 내출혈 extreme ⑨극도의, 극심한 heart attack 심장마비 trick ⑧속이다 vet ⑨수의사(=veterinarian)

수능 :ON

요지·주장 TIP

STEP 1 글의 주제는 주로 도입부와 결론에 드러나므로 주의 깊게 살펴본다.

글의 도입부에서 뷔페 상황을 예로 들며, 다양한 음식이 주어지는 상황을 제시한다. 마지막 문장에서는 "We eat much more when a variety of good-tasting foods are available."라고 하며 주제를 명확히 전달하고 있다.

STEP 2 반복되는 어휘와 표현을 통해 중심 소재 및 주제를 파악한다.

"different foods", "one type of food", "eat much more" 등 음식의 종류와 먹는 양 사이의 연관성이 반복적으로 강조되고 있다.

STEP 3 글의 결론을 이끄는 연결사 뒤의 내용이나 흐름의 전환이 나타나는 문장의 내용에 주목한다.

"The same is true of humans."라는 문장을 통해 실험 내용을 인간에게 적용시키면서 핵심 내용을 정리하고 있다.

유형 공략

141 WORDS

Knowledge Bank
접시의 비밀

음식의 양뿐만 아니라 접시의 색깔이나 크기 같은 시각적 요소도 식욕에 큰 영향을 줄 수 있다. 접시 색이 음식과 비슷하면 양이 적어 보이기 때문에 무의식적으로 더 많이 담게 되고, 결국 과식으로 이어질 수 있다. 접시가 클수록 음식이 덜 차 보이기 때문에 똑같은 양이라도 더 먹게 되는 경향이 있다. 사람의 뇌는 실제 양보다 시각적인 인상을 먼저 받아들이기 때문에, 음식을 어떤 접시에 담느냐가 식사량을 결정짓는 중요한 요소가 될 수 있다.

1 다음 글의 요지로 가장 적절한 것은? 〔모의 기출〕

Think of a buffet table at a party, or perhaps at a hotel you've visited. You see platter after platter of different foods. You don't eat many of these foods at home, and you want to try them all. But trying them all might ³ mean eating more than your (A) usual / usually meal size. The availability of different types of food is one factor in (B) gain / gaining weight. Scientists have seen this behavior in studies with rats: Rats that normally ⁶ maintain a steady body weight when eating one type of food eat huge amounts and (C) become / becoming obese when they are presented with a variety of high-calorie foods, such as chocolate bars, crackers, and potato ⁹ chips. The same is true of humans. We eat much more when a variety of good-tasting foods are available than when only one or two types of food are available. ¹²

① 편식을 피하고 다양한 음식을 섭취할 필요가 있다.
② 음식 섭취와 관련된 실험 결과가 왜곡되는 경우가 있다.
③ 먹을 수 있는 음식의 종류가 많을 때 과식을 하게 된다.
④ 열량이 높은 음식보다 영양가가 많은 음식을 먹어야 한다.
⑤ 다이어트는 운동과 병행할 때 더 좋은 결과를 가져올 수 있다.

변형 문항

2 수능 유형 어법

글의 (A), (B), (C)의 각 네모 안에서 어법에 맞는 표현으로 가장 적절한 것은?

	(A)		(B)		(C)
①	usual	……	gain	……	become
②	usual	……	gain	……	becoming
③	usual	……	gaining	……	become
④	usually	……	gaining	……	become
⑤	usually	……	gaining	……	becoming

3 VOCA

글의 밑줄 친 presented와 바꿔 쓸 수 있는 말로 가장 적절한 것은?

① concealed
② offered
③ ignored
④ created
⑤ attended

4 서술형

글의 내용을 다음과 같이 요약할 때, 빈칸에 알맞은 말을 글에서 찾아 쓰시오.

When presented with a variety of appealing foods, both __________ and humans tend to overeat, which leads to __________ gain.

buffet [명] 뷔페 platter [명] 큰 접시 meal [명] 식사, 끼니 availability [명] 이용 가능성 ※available [형] 이용 가능한 factor [명] 요인 gain weight 체중이 늘다 normally [부] 보통, 평소에 maintain [동] 유지하다 steady [형] 꾸준한, 한결같은 huge [형] (양이) 막대한[엄청난] obese [형] 비만인, 살찐 a variety of 다양한 high-calorie [형] 고칼로리의 be true of ~도 마찬가지이다 [문제] conceal [동] 숨기다 appealing [형] 매력적인 overeat [동] 과식하다

REVIEW TEST   SECTION 02

1
VOCA

다음 단어의 영영풀이를 바르게 연결하시오.

1) disturb •   • ⓐ to become smaller in size or amount

2) digest •   • ⓑ to interrupt someone when he or she is doing something

3) shrink •   • ⓒ to break down food so it can be absorbed

2
VOCA

우리말에 맞게 빈칸에 알맞은 단어를 쓰시오.

1) The success of the project _____ _____ teamwork.
   (그 프로젝트의 성공은 팀워크에 달려 있다.)

2) When I realized that he had lied to me, I couldn't _____ _____ my anger.
   (그가 나에게 거짓말을 했다는 것을 알았을 때, 나는 화를 참을 수가 없었다.)

3 - 4 다음 글을 읽고 물음에 답하시오.

There's another reason why you shouldn't hold in a sneeze. (①) It is part of a process that prevents viruses from entering your body. (②) If foreign material enters your nose, (sent, your brain, is, a message, to), which signals your eyes, mouth, and throat to close. (③) Subsequently, your chest muscles contract forcefully, and your throat relaxes rapidly. (④) So, the next time you feel a sneeze coming on, let it out. (⑤) Just remember to cover your mouth to prevent spreading viruses to other people!

3
수능 유형
문장 삽입

글의 흐름으로 보아, 주어진 문장이 들어가기에 가장 적절한 곳은?

> As a result, air is forced out through your nose and mouth, expelling any potential viruses or harmful particles along with it.

①   ②   ③   ④   ⑤

4
서술형

글의 괄호 안에 주어진 단어들을 다음 우리말에 맞게 배열하시오.

> 당신의 뇌에 메시지가 전달된다

_____

다음 글을 읽고 물음에 답하시오.

Among debated theories, there is one that seems to logically explain brain freeze. As your mouth undergoes a drop in temperature, the blood vessels there reflexively constrict to stabilize your core temperature. Expanding immediately afterward, the blood vessels allow the blood to rush back in. The brain is then sent pain signals from a nerve extending throughout your face. _____, you feel referred pain—when the cause of pain occurs in one place, in this case, your mouth, but is felt somewhere else, higher up in the head. If you ever experience brain freeze, don't worry. Once the cold food is removed from your mouth, press your tongue against the roof of your mouth. Drinking warm water helps too.

5 글의 내용과 일치하지 <u>않는</u> 것은?

수능 유형
내용 일치

① 혈관은 체온을 안정시키기 위해 수축한 후 팽창하기도 한다.
② 뇌의 온도가 급격히 떨어지면 브레인 프리즈가 발생할 수 있다.
③ 뇌는 얼굴 전체에 퍼진 신경으로부터 통증 신호를 받는다.
④ 브레인 프리즈로 인해 입안의 자극이 머리 위쪽의 통증으로 느껴질 수 있다.
⑤ 혀를 입천장에 대고 누르면 브레인 프리즈 완화에 도움이 될 수 있다.

6 글의 빈칸에 들어갈 말로 가장 적절한 것은?

내신형

① However   ② As a result   ③ For example
④ What's worse   ⑤ In addition

7 글의 제목으로 가장 적절한 것은?

수능 유형
제목 파악

Chocolate contains a chemical called theobromine, which is similar to caffeine and is toxic to dogs. Unlike humans, dogs cannot digest theobromine effectively, so it can accumulate in the body and become harmful. Theobromine levels differ depending on the type of chocolate. Cocoa, cooking chocolate, and dark chocolate are all high in theobromine, but milk chocolate and white chocolate are not. A small amount of chocolate may give your dog an upset stomach and cause vomiting. Larger amounts can have more serious effects. These include shaking, internal bleeding, and, in extreme cases, even heart attacks.

① Why Dog Like Chocolate   ② What to Do When Your Dog is Sick
③ Why Chocolate Is Dangerous for Dogs   ④ Training Your Dog with Chocolate Treats
⑤ The Reason Chocolate Helps Dogs Stay Active

아름다운 해변과 마야 문명의 공존,
칸쿤(Cancun)

카리브해의 에메랄드빛 바다와 산호가 파도에 부서져 만들어진 하얀 모랫길이 펼쳐진 꿈같은 풍경을 자랑하는 곳이 있다. 많은 여행자들에게 지상 최고의 낙원으로 사랑받는 이곳은 멕시코의 해변 도시인 칸쿤이다. 칸쿤은 고대 마야 문명의 발상지 중 하나로 아름다운 자연과 함께 현대 문명과 고대 문명이 어우러져 다양한 볼거리가 가득하다. 특히 고대 마야 문명의 중심지 중 하나인 치첸이트 사(Chichen-Itza)는 신전이 있는 엘 카스티요 피라미드와 천문대, 경기장 유적지 등을 볼 수 있는 곳이다. 낮과 밤의 길이가 같아지는 춘분과 추분에는 피라미드 계단 난간에 뱀 모양의 그림자가 생기는 신기한 광경도 목격할 수 있다. 또한 고대 항구였던 곳에 성을 쌓아놓은 툴룸(Tulum)에서는 고대 마야 문명의 정취와 함께 아름다운 해변을 즐길 수 있다. 칸쿤에서는 석회암 지대에 자연 싱크홀이 형성돼 만들어진 천연 연못인 세노테(Cenote)를 곳곳에서 볼 수 있다. 바닥이 환히 보이는 맑은 물이 환상적인 이곳에서 사람들은 다이빙, 스노클링 등 다양한 수중 스포츠를 즐긴다. 광활한 열대 우림 정글의 자연을 활용하여 만든 야외 테마파크에서 스카이워크, 집라인 등 다양한 활동을 즐길 수 있는 것도 칸쿤을 매력적인 관광지로 만드는 하나의 요소이다.

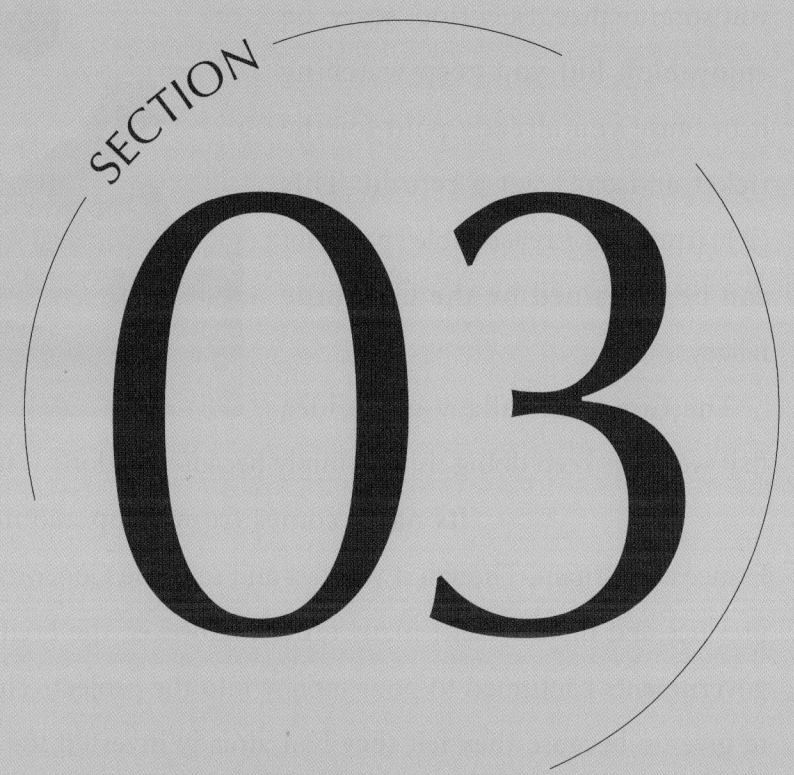

SECTION

03

Economy

183 WORDS

Knowledge Bank
모토로라의 실패

콩코드 오류를 범해 실패한 사례는 실제 기업에서도 찾아볼 수 있다. 가장 대표적인 예가 모토로라(Motorola)이다. 1990년대 후반, 모토로라는 66개의 저궤도 위성을 발사하여 전 세계 어디서나 통화할 수 있는 위성 휴대전화 서비스를 제공하려는 프로젝트를 기획했다. 이 프로젝트에는 약 52억 달러가 투자되었으며, 1998년 서비스를 시작했다. 그러나 고가의 휴대전화, 높은 분당 통화료, 실내에서의 통화 품질 문제, 기존의 GSM 기반 휴대전화 확산 등으로 인해 위성 전화의 필요성은 감소했다. 모토로라는 초기 투자 비용을 회수하려는 심리적 압박 때문에 프로젝트를 중단할 수 없었다. 결국 1999년에는 파산을 맞이했으며, 이로 인해 수십억 달러의 큰 손실을 보게 되었다.

Watching a movie at the theater, you soon realize it's ⓐ (too, scary, be, enjoyable). But you keep watching it because you already paid for the ticket and can't get a refund. This (A) | irrational / reasonable | behavior can be explained by the Concorde fallacy.

The Concorde fallacy is the idea that we often keep doing things simply because we don't want to _____ _____. Its name comes from a supersonic jet made by France and Britain. Though it was fast and safe, the Concorde was costly to produce and there weren't many orders. However, the French and British governments continued to pour money into the project. They didn't want to give up because they felt they had already invested too much. By the time the last Concorde flew in 2003, the project had become a legendary financial (B) | triumph / disaster |.

There is, however, a lesson to be learned from it: It isn't easy to admit mistakes, but a wise person knows ⓑ (when, give up). To avoid the Concorde fallacy, consider only (C) | past / future | costs and potential profits, ignoring any investments that have already been made.

3

6

9

12

15

18

21

1
수능 유형
제목 파악
글의 제목으로 가장 적절한 것은?

① When Quitting Is the Best Decision

② Investing Your Money Where It Matters

③ A Supersonic Jet That Changed the World

④ Investments That Are More Important Than Profits

⑤ The Concorde Fallacy: Giving Up Too Easily

2
수능 유형
어휘 적절성
글의 (A), (B), (C)의 각 네모 안에서 문맥에 맞는 낱말로 가장 적절한 것은?

	(A)		(B)		(C)
①	reasonable	⋯⋯	disaster	⋯⋯	past
②	reasonable	⋯⋯	triumph	⋯⋯	future
③	irrational	⋯⋯	disaster	⋯⋯	past
④	irrational	⋯⋯	disaster	⋯⋯	future
⑤	irrational	⋯⋯	triumph	⋯⋯	past

3
수능 유형
빈칸 추론
글의 빈칸에 들어갈 말로 가장 적절한 것은?

① work together with others

② learn about something new

③ spend more time or money

④ waste our initial investment

⑤ change our usual routine

4
서술형
글의 괄호 ⓐ와 ⓑ 안에 주어진 단어들을 이용하여 다음 우리말에 맞게 쓰시오.

ⓐ 너무 무서워서 즐길 수 없는 _____ _____ _____ _____ _____

ⓑ 언제 포기해야 할지 _____ _____ _____ _____

get a refund 환불받다   irrational 혱 비이성적인   reasonable 혱 합리적인; 너무 비싸지 않은   fallacy 몡 오류   supersonic 혱 초음속의   costly 혱 많은 돈[비용]이 드는   produce 동 생산하다   give up 포기하다   invest 동 투자하다 ※investment 몡 투자   legendary 혱 전설적인, 아주 유명한   financial 혱 금융의, 재정의   triumph 몡 (큰)업적[승리]   disaster 몡 재앙   admit 동 인정하다   potential 혱 잠재적인   profit 몡 수익, 이윤   ignore 동 무시하다   [문제] quit 동 그만두다   matter 동 중요하다   waste 동 낭비하다   initial 혱 처음의, 초기의   routine 몡 틀, 일상

186 WORDS

Knowledge Bank
FOMO
(Fear of missing out)

FOMO는 '소외되는 것에 대한 두려움', 즉 고립공포감을 의미한다. 다른 사람과 교류하지 못할 때 중요한 것을 놓치고 있다고 생각해서 불안감을 경험하는 현상이다. 소셜 미디어의 부상과 함께 FOMO는 더욱 두드러졌다. 마케팅에서는 '매진 임박', '한정 판매' 등의 문구로 소비자의 FOMO심리를 활용해 구매를 유도하기도 한다.

Influencer marketing is one of the most popular ⓐ approaches in digital advertising. Brands work with popular influencers to promote their products and services. Between 2019 and 2024, the market size on social media platforms has more than tripled. In 2024, the influencer marketing economy was valued at $24 billion.

Influencers can influence their large following and affect their behavior. This plays a significant role in ⓑ driving consumer purchasing behavior. According to a recent study, 74 percent of consumers have bought a product recommended by an influencer.

Influencer marketing also works ⓒ because social proof. This concept describes ⓓ that people naturally follow others' behaviors. So when followers see an influencer promoting a product, they are more likely to want it as well. They want to act quickly to avoid FOMO, the fear of missing out. Brands and influencers further control these patterns in behavior by making products seem exclusive and time-limited.

In this age of technology, brands use influencer marketing as a powerful tool, shaping consumer behavior and increasing sales. As social media continues ⓔ to be used, influencer marketing will remain a key player in digital advertising.

1
수능 유형
제목 파악

글의 제목으로 가장 적절한 것은?

① The History of Digital Advertising
② How Social Media Affects Shopping Habits
③ The Power of Influencer Marketing
④ The Rise and Fall of Social Media Influencers
⑤ Why Traditional Marketing Still Matters

2
수능 유형
어법

글의 밑줄 친 부분 중, 어법상 틀린 것은?

① ⓐ ② ⓑ ③ ⓒ ④ ⓓ ⑤ ⓔ

3
VOCA

글의 밑줄 친 exclusive와 반대 의미의 말로 가장 적절한 것은?

① private ② rare ③ unique
④ common ⑤ valuable

4
수능 유형
요약문

글의 내용을 다음과 같이 요약할 때, 빈칸 (A), (B)에 들어갈 말로 가장 적절한 것은?

Influencer marketing allows brands to ____(A)____ consumer behavior and ____(B)____ sales through collaboration with influencers.

	(A)		(B)
①	drive	……	boost
②	influence	……	review
③	promote	……	predict
④	control	……	lower
⑤	affect	……	reduce

approach [명] 접근법, 처리 방법 promote [동] 홍보하다 triple [동] 3배가 되다, 3배로 만들다 following [명] 추종자[팬]들 affect [동] 영향을 미치다 significant [형] 중요한[의미 있는/커다란] drive [동] (사람을 특정한 방식의 행동을 하도록) 만들다 avoid [동] 방지하다, 막다, 모면하다 fear [명] 공포, 두려움, 무서움 miss out (참석하지 않음으로써 유익하거나 즐거운 것을) 놓치다 exclusive [형] 독점적인, 전용의

184 WORDS

Imagine this—you hear about an amazing discount and think you will save lots of money. But by the time you've finished shopping, you've actually bought far more than you had originally wanted! This is the power of "loss leaders." 3

ⓐ A loss leader is a product sold at very little profit or even at a loss. Its purpose is to attract more customers to a store so that they end up spending more on other products. 6

One strategy that companies use has to do with product _____. Loss leaders are usually put at the back of the store, so customers have to pass the regularly priced products first. Another strategy involves selling just one component of a set very cheaply. For example, razor handles are often given away for free so that customers are locked into buying expensive refill blades. 9 / 12

While loss leaders can trick customers, wise shoppers can use them to their advantage. If loss leader items are all they need, they should prepare their shopping list in advance and ⓑ stick to it. By doing so, consumers can save a lot of money. 15

LOW PRICE

1 글의 밑줄 친 ⓐA loss leader의 사례에 해당하는 것은? (2개)

① A의상실은 고객 개개인을 위한 옷을 맞춤 제작한다.

② B마트는 치킨 한 마리를 시중가의 1/3 가격으로 판매한다.

③ C백화점은 극소수의 고객을 위한 한정판 시계를 판매한다.

④ D문구점은 친환경 소재로 만든 문구류와 인형만을 판매한다.

⑤ E안경점은 안경을 맞추는 고객에게 안경테를 무료로 제공한다.

2
수능 유형
빈칸 추론

글의 빈칸에 들어갈 말로 가장 적절한 것은?

① price   ② design   ③ amount

④ variety   ⑤ placement

3
VOCA

다음 영영풀이에 해당하는 단어를 글에서 찾아 쓰시오.

> a detailed method or plan for achieving a goal in a situation

_____

4
VOCA

글의 밑줄 친 ⓑstick to와 바꿔 쓸 수 있는 말로 가장 적절한 것은?

① bring   ② forget   ③ follow

④ memorize   ⑤ create

5
서술형

글의 내용과 일치하도록 빈칸에 알맞은 말을 글에서 찾아 쓰시오.

loss leader: a (1) _____ not sold for a profit		
Strategy	1. Loss leaders are placed at the (2) _____ of the store.	
	2. Companies sell only one part of a set very (3) _____.	

---

discount 몡 할인 save 통 절약하다 profit 몡 이익 loss 몡 손해 end up v-ing 결국 ~하게 되다 strategy 몡 전략 have to do with ~와 관계가 있다, 관련되다 component 몡 구성 요소 razor 몡 면도기 give away ~을 거져 주다 for free 무료로 be locked into ~에 걸려들다, 휘말리다 refill 몡 리필 제품 blade 몡 칼날 to one's advantage ~에게 유리하게 in advance 미리, 사전에 stick to ~을 고수하다, 지키다

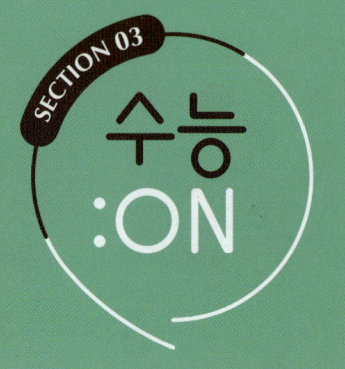

내용 일치 TIP

STEP 1   글을 읽기 전에 선택지의 내용을 살펴보고, 어떤 내용에 주목하며 읽어야 할지 파악한다.
선택지에는 소비자의 심리와 구매 행동, 개념의 유래, 기업 전략 등 다양한 요소가 포함되어 있다. 이를 염두에 두고 글에서 관련 내용을 하나씩 확인해 보는 것이 중요하다.

STEP 2   보통 선택지의 순서대로 글의 내용이 진행되므로, 차례대로 내용을 대조하며 읽는다.
초반에는 소비자 행동을 보여 주는 사례가 나오고, 중간 부분에서는 골디락스 효과가 설명되며, 마지막 부분에서는 소비자의 심리적 경향과 기업의 전략이 언급되는 흐름을 따라가며 선택지와 대조한다.

STEP 3   글에 언급된 정보만을 토대로 내용 일치 여부를 판단한다. 자신의 생각이나 상식에 근거하여 판단하지 않도록 유의한다.

유형 공략

181 WORDS

1   Goldilocks effect에 관한 다음 글의 내용과 일치하지 <u>않는</u> 것은?

A woman wants to buy a new phone, but there are many models to choose from. Some are expensive and have many features, while others are quite cheap but have ⓐ <u>few</u> features. ⓑ <u>Confused</u>, she finally just picks one right in the middle that's not too cheap and not too expensive. This type of situation is a common experience of modern consumers. There is actually a name for it—the Goldilocks effect. It comes from the old fairytale, "Goldilocks and the Three Bears." In the story, a girl named Goldilocks makes a series of choices, always (A) chosen / choosing the option in the middle. This is natural psychological behavior, since people usually avoid extremes. They think (B) that / which more expensive items are a waste of money. However, they worry that cheaper items are of ⓒ <u>good</u> quality. Many companies take advantage of the Goldilocks effect. They'll often release a luxury version and a ⓓ <u>low-budget</u> version of one of their items. But their real goal is to make consumers (C) buy / to buy the one in the middle. It may sound like a simple strategy, but it is very ⓔ <u>effective</u>!

① 현대 소비자들이 흔히 겪는 일이다.
② 동화에서 유래한 개념이다.
③ 극단을 피하려는 심리를 반영한다.
④ 많은 기업들이 상품 출시에 이용한다.
⑤ 고객이 가장 비싼 제품을 사도록 유도한다.

변형 문항

2 수능 유형 어휘 적절성

글의 밑줄 친 ⓐ~ⓔ 중, 문맥상 낱말의 쓰임이 적절하지 않은 것은?

① ⓐ　② ⓑ　③ ⓒ　④ ⓓ　⑤ ⓔ

3 수능 유형 어법

글의 (A), (B), (C)의 각 네모 안에서 어법에 맞는 표현으로 가장 적절한 것은?

	(A)		(B)		(C)
①	chosen	……	that	……	buy
②	chosen	……	which	……	to buy
③	choosing	……	that	……	to buy
④	choosing	……	which	……	buy
⑤	choosing	……	that	……	buy

4 서술형

글의 내용과 일치하도록 빈칸에 알맞은 말을 글에서 찾아 쓰시오.

Companies expect consumers to pick the option in the ________ because most people ________ ________.

Knowledge Bank

동화 「골디락스와 곰 세마리」 줄거리

골디락스라는 소녀가 숲속에서 한 집을 발견하고는 그 집에 들어가 수프가 담긴 세 접시를 보았다. 첫 번째 수프는 너무 뜨겁고, 두 번째 수프는 너무 차가웠다. 마지막 수프는 먹기에 딱 적당한 온도여서 소녀는 그 수프를 먹었다. 그러고 나서 세 개의 의자를 마주한 골디락스는 너무 크거나 너무 작은 의자 사이에 딱 적당한 크기의 의자에 앉았으나 의자가 곧 부서지고 말았다. 그 후, 그녀는 세 개의 침대를 보고 어디에 누울 지 고민했다. 첫 번째 침대는 너무 딱딱했고, 두 번째 침대는 너무 푹신했고, 마지막 침대가 적당하여 그 침대에 누워 잠이 들었다. 그러는 사이에 집주인인 곰 세 마리가 집에 돌아왔고, 골디락스는 깜짝 놀라 멀리 도망친다.

feature [명] 기능　modern [형] 현대의　consumer [명] 소비자　fairytale [명] 동화　make a choice 선택하다　a series of 일련의　option [명] 선택(할 수 있는 것)　psychological [형] 심리적인, 정신적인　extreme [명] 극단　quality [명] 질　take advantage of ~을 이용하다　release [동] 풀어주다; *공개[출시]하다　budget [명] 예산

REVIEW TEST   SECTION 03

1
VOCA

다음 단어의 영영풀이를 바르게 연결하시오.

1) component •
2) financial   •
3) initial   •

• ⓐ having to do with money
• ⓑ a piece of a larger whole or a set
• ⓒ happening at the beginning

2
VOCA

괄호 안에서 적절한 단어를 고르시오.

1) We should do what we can to (save / behave) energy.

2) The popular music group will (relieve / release) their newest album next month.

3-4 다음 글을 읽고 물음에 답하시오.

The Concorde fallacy is the idea that we often keep doing things simply because we don't want to waste our initial investment. Its name (made, France and Britain, a supersonic jet, by, comes from). Though it was fast and safe, the Concorde was costly to produce and there weren't many orders. However, the French and British governments continued to pour money into the project. They didn't want to give up because they felt they had already invested too much. By the time the last Concorde flew in 2003, the project had become a legendary financial disaster. There is, however, a lesson to be learned from it: _____ To avoid the Concorde fallacy, consider only future costs and potential profits, ignoring any investments that have already been made.

3
서술형

글의 괄호 안에 주어진 단어들을 다음 우리말에 맞게 배열하시오.

> 프랑스와 영국이 만든 초음속 제트기에서 비롯된 것이다

_____

4
수능 유형
빈칸 추론

글의 빈칸에 들어갈 말로 가장 적절한 것은?

① Success always comes to those who never give up.

② Great achievements require long-term commitment and patience.

③ Money should never be a reason to stop pursuing your goals.

④ If you believe in your dream, you should keep going no matter what.

⑤ It isn't easy to admit mistakes, but a wise person knows when to give up.

5

수능 유형
요지 파악

글의 요지로 가장 적절한 것은?

Influencers can influence their large following and affect their behavior. This plays a significant role in driving consumer purchasing behavior. According to a recent study, 74 percent of consumers have bought a product recommended by an influencer. Influencer marketing also works because of social proof. This concept describes that people naturally follow others' behaviors. So when followers see an influencer promoting a product, they are more likely to want it as well. They want to act quickly to avoid FOMO, the fear of missing out. Brands and influencers further control these patterns in behavior by making products seem exclusive and time-limited.

① 많은 소비자들은 충동구매 후 후회하는 경우가 많다.
② 인플루언서의 추천은 소비자의 구매 행동에 큰 영향을 준다.
③ 인플루언서들은 유명해지기 위해 한정판 제품을 자주 사용한다.
④ FOMO는 일시적인 유행일 뿐 소비 결정에 큰 영향을 주지 않는다.
⑤ 사람들은 인플루언서보다 실제 친구의 추천을 더 신뢰하는 경향이 있다.

6-7 다음 글을 읽고 물음에 답하시오.

A loss leader is a product sold at very little profit or even at a loss. Its purpose is to attract more customers to a store so that they end up spending more on other products. One strategy that companies use has to do with product placement. Loss leaders are usually put at the back of the store, so customers have to pass the regularly priced products first. Another strategy involves selling just one component of a set very cheaply. For example, razor handles are often given away for free so that customers are locked into buying expensive refill blades. While loss leaders can trick customers, wise shoppers can use ⓐ them to their advantage. If loss leader items are all they need, they should prepare their shopping list in advance and stick to ⓑ it.

6

내신형

글의 내용과 일치하면 T에, 일치하지 않으면 F에 표시하시오.

	T	F
1) Loss leaders are products that always bring high profits to stores.	☐	☐
2) Loss leaders are often placed at the back so customers see other products first.	☐	☐
3) Loss leader strategies guarantee that customers will only buy discounted products.	☐	☐

7

서술형

밑줄 친 ⓐ와 ⓑ가 가리키는 말을 글에서 찾아 쓰시오.

ⓐ them (2단어): _____   ⓑ it (3단어): _____

패션계의 아이콘
코코 샤넬 VS 크리스티안 디올

패션계에서 두 명의 거장을 꼽자면, 바로 코코 샤넬(Coco Chanel)과 크리스티안 디올(Christian Dior)이다. 두 사람은 각각 20세기 패션의 혁신적인 변화를 이끈 인물로, 오늘날 패션의 핵심적인 스타일을 창조했다. 코코 샤넬은 남성복에서 영감을 얻어 여성복을 새롭게 정의하고, '작은 검은 드레스'와 '트위드 재킷' 같은 아이콘을 탄생시켰다. 그녀는 간결하고 우아한 스타일을 통해 여성의 자유롭고 독립적인 이미지를 강조하며, 당시 여성의 복장 규범을 과감하게 깨뜨렸다. 반면, 크리스티안 디올은 1940년대 후반, '뉴 룩(New Look)'을 제시하며 여성복에 대한 기존의 관념을 완전히 뒤바꿨다. 디올은 풍성한 스커트와 부드러운 실루엣으로 2차 세계대전 이후 변화하는 사회적 분위기 속에서 아름다움을 재조명했다. 샤넬이 단순하고 실용적인 스타일을 추구했다면, 디올은 화려하고 우아함을 강조하는 스타일을 제시했다. 두 디자이너는 서로 다른 스타일과 비전을 가지고 있었지만, 모두 패션계에 지대한 영향을 미쳤다. 그들의 경쟁은 시대를 초월한 패션의 발전을 이끌어냈고, 두 사람은 오늘날까지도 패션의 상징적인 아이콘으로 남아 있다.

Environment & Geography

 도표

1

181 WORDS

A day at the beach is a special and memorable occasion, and many people might want something to remind ⓐ them of their visit. Why not pick up some seashells and take ⓑ them home? Think again, because this action may have consequences. Shells fulfill several crucial functions on beaches, so taking ⓒ them can harm the environment. Firstly, ⓓ they protect beach grass and keep sand from blowing away. They also serve as essential habitats for *hermit crabs and hiding places for small fish. Additionally, ocean birds can use ⓔ them to build nests, and old shells break down and provide nutrients for organisms living in the sand.

Think of how many people visit beaches each year, and how many shells would go missing if everyone took just one. Researchers studied a popular tourist beach in Spain and found that the number of shells had decreased by 60% since 1978, which will likely lead to a serious decline in the health of the beach. So if you're interested in taking home a permanent memory of your day at a beautiful beach, take a photograph instead.

*hermit crab 소라게, 집게

Knowledge Bank
조개껍데기 속 비밀

잘린 나무의 나이테를 보면 나무의 나이를 가늠할 수 있다. 조개들도 나무처럼 나이테를 가지고 있는데, 그것은 바로 조개껍데기의 미세한 줄무늬다. 조개껍데기에 새겨진 이 성장 줄무늬를 통해서 조개의 나이를 추정할 수 있는데, 이러한 줄무늬는 여름, 겨울과 같은 계절의 변화에 따라 조개껍데기의 성장 속도가 다르기 때문에 발생한다. 2013년, 과학자들은 아이슬란드에서 채집한 북대서양 대합의 껍데기 줄무늬를 통해 이 조개의 나이가 무려 507살임을 발견했다.

1
수능 유형
주제 파악

글의 주제로 가장 적절한 것은?

① the best ways to enjoy tourist beaches
② reasons why people enjoy spending time at the beach
③ how to start a collection of seashells from different beaches
④ why collecting seashells damages beach ecosystems
⑤ the habitats of hermit crabs and other beach creatures

2

글의 밑줄 친 ⓐ~ⓔ 중, 가리키는 대상이 나머지 넷과 다른 것은?

① ⓐ ② ⓑ ③ ⓒ ④ ⓓ ⑤ ⓔ

3

글에서 조개껍데기의 역할로 언급되지 않은 것은?

① 해변의 풀을 보호한다.
② 소라게의 서식처 역할을 한다.
③ 바닷새들의 둥지 재료로 사용된다.
④ 모래에 사는 생물들에게 영양분을 공급한다.
⑤ 해양 생태계의 다양성 연구에 사용된다.

4
VOCA

글의 밑줄 친 lead to와 바꿔 쓸 수 있는 말로 가장 적절한 것은?

① cause ② prevent ③ explain
④ reverse ⑤ promote

5
서술형

글의 내용을 다음과 같이 요약할 때, 빈칸에 알맞은 말을 글에서 찾아 쓰시오.

> Shells play many important roles on __________, so collecting them can __________ __________ __________.

occasion [명] 때 remind A of B A에게 B를 생각나게 하다 seashell [명] 조개껍데기 consequence [명] (발생한 일의) 결과 fulfill [동] 다하다, 수행하다 crucial [형] 중대한, 결정적인 blow away (바람에) 날리다, 날아가다 serve [동] 제공하다; *(~로) 쓰이다 essential [형] 필수적인 habitat [명] 서식지 nest [명] 둥지 break down 부서지다; *분해되다 nutrient [명] 영양분 organism [명] 유기체 decrease [동] 감소하다 decline [명] 감소; *쇠퇴 permanent [형] 영구적인 [문제] reverse [동] 뒤바꾸다

Knowledge Bank
오이먀콘

오이먀콘은 러시아의 사하 공화국 오
이먀콘스키 지역의 2000m 높이의
세 개의 산맥으로 둘러싸여 있는 작은
마을이다. 이 마을의 기온은 겨울철에
는 영하 70℃ 이하로 내려가지만, 여
름에는 30℃ 이상의 고온을 기록하기
도 한다. 마을 주민의 수는 약 500명
이며 기온이 영하 50℃ 이하로 내려
가면 학교가 휴교를 한다.

Is it too cold to go out? A visit to the Russian village of Oymyakon might change your ideas about the cold. That's because Oymyakon, "the Pole of Cold," is the coldest village on earth! Oymyakon's coldest recorded temperature was -71.2℃. Interestingly, the meaning of the village's name is "unfrozen patch of water." It is named after the nearby river, which does not freeze.

In December, the daylight lasts only three hours per day, and the town remains about -45℃ on average. It's so cold (A) that / what water freezes immediately upon touching the air. There are other issues: Batteries lose their power very quickly, pen ink freezes, and people cannot wear glasses because they will freeze! Cars are often left running because it's hard to restart the engines in freezing weather. Communication is also difficult because the cold prevents cell phones from (B) work / working .

At home, Oymyakon's villagers lead simple lives without the conveniences people enjoy in most modern cities. They have to burn wood or coal for warmth, and they can only buy basic goods from the one and only store in town. Nevertheless, Oymyakon's community of hunters, reindeer farmers, and fishermen (C) has adapted / had adapted to the harsh environment and remains happy despite the town's extreme conditions.

1

수능 유형
내용 일치

오이먀콘에 관한 글의 내용과 일치하지 <u>않는</u> 것은?

① 기록된 최저 기온이 섭씨 영하 71.2도이다.

② 12월에는 낮의 길이가 세 시간에 불과하다.

③ 지역 특성상 추위에 강한 통신 장비가 발달하였다.

④ 생활 물품을 살 수 있는 상점이 한 곳뿐이다.

⑤ 마을 사람들은 사냥이나 농장, 어업 등을 하며 살아간다.

2

수능 유형
어법

글의 (A), (B), (C)의 각 네모 안에서 어법에 맞는 표현으로 가장 적절한 것은?

	(A)		(B)		(C)
①	that	·····	work	·····	has adapted
②	that	·····	working	·····	had adapted
③	that	·····	working	·····	has adapted
④	what	·····	work	·····	had adapted
⑤	what	·····	working	·····	has adapted

3

VOCA

글의 밑줄 친 <u>lasts</u>와 의미가 가장 가까운 것은?

① disappears   ② continues   ③ endures

④ begins   ⑤ returns

4

서술형

주어진 질문에 대한 답을 할 때, 빈칸에 들어갈 알맞은 말을 글에서 찾아 쓰시오.

> Where does the name Oymyakon come from?
>
> → It comes from the nearby _____, which does not _____.

village 똉 마을   temperature 똉 온도, 기온   unfrozen 똉 얼지 않은   patch 똉 부분   name after ~의 이름을 따서 이름 짓다   freeze 똑 얼다; 얼리다(froze-frozen)   on average 평균적으로   immediately 똒 즉시   prevent 똑 막다, 방해하다   convenience 똉 편의, 편리; *편의 시설   coal 똉 석탄   reindeer 똉 순록   adapt 똑 맞추다; *적응하다   harsh 똉 가혹한; *혹독한   despite 똔 ~에도 불구하고   extreme 똉 극도의, 극심한   condition 똉 조건; *〈pl.〉 환경

160 WORDS

What color are carrots? Ask ten people and they'll all most likely give you the same answer: orange. But if you had asked people the same question before the 17th century, they probably would have said "purple." (①) This is because modern carrots were not cultivated until the late 16th century, when Dutch farmers created them through cross-breeding. (②) Before that time, most carrots were purple. (③) There were a few, however, that were yellow or white. (④) Modern-day orange carrots are a cross of these two types of *mutations, along with some species of wild carrots. (⑤)

No one is sure exactly why orange carrots became so much more popular than traditional purple ones. Some believe that people in the Netherlands preferred them because orange is the color of the Dutch royal family. However, others believe the real reason is a more practical one—orange carrots are simply sweeter and bigger than purple ones.

*mutation 돌연변이

1
수능 유형
제목 파악

글의 제목으로 가장 적절한 것은?

① Tips for Growing Carrots
② How Carrots' Color Changed
③ Different Colors, Different Tastes
④ Why Carrots Are the Perfect Food
⑤ Why the Dutch Love Eating Carrots

2
수능 유형
문장 삽입

글의 흐름으로 보아, 주어진 문장이 들어가기에 가장 적절한 곳은?

These mutations lacked the purple pigment found in other carrots.

① ② ③ ④ ⑤

3

글의 내용과 일치하면 T에, 일치하지 않으면 F에 표시하시오.

	T	F
(1) 16세기 후반, 네덜란드 농부들은 품종 간 교배로 당근을 재배했다.	☐	☐
(2) 16세기 이전에는 당근은 모두 보라색이었다.	☐	☐
(3) 오늘날의 주황색 당근은 교배종이다.	☐	☐

4
서술형

글의 내용과 일치하도록 빈칸에 알맞은 말을 글에서 찾아 쓰시오.

People in the Netherlands may have liked orange carrots better because orange is ______________________.

most likely 아마, 필시 cultivate [동] 재배하다 Dutch [형] 네덜란드의 cross-breading 품종 간 교배 cross [명] 십자 기호; *혼합, 이종 교배 exactly [부] 정확히, 꼭 traditional [형] 전통적인 royal family 왕실, 왕족 practical [형] 실용적인 [문제] lack [동] ~이 없다 pigment [명] 색소

수능
:ON

도표 TIP

STEP 1 도표의 제목을 보고 무엇에 관한 내용인지 파악한다.
도표의 제목에서 1950년과 2020년의 대륙별 도시 인구 점유율을 비교하는 내용임을 알 수 있다.

STEP 2 도표에 나타난 특징적인 수치, 증감 추이 등에 주목한다.
대부분의 대륙에서 비율이 증가했다는 것이 주요 흐름인 동시에 순위의 변화도 중요한 비교 요소가 된다.

STEP 3 선택지의 순서대로 도표의 내용과 대조하며 내용 일치 여부를 판단한다.

(유형 공략)

140 WORDS

1 다음 도표의 내용과 일치하지 <u>않는</u> 것은? 　모의 기출

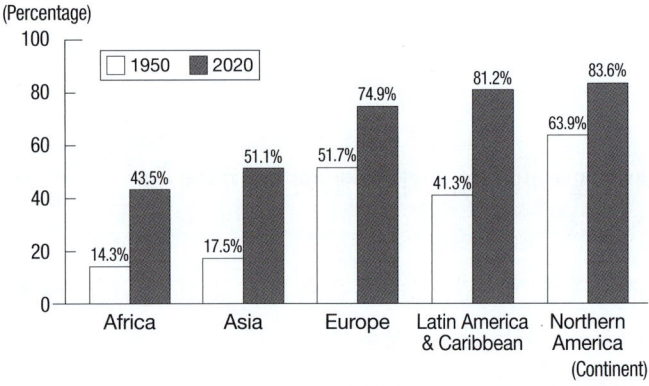

Share of the Urban Population by Continent
in 1950 and in 2020

The graph above shows the ⓐ share of the urban population by continent in 1950 and 2020. ① For each continent, the share of the urban population in 2020 was larger than that in 1950. ② From 1950 to 2020, the share of the urban population in Africa increased from 14.3% to 43.5%. ③ The share of the urban population in Asia was the second lowest in 1950 but not in 2020. ④ In 1950, the share of the urban population in Europe was larger than that in Latin America and the Caribbean, whereas ⓑ the reverse was true in 2020. ⑤ Among the five continents, Northern America was ranked in the first position for the share of the urban population in both 1950 and 2020.

Knowledge Bank
세계의 인구와 도시

2025년 기준 세계 인구는 약 82억 명이며, 이 중 약 60%가 아시아에 집중되어 있고 그 뒤를 아프리카, 유럽, 남아메리카, 북아메리카가 잇는다. 인구 500만 명 이상의 거대 도시는 서울, 도쿄, 뉴욕, 상하이 등을 포함해 약 80개이며, 이중 1000만명 이상의 인구를 가진 도시도 20여개이다. 전 세계적으로 대도시의 규모와 수가 지속적으로 증가하면서 도시 문제도 심화되고 있으며, 경제적 효율성과 도시 운영 비용을 고려할 때 적정 도시 규모에 대한 논의가 중요해졌으며, 거대 도시의 성장 관리와 중소 도시의 성장 촉진을 위한 정책과 전략들이 지속적으로 모색되고 있다.

변형 문항

2 VOCA

글에 밑줄 친 ⓐ share의 영영풀이로 알맞은 것은?

① the act of dividing something into parts and distributing them

② the process of reducing something in size

③ the proportion of a whole that is represented by a specific part

④ the total amount of something

⑤ the average age of people in a given population

3 글의 내용과 일치하면 T에, 일치하지 않으면 F에 표시하시오.

	T	F
(1) The share of the urban population in Africa ranked the lowest of the listed continents in both 1950 and 2020.	☐	☐
(2) The graph illustrates the change in the share of the urban population for each continent over a period of fifty years.	☐	☐

4 서술형

밑줄 친 ⓑ the reverse was true in 2020이 의미하는 내용을 우리말로 쓰시오.

_____

share 명 몫, 지분   urban 형 도시의   population 명 인구   continent 명 대륙   the Caribbean 카리브해 지역   reverse 명 (정)반대   rank 동 (등급·순위를) 차지하다   position 명 위치; *순위[등수]

REVIEW TEST SECTION 04

1
VOCA

문맥상 다음 빈칸에 들어갈 가장 알맞은 단어를 고르시오.

1) Laws _____ businesses from causing too much pollution.

    ① fulfill   ② adapt   ③ cultivate   ④ serve   ⑤ prevent

2) The village is famous for its _____ houses with tiled roofs.

    ① essential   ② permanent   ③ traditional   ④ extreme   ⑤ crucial

2
VOCA

우리말에 맞게 빈칸에 알맞은 단어를 쓰시오.

1) The smell of the cookies _____ me _____ my grandmother.

    (그 쿠키 냄새는 나에게 우리 할머니를 생각나게 한다.)

2) Lack of sleep can _____ _____ serious health problems.

    (수면 부족은 심각한 건강 문제로 이어질 수 있다.)

3 - 4 다음 글을 읽고 물음에 답하시오.

Shells fulfill several crucial functions on beaches, so taking them can harm the environment. Firstly, they protect beach grass and keep sand from blowing away. They also serve as essential habitats for hermit crabs and hiding places for small fish. Additionally, ocean birds can use them to build nests, and old shells break down and provide nutrients for organisms living in the sand. (visit, how many, think of, beaches, people) each year, and how many shells would go missing if everyone took just one. Researchers studied a popular tourist beach in Spain and found that the number of shells had decreased by 60% since 1978, which will likely lead to a serious decline in the health of the beach. So if you're interested in taking home a permanent memory of your day at a beautiful beach, take a photograph instead.

3
수능 유형
─────
내용 일치

조개껍데기에 관한 글의 내용과 일치하지 <u>않는</u> 것은?

① 사람들이 많이 가져가면 해변에 악영향을 줄 수 있다.

② 모래가 바람에 날아가지 않도록 도와준다.

③ 작은 물고기들이 숨을 수 있는 장소가 된다.

④ 바다거북이의 알을 보호하는 데 사용된다.

⑤ 연구에 따르면 스페인의 해변에서 수가 감소하고 있다.

4
서술형

글의 괄호 안에 주어진 단어들을 다음 우리말에 맞게 배열하시오.

> 매년 얼마나 많은 사람들이 해변을 방문하는지 생각해 봐라

_____ each year

다음 글을 읽고 물음에 답하시오.

Is it too cold to go out? A visit to the Russian village of Oymyakon might change your ideas about the cold.

(A) There are other issues: Batteries lose their power very quickly, pen ink freezes, and people cannot wear glasses because they will freeze! Cars are often left running because it's hard to restart the engines in freezing weather. Communication is also difficult because the cold prevents cell phones from working.

(B) That's because Oymyakon, "the Pole of Cold," is the coldest village on earth! Oymyakon's coldest recorded temperature was -71.2°C. Interestingly, the meaning of the village's name is "unfrozen patch of water."

(C) It is named after the nearby river, which does not freeze. In December, the daylight lasts only three hours per day, and the town remains about -45°C on average. It's so cold that water freezes immediately upon touching the air.

5
수능 유형
글의 순서

(A) ~ (C)의 글의 순서로 가장 적절한 것은?

① (A) – (C) – (B)　　　　② (B) – (A) – (C)　　　　③ (B) – (C) – (A)

④ (C) – (A) – (B)　　　　⑤ (C) – (B) – (A)

6
VOCA

다음 영영풀이에 해당하는 단어를 글에서 찾아 쓰시오.

> without delay; right away

7
서술형

글의 내용을 다음과 같이 요약할 때, 빈칸에 알맞은 말을 글에서 찾아 쓰시오.

What color are carrots? Ask ten people and they'll all most likely give you the same answer: orange. But if you had asked people the same question before the 17th century, they probably would have said "purple." This is because modern carrots were not cultivated until the late 16th century, when Dutch farmers created them through cross-breeding. Before that time, most carrots were purple. There were a few, however, that were yellow or white. These mutations lacked the purple pigment found in other carrots. Modern-day orange carrots are a cross of these two types of mutations, along with some species of wild carrots.

> Before the 17th century, most carrots were _____, but modern orange carrots were developed in the late 16th century by Dutch farmers through _____.

느긋하게 걷고 싶은 도시,
루앙프라방(Luang Prabang)

라오스 북서부에 위치한 루앙프라방에 가면 시간이 느리게 흘러가는 것 같은 착각에 빠지게 된다. 도시 전체가 유네스코 세계문화유산으로 지정된 루앙프라방은 때 묻지 않은 자연 속에서 유서 깊은 사원들과 프랑스풍의 건축물들이 어우러져 조화를 이룬다. 이 도시의 아침은 스님들의 탁발 행렬로 시작된다. 사찰에 종이 울리면 스님들이 줄을 지어 거리로 나와 맨발로 걸으며 사람들로부터 밥이나 과일 등의 공양을 받는다. 받은 공양을 다시 따로 떼어내 불우한 이웃에게 나눠주는 모습은 라오스를 더욱 따뜻한 모습으로 기억하게 한다. 루앙프라방은 사원이 많기로 유명한데 그중 가장 크고 외관이 아름다워 많은 이들의 주목을 받는 왓 시엥 통 사원은 1560년에 지어졌으며 색 유리와 금으로 화려하게 장식되어 많은 관광객들의 눈길을 끈다. 루앙프라방 중앙에 위치한 푸시산도 빼놓을 수 없는 명소이다. 328개의 계단을 올라 정상에 다다르면 금으로 장식된 촘시탑이 있는데, 이는 1804년에 세워진 역사 깊은 첨탑이다. 해 질 녘 이곳에서는 루앙프라방의 사원들과 곳곳의 언덕이 한눈에 내려다보이는 아름다운 전경을 감상할 수 있다. 특별한 무언가를 하지 않아도, 메콩강을 바라보며 휴식을 취하거나 시장에 가서 현지인들의 느긋한 삶을 들여다보면, 평화로움과 순수함이 가득한 루앙프라방의 매력을 느낄 수 있을 것이다.

짧은 어구 빈칸 추론

Knowledge Bank
별빛 나침반, 쇠똥구리

2013년, 스웨덴 룬드대학교의 신경생물학자 마리 다케(Marie Dacke) 박사 연구팀은 아프리카에서 서식하는 쇠똥구리가 밤에 배설물을 굴릴 때, 은하수를 따라 이동한다는 사실을 밝혀냈다. 연구팀은 쇠똥구리의 이동 경로를 관찰하기 위해 야외와 천체 투영관에서 실험을 진행했다. 야외 실험에서는 별빛이 보이는 밤과 구름이 낀 밤에 쇠똥구리의 움직임을 비교했고, 천체 투영관에서는 별빛과 은하수만을 투사하여 실험을 진행했다. 그 결과, 별빛이나 은하수가 보일 때 쇠똥구리는 거의 직선으로 이동했지만, 별빛이나 은하수가 구름에 가려졌을 때는 방향을 잃고 혼란스럽게 움직였다. 이 실험을 통해 연구팀은 쇠똥구리가 밤하늘의 은하수를 방향을 찾는 기준으로 삼고 있다는 것을 과학적으로 입증했다.

Sometimes you have to eat things you don't like. But instead of complaining, just be grateful you're not a dung beetle. They eat nothing but animal waste!

Dung beetles are common across every continent except Antarctica. There are thousands of different species, but they can all be divided into three main groups: rollers, tunnelers, and dwellers. These terms describe (A) what / how these beetles use the dung they find. Rollers turn bits of dung into balls and bury them away from the dung pile. The balls are then eaten or used as a nest. Tunnelers dig underneath the pile to bury their treasures. And dwellers simply live in dung piles.

So what sort of dung do these beetles prefer? Different species have different tastes. For example, most dung beetles prefer the dung of plant-eaters, but some specifically seek out (B) that / those of meat-eaters. No matter what type of dung it is, there is a dung beetle that likes feeding on it.

(hard, it, be, to believe, might), but dung beetles make an important contribution to the environment they live in. By eating and (C) to bury / burying other animals' waste, they return nutrients to the soil. So, while you might not want to join them for a meal, you can still appreciate the work they do.

1
수능 유형 / 제목 파악

글의 제목으로 가장 적절한 것은?

① Endangered Insect Species
② Dung Beetles: Nature's Cleaners
③ Problems Caused by Animal Waste
④ How Dung Beetles Find Their Food
⑤ How Different Dung Beetles Got Their Names

2
수능 유형 / 어법

글의 (A), (B), (C)의 각 네모 안에서 어법에 맞는 표현으로 가장 적절한 것은?

(A)	(B)	(C)
① what	that	to bury
② what	those	burying
③ how	that	burying
④ how	those	burying
⑤ how	that	to bury

3
서술형

글의 괄호 안에 주어진 단어들을 다음 우리말에 맞게 배열하시오.

믿기 어려울지도 모른다

4

글을 읽고 dung beetles에 관해 답할 수 없는 질문은?

① Which parts of the world do they live in?
② What are the names of the main groups?
③ How do rollers use animal waste?
④ Why do they eat only animal waste?
⑤ What type of animal waste do most of them like?

complain ⑧불평하다 grateful ⑧감사하는 dung beetle ⑨쇠똥구리 nothing but 오직 animal waste 동물의 배설물 continent ⑨대륙 Antarctica ⑨남극 대륙 divide A into B A를 B로 나누다 dweller ⑨거주자 term ⑨용어 bury ⑧묻다, 매장하다 pile ⑨더미 nest ⑨보금자리, 둥지 underneath ⑩~의 아래에 treasure ⑨보물 taste ⑨맛; *취향 plant-eater 초식동물 seek out ~을 찾아내다 meat-eater 육식동물 feed on ~을 먹고 살다 make a contribution to ~에 기여하다[공헌하다] nutrient ⑨영양분 appreciate ⑧감사하다 [문제] endangered ⑧멸종 위기에 처한 insect ⑨곤충

2

173 WORDS

How many eyes do green iguanas have? That might seem like a simple question. But, surprisingly, the answer is three! Their third eye is located in the center of their forehead.

(①) Called a *parietal eye, it is not the same as their other two eyes. (②) It has a lens and a *retina like normal eyes, but they are not fully formed. (③) It is able to detect movement and changes in light. (④) Because of this, iguanas can use it to sense predators. (⑤) _____(A)_____ it is on top of their head, it is especially useful for escaping birds of prey, such as eagles and hawks. Iguanas aren't the only animals with a parietal eye. Some other lizard species, as well as certain frogs and fish, also have one. Scientists believe that millions of years ago many animals had a third, fully functional eye. Over time, _____(B)_____, it slowly disappeared in most species, remaining as a parietal eye in only a few—including the green iguana.

*parietal eye 두정안
*retina 망막

Knowledge Bank
이구아나의 수영 능력

이구아나는 나무 위에서 생활하는 동물로 잘 알려져 있지만, 사실 물속에서도 매우 능숙하게 움직인다. 강이나 호수를 자유롭게 헤엄칠 수 있으며, 몸을 S자 형태로 움직이며 꼬리로 물살을 가른다. 일부 이구아나는 포식자를 피해 물속으로 뛰어들어 도망치거나, 더 시원한 환경을 찾아 이동하기도 한다. 특히, 바다 이구아나는 30분 이상 숨을 참으며 잠수할 수도 있어, 수중 생활에 적응된 놀라운 능력을 보여준다.

1

수능 유형
제목 파악

글의 제목으로 가장 적절한 것은?

① A Look into the Iguana's Evolutionary Eyes

② Hidden Vision: How Iguanas Detect Danger

③ The Extra Eye that Makes Iguanas See Clearly

④ How Iguanas Use Their Eyes to Hunt Prey

⑤ The Role of the Parietal Eye in Social Behavior

2

수능 유형
문장 삽입

글의 흐름으로 보아, 주어진 문장이 들어가기에 가장 적절한 곳은?

| However, this third eye can still see to some extent. |

①   ②   ③   ④   ⑤

3

글의 빈칸 (A)와 (B)에 들어갈 말로 가장 적절한 것은?

	(A)		(B)		(A)		(B)
①	Although	·····	similarly	②	Since	·····	however
②	While	·····	however	④	Since	·····	furthermore
③	Although	·····	furthermore				

4

이구아나의 제3의 눈에 대한 설명으로 글의 내용과 일치하면 T에, 일치하지 않으면 F에 표시하시오.

	T	F
(1) It is located in the center of the iguana's forehead.	☐	☐
(2) It has the same function as their other two eyes.	☐	☐
(3) Its retina is completely developed.	☐	☐
(4) It helps iguanas avoid natural predators.	☐	☐

5

서술형

다음은 글의 밑줄 친 this가 의미하는 바를 나타낸 것이다. 빈칸에 들어갈 알맞은 말을 글에서 찾아 쓰시오.

| It refers to a parietal eye's abilities to notice _____. |

(green) iguana 명 (녹색) 이구아나   forehead 명 이마   lens 명 렌즈; *수정체   normal 형 보통의, 평범한   detect 동 감지하다   sense 동 감지하다   predator 명 포식자   bird of prey 맹금(류)   hawk 명 매   lizard 명 도마뱀   functional 형 기능하는 ※function 명 기능   [문제] evolutionary 형 진화의   vision 명 시력, 시야   prey 명 먹이[사냥감]   to some extent 어느 정도는   refer to 가리키다, 나타내다   notice 동 알아차리다, 인지하다

In a rare event, scientists were able to film a group of orcas hunting a whale shark, the largest fish species. (①) Whale sharks can grow up to eighteen meters long, as long as a bowling lane. (②) Despite their gentle nature, they should not be misunderstood as easy prey. (③) Whale sharks have very thick skin, especially on their backs, making it difficult for predators to bite them. (④) The scientists finally have proof that can solve the mystery of how orcas can hunt this massive fish. (⑤)

The orcas first collide with the whale shark. Then the orcas (A) work / working together to flip the startled fish upside down. Once its unprotected belly is exposed, the whale shark is left (B) vulnerable / vulnerably . The orcas can then attack, causing the hunted fish to die. Uncertain when their next meal will be, orcas prioritize the most nutritious parts, including the organs and the fish's enormous fatty liver. The scientists' lucky encounter helped them (C) learn / learning about orcas' remarkable intelligence and teamwork. However, it came at the expense of the whale shark.

Knowledge Bank
범고래의 똑똑한 사냥 전략

범고래는 다양한 환경에 맞춰 정교한 사냥 전략을 구사한다. 북극에서는 청어 떼를 수면 가까이 몰아 회전하며 기절시키는 카루셀 피딩(carousel feeding)을 활용하고, 남극에서는 얼음 위 물범을 파도로 밀어 떨어뜨리는 웨이브 워싱(wave washing) 전략을 쓴다. 남미 해안에서는 몸을 해변으로 던져 새끼 바다사자를 사냥하는 해변 돌진(beaching)도 관찰된다. 이러한 전략은 무리 내에서 어미가 새끼에게 직접 전수하며, 학습을 통해 고도로 발달한 사냥 기술로 이어진다. 범고래의 협력과 정교한 사냥법은 다양한 환경에서 최상위 포식자로 군림할 수 있게 만드는 중요한 생존 전략이다.

1 수능 유형 주제 파악

글의 주제로 가장 적절한 것은?

① how orcas and whale sharks are different
② why whale sharks do not hunt bigger animals
③ how orcas communicate with each other
④ why hunting whale sharks is dangerous
⑤ how orcas hunt whale sharks together

2 수능 유형 문장 삽입

글의 흐름으로 보아, 주어진 문장이 들어가기에 가장 적절한 곳은?

> These giants are not top predators, eating only small shrimp, fish, and plankton with their meter-wide mouths.

①　②　③　④　⑤

3 수능 유형 어법

글의 (A), (B), (C)의 각 네모 안에서 어법에 맞는 표현으로 가장 적절한 것은?

	(A)		(B)		(C)
①	work	……	vulnerable	……	learn
②	work	……	vulnerable	……	learning
③	work	……	vulnerably	……	learning
④	working	……	vulnerably	……	learn
⑤	working	……	vulnerably	……	learning

4

글의 내용과 일치하지 않는 것은?

① Whale sharks can grow up to eighteen meters long and eat small marine organisms.
② Scientists filmed a whale shark being hunted by orcas, which are the largest fish species.
③ Whale sharks have thick skin, especially on their backs.
④ Orcas flip the whale shark onto its back to expose its belly.
⑤ Orcas eat the most nutritious parts of the whale shark, including its fatty liver.

orca [명] 범고래　gentle [형] 온화한, 순한　nature [명] 자연; *천성, 본성　misunderstand [동] 오해하다　prey [명] 먹이[사냥감]　proof [명] 증거(물), 증명(서)　massive [형] 거대한　collide [동] 충돌하다, 부딪치다　flip [동] 홱 뒤집(히)다　startled [형] 깜짝 놀란　expose [동] (유해한 환경 등에) 노출시키다　vulnerable [형] (~에) 취약한, 연약한　prioritize [동] 우선순위를 매기다　nutritious [형] 영양분이 많은, 영양가가 높은　organ [명] 장기[기관]　enormous [형] 막대한, 거대한　fatty [형] 지방이 많은, 지방으로 된　liver [명] 간　encounter [명] (우연한) 만남[접촉]　remarkable [형] 놀랄 만한, 주목할 만한　intelligence [명] 지능　at the expense of ~을 희생하여　[문제] marine [형] 바다의, 해양의　organism [명] 유기체; *생물

짧은 어구 빈칸 추론 TIP

STEP 1 글의 앞부분과 뒷부분에 핵심 흐름이 드러나는 경우가 많으므로 이 부분에 주목하여 주제를 파악한다.
첫 문장에서 오케스트라가 어떠한 유산을 이어받았다는 점을 암시하고, 마지막 문장에서는 음악 속에서 지배력과 공격성 같은 본능적인 감정이 느껴진다고 마무리하고 있다.

STEP 2 글에 반복적으로 나오는 표현에 주목한다.
"animal", "horn", "weapon", "predatory power" 같은 단어들이 여러 번 등장하면서, 음악의 기원이 동물과 관련된 활동에서 비롯되었음을 강조하고 있다.

STEP 3 빈칸 주변 문장을 중심으로 흐름을 파악한다.
빈칸 다음 문장에서 악기들이 동물의 뼈, 가죽, 사냥 도구에서 만들어졌다고 설명하고 있으므로, 빈칸에는 이런 기원이 자연스럽게 연결되는 단어가 들어가야 한다.

STEP 4 선택지를 문장에 넣어 보고, 가장 자연스럽고 흐름에 맞는 것을 고른다.

유형 공략

132 WORDS

1 다음 빈칸에 들어갈 말로 가장 적절한 것을 고르시오.　　　　기출 응용

Even the most respectable of all musical institutions, the symphony orchestra, carries inside its DNA the *legacy of the _____. The various instruments in the orchestra can be traced back to this most basic of survival methods—their earliest forms were made either from the animal (horn, skin, gut, bone) or the weapons used in bringing the animal down (stick, bow). Are we wrong to hear this history in the music itself, in the aggression and breathtaking intensity of those monumental symphonies that remain the core repertoire of the world's leading orchestras? Listening to Beethoven, Brahms, Mahler, Bruckner, Berlioz, Tchaikovsky, Shostakovich, and other great composers, ⓐ I can easily imagine bands of men start to chase animals, using sound as a source and symbol of dominance, an expression of the ⓑ will to predatory power.

*legacy 유산

① hunt
② law
③ charity
④ remedy
⑤ dance

변형 문항

2
수능 유형
내용 일치

악기와 동물에 관한 글의 내용과 일치하지 <u>않는</u> 것은?

① 악기의 기원은 생존 방식과 연관된다.

② 초기의 악기는 동물의 뼈로 만들었다.

③ 저명한 교향곡에서 공격성이 느껴지기도 한다.

④ 음악가들은 동물의 움직임에서 영감을 얻어 작곡했다.

⑤ 위대한 음악에서 옛날 사람들의 행위를 연상할 수 있다.

3
서술형

글의 밑줄 친 ⓐ에서 어법상 틀린 부분을 찾아 바르게 고쳐 쓰시오. (1개)

_____ → _____

4
VOCA

글의 밑줄 친 ⓑ will의 영영풀이로 알맞은 것은?

① a quality or characteristic of someone or something

② determination to perform an action or achieve something

③ a legal document expressing a person's wishes

④ a choice to stop making an effort

⑤ a prediction about a future event

5
서술형

글의 내용과 일치하도록 빈칸에 알맞은 말을 글에서 찾아 쓰시오.

> The orchestra reflects the legacy of early humans, with many _____ made from _____ parts and the _____ used to capture them.

---

respectable 彎 훌륭한, 존경할 만한   institution 阅 단체, 기관, 협회   trace ~ back to ~의 기원을 …까지 거슬러 올라가다[추적하다]   horn 阅 뿔
gut 阅 내장   aggression 阅 공격(성)   intensity 阅 강렬함, 강함   monumental 彎 기념비적인   core 彎 핵심적인   repertoire 阅 레퍼토리, 연주곡
목록   composer 阅 작곡가   band 阅 무리   chase 屠 쫓다   source 阅 근원   symbol 阅 상징   dominance 阅 지배, 우월함   expression 阅 표현
predatory 彎 포식성의, 공격적인   [문제] determination 阅 결심, 결정   legal 彎 법적인   reflect 屠 비추다; *반영하다   capture 屠 잡다, 포획하다

REVIEW TEST   SECTION 05

1
VOCA

다음 단어의 영영풀이를 바르게 연결하시오.

1) functional •
2) term •
3) complain •

• ⓐ a word with a specific meaning
• ⓑ to say that you are not satisfied or unhappy about something
• ⓒ working in the proper way

2
VOCA

우리말에 맞게 빈칸에 알맞은 단어를 쓰시오.

1) Wild hamsters _____ _____ insects, plants, and seeds.
   (야생 햄스터는 곤충과 식물 그리고 씨앗을 먹고 산다.)

2) When you feel lonely, you should _____ _____ help from others.
   (외롭다고 느끼면 당신은 다른 사람들의 도움을 찾아야 한다.)

3-4 다음 글을 읽고 물음에 답하시오.

Dung beetles are common across every continent except Antarctica. (a) There are thousands of different species, but they can all be divided into three main groups: rollers, tunnelers, and dwellers. (b) Some dung beetles can fly long distances to escape predators. (c) These terms describe how these beetles use the dung they find. (d) Rollers turn bits of dung into balls and bury them away from the dung pile. (e) The balls are then eaten or used as a nest. Tunnelers dig underneath the pile to bury their treasures. And dwellers simply live in dung piles. So what sort of dung do these beetles prefer? Different species have different tastes. For example, most dung beetles prefer the dung of plant-eaters, but some specifically seek out that of meat-eaters. No matter what type of dung it is, there is a dung beetle that likes feeding on it.

3
수능 유형
무관한 문장

글의 (a)~(e) 중, 전체 흐름과 관계 없는 문장은?

① (a)   ② (b)   ③ (c)   ④ (d)   ⑤ (e)

4
서술형

다음 빈칸에 알맞은 단어를 글에서 찾아 쓰시오.

Rollers	They make dung balls and ¹⁾_____ them away from the dung pile.
Tunnelers	They ²⁾_____ under dung piles and bury dung beneath them.
Dwellers	They ³⁾_____ in dung piles.

다음 글을 읽고 물음에 답하시오.

How many eyes do green iguanas have? That might seem like a simple question. But, surprisingly, the answer is three! Their third eye is located in the center of their forehead. Called a parietal eye, it is not the same as their other two eyes. It has a lens and a retina like normal eyes, but they are not <u>fully formed</u>. However, this third eye can still see to some extent. It is able to detect movement and changes in light. Because of this, iguanas can use it to sense predators. Since it is on top of their head, it is especially useful for escaping birds of prey, such as eagles and hawks.

5
내신형

글을 읽고 녹색 이구아나에 관해 답할 수 <u>없는</u> 질문은?

① How many eyes do they have?

② What is the function of the parietal eye?

③ Where is the parietal eye located?

④ What animals are their predators?

⑤ Do they use their parietal eye to find food?

6
VOCA

글의 밑줄 친 <u>fully formed</u>와 바꿔 쓸 수 있는 말로 가장 적절한 것은?

① broken   ② mature   ③ missing   ④ slow   ⑤ empty

7
수능 유형
어휘 적절성

글의 (A), (B), (C)의 각 네모 안에서 문맥에 맞는 낱말로 가장 적절한 것은?

The orcas first collide with the whale shark. Then the orcas work together to flip the (A) startled / calm fish upside down. Once its unprotected belly is exposed, the whale shark is left vulnerable. The orcas can then attack, causing the hunted fish to die. Uncertain when their next meal will be, orcas (B) prioritize / skip the most nutritious parts, including the organs and the fish's enormous fatty liver. The scientists' lucky encounter helped them learn about orcas' (C) ordinary / remarkable intelligence and teamwork. However, it came at the expense of the whale shark.

	(A)	(B)	(C)
①	startled	prioritize	ordinary
②	startled	skip	ordinary
③	startled	prioritize	remarkable
④	calm	prioritize	ordinary
⑤	calm	skip	remarkable

커피로 읽는 문화 차이
이탈리아 vs 미국

전 세계 수많은 사람들이 하루를 커피로 시작한다. 그런데 이 커피 한 잔을 두고 완전히 다른 문화를 만들어낸 두 나라가 있다. 바로 이탈리아와 미국이다. 두 나라의 커피는 맛뿐 아니라, 마시는 방식과 분위기에서도 뚜렷한 차이를 보인다.

이탈리아에서는 에스프레소가 커피 문화의 중심이다. 진하고 작은 한 잔의 에스프레소는 짧고 강렬한 휴식을 상징한다. 이탈리아 사람들은 보통 바(bar)에서 커피를 서서 마시며, 그들에게 커피는 빠르게 마시고 빠르게 일상으로 복귀하는 도구처럼 여겨진다. 라테나 카푸치노와 같이 우유가 들어간 커피는 보통 아침에만 마시며, 오후에는 순수한 에스프레소를 즐긴다. 이탈리아의 커피 문화는 간결함, 전통, 그리고 품격을 중요시한다.

반면, 미국의 커피 문화는 전혀 다른 방향으로 발전했다. 넓은 종이컵에 담긴 아메리카노나 라테를 손에 들고 거리를 걷는 모습은 미국의 일상이 되었다. 미국 커피는 이탈리아 커피에 비해 연하고 양이 많으며, 무엇보다 커피를 '휴식'이 아니라 '일상 속 동반자'로 여긴다. 커피숍에서는 공부하거나 노트북을 켜고 일하는 사람들이 많고, 커피는 그 자체로 긴 시간을 함께하는 존재가 되었다. 이탈리아가 '짧고 진한 커피 한 잔의 예술'을 추구한다면, 미국은 '크고 여유로운 커피 한 잔의 경험'을 추구한다. 전통과 혁신, 집중과 확장이라는 서로 다른 철학은 오늘날에도 두 나라의 커피 문화에 깊이 배어 있다.

SECTION

06

Arts & Entertainment

수능
:ON　무관한 문장

179 WORDS

Before watching a movie, you might wonder if it is going to be good or not. So you check many sources to find out (other people, the movie, what, think, about). Rotten Tomatoes, an American review website, is one source that collects other people's opinions in a unique way.

Rotten Tomatoes gathers the opinions of hundreds of critics and divides those opinions into positive and negative reviews. It then gives each movie a score based on the percentage of positive reviews it received. They call this the Tomatometer score. A good movie's Tomatometer score is 60% or above. And it is marked with a fresh red tomato. When less than 60% of a movie's reviews are positive, it is ⓐ (consider) bad. And it is marked with a rotten green tomato.

Why do they use tomatoes? In the past, angry audience members would throw rotten tomatoes at performers during _____ stage shows. So try using the website to choose a movie with a fresh red tomato. With the help of the Tomatometer score, you can avoid ⓑ (see) an awful movie.

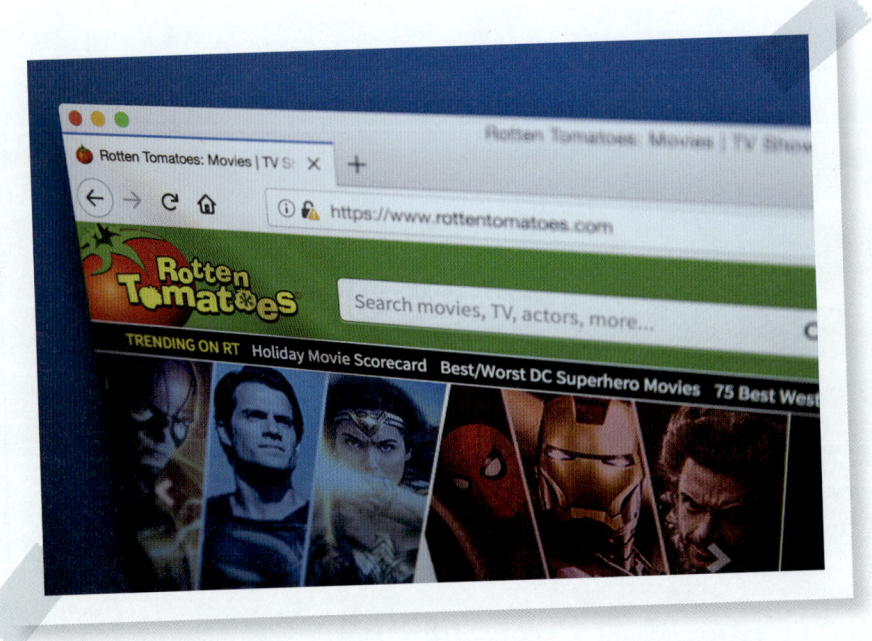

1

수능 유형
제목 파악

글의 제목으로 가장 적절한 것은?

① The Rise and Fall of Movie Review Websites

② The History of Reviewing Movies

③ Why Rating Websites Use Food, Not Numbers

④ A Unique Website for Choosing Movies

⑤ How Tomatoes Became a Unique Scoring Tool

2

서술형

글의 괄호 안에 주어진 단어들을 다음 우리말에 맞게 배열하시오.

> 그래서 다른 사람들이 그 영화에 관해 어떻게 생각하는지 알아내기 위해 당신은 많은 자료를 확인한다.

So you check many sources to find out _____.

3

수능 유형
빈칸 추론

글의 빈칸에 들어갈 말로 가장 적절한 것은?

① lengthy   ② terrible   ③ satisfying

④ surprising   ⑤ well-known

4

서술형

글의 ⓐ와 ⓑ에 주어진 동사를 어법에 알맞은 형태로 쓰시오.

ⓐ _____   ⓑ _____

5

글의 내용을 바르게 이해한 사람으로 짝지어진 것은?

> 은하: 신선한 빨간 토마토로 표시된 영화는 좋은 영화라는 뜻이야.
>
> 희진: 토마토미터 지수가 낮을수록 영화가 좋다는 뜻이겠지?
>
> 정민: 토마토미터 지수가 70%면 영화에 대한 평가가 아주 나쁜 거네.
>
> 지연: 로튼 토마토는 비평가의 리뷰 중 긍정적인 비율을 기준으로 점수를 매긴다고 해.

① 은하, 정민   ② 희진, 은하   ③ 희진, 정민

④ 은하, 지연   ⑤ 정민, 지연

---

wonder ⑧ 궁금하다, 궁금해하다   source ⑱ (사물의) 원천; *자료   find out ~을 알아내다   review ⑱ 논평[비평] ⑧ 논평[비평]하다   opinion ⑱ 의견
gather ⑧ 모으다[수집하다]   critic ⑱ 비평가, 평론가   divide A into B A를 B로 나누다   positive ⑱ 긍정적인   negative ⑱ 부정적인   be marked
with ~으로 표시되다   consider ⑧ (~을 …로) 여기다[간주하다]   rotten ⑱ 썩은   performer ⑱ 연기자, 연주자   awful ⑱ 끔찍한, 몹시 나쁜
[문제] unique ⑱ 독특한   lengthy ⑱ 장황한, 너무 긴   well-known ⑱ 유명한

218 WORDS

Knowledge Bank
「오즈의 마법사」,
그 뒤 이야기

뮤지컬 「위키드」는 동명의 소설을 원작으로 만들어졌다. 소설 「위키드」는 많은 사람들에게 잘 알려진 「오즈의 마법사」의 배경과 인물에 대해 다른 시각에서 접근하여, 동화 뒤에 숨겨진 이야기를 보여 준다. 「오즈의 마법사」가 도로시의 모험을 줄거리로 한다면, 「위키드」는 동화에서 등장했던 두 마녀의 우정이 중심 내용이다. 특히, 나쁜 마녀라고 알려진 엘파바와 착한 마녀로 알려진 글린다에 대한 새로운 해석으로 원작의 이면을 들여다보게 한다.

WICKED

Do you think you know the whole story about *The Wizard of Oz*? Think again!

Introduction

One of the best musicals of all time, *Wicked*, has been amazing audiences since opening in 2003. It tells the story of the two witches from the famous movie *The Wizard of Oz*. *Wicked* ⓐ (win) many awards so far, including a Grammy Award and several Tony Awards.

Summary

Wicked is about the relationship between Elphaba and Glinda. The green-skinned Elphaba becomes the Wicked Witch of the West, and the pretty Glinda becomes the Good Witch of the North. The two first meet at university and dislike each other. (①) But they eventually become friends. (②) One day they visit the ruler of Oz, the Wizard. (③) Elphaba discovers he is an evil man and not a good ruler. (④) Scared of her revealing his secret, the Wizard tells everyone that Elphaba is a "wicked witch." (⑤) *Wicked*'s ⓑ (entertain) story includes references to some well-known scenes from the movie *The Wizard of Oz*.

Price $104 ~ $284

Location The Gershwin Theatre in New York

Running Time 2 hours and 45 minutes (plus a 15-minute intermission)

Rules for Children All children require a ticket. Children under the age of five cannot attend.

3

6

9

12

15

18

21

24

1 수능 유형 내용 일치

뮤지컬 *Wicked*에 관한 글의 내용과 일치하지 않는 것은?

① 영화 「오즈의 마법사」에 나오는 두 마녀에 관한 내용이다.
② 그래미 상을 포함하여 다수의 수상 경력이 있다.
③ 엘파바는 동쪽의 착한 마녀가 된다.
④ 공연은 2시간 45분 동안 상연되며 15분의 휴식 시간이 있다.
⑤ 5세 미만의 어린이들은 공연장에 입장할 수 없다.

2 수능 유형 문장 삽입

글의 흐름으로 보아, 주어진 문장이 들어가기에 가장 적절한 곳은?

The people of Oz listen to him and call her the Wicked Witch of the West.

① ② ③ ④ ⑤

3 서술형

글의 ⓐ와 ⓑ에 주어진 동사를 어법에 알맞은 형태로 쓰시오.

ⓐ ____________ ⓑ ____________

4 서술형

다음 빈칸에 알맞은 단어를 보기에서 골라 쓰시오.

보기 spread conceal expose dismiss ignore

Elphaba discovers that the Wizard is evil and tries to ________ him. To protect himself, the Wizard decides to ________ a rumor that she is a "wicked witch."

wicked [형] 못된, 사악한 wizard [명] 마법사 of all time 역대, 지금껏 amaze [동] (몹시) 놀라게 하다 audience [명] 관중 witch [명] 마녀 eventually [부] 마침내, 결국 ruler [명] 통치자, 지배자 evil [형] 사악한 reveal [동] 드러내다 reference [명] 참고; *인용 running time [명] 상연 시간 intermission [명] 중간 휴식 시간 attend [동] 참석하다 [문제] conceal [동] 감추다, 숨기다 dismiss [동] 묵살[일축]하다

218 WORDS

Knowledge Bank
자유를 그린 화가, 폴록

20세기 중반, 미국 미술계에 거대한 변화를 일으킨 화가 잭슨 폴록은 전통적인 미술의 틀을 깨고 새로운 방식의 예술을 시도한 인물이다. 그는 그림을 생각하며 그리기 보다는 느끼며 그리는 것을 중요하게 여겼다. 그래서 그는 구체적인 형태나 대상을 그리는 대신, 선과 색의 움직임 속에 자신의 내면 세계를 표현하고자 했다. 마치 춤을 추듯 자유롭게 움직이며 그림을 그린 폴록은 '액션 페인팅'의 대표 주자로 불리기도 한다.

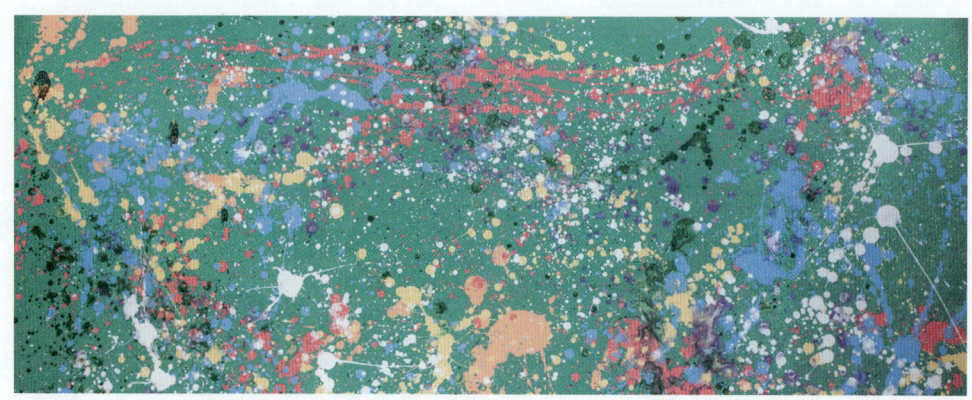

The American painter Jackson Pollock was one of the greatest abstract artists of the 20th century. He is known for his ⓐ<u>unique</u> style of painting, which is called the drip technique. Unlike most painters, Pollock laid his canvases ⓑ<u>flat</u> on the floor, then dripped paint onto them in ⓒ<u>interesting</u> patterns.

Pollock was a genius, but anyone can paint (A) used / using his style. To get started, you'll need several colors of paint, some paintbrushes, a canvas, and a large cloth to protect your floor. Next, choose a place to paint. You'll need ⓓ<u>enough</u> space to lay your canvas down and move around it. Once you're ready, pick a color for the background of your painting and use it to cover your canvas. After it dries, dip one of your brushes in another color and wave it over the canvas. This will cause the paint (B) dripping / to drip in patterns. You can also use plastic squeeze bottles to do this—the kind restaurants use for ketchup and other sauces. Once the paint dries, repeat the process over and over until you're satisfied.

When you're painting, try not to think too much about what you're doing. Pollock believed that you can express your ⓔ<u>conscious</u> feelings using this style. So relax and follow your instincts; you may be surprised by (C) what / that you create.

1
수능 유형
제목 파악

글의 제목으로 가장 적절한 것은?

① Drawing like a Famous Artist
② The Importance of Canvas Angles
③ Teaching Abstract Art to Beginners
④ A Genius's New Painting Technique
⑤ The Complicated Process of Painting

2
수능 유형
어휘 적절성

글의 밑줄 친 ⓐ~ⓔ 중, 문맥상 낱말의 쓰임이 적절하지 <u>않은</u> 것은?

① ⓐ   ② ⓑ   ③ ⓒ   ④ ⓓ   ⑤ ⓔ

3
수능 유형
어법

글의 (A), (B), (C)의 각 네모 안에서 어법에 맞는 표현으로 가장 적절한 것은?

	(A)		(B)		(C)
①	used	……	dripping	……	what
②	used	……	to drip	……	that
③	using	……	dripping	……	that
④	using	……	to drip	……	what
⑤	using	……	to drip	……	that

4
서술형

글의 내용과 일치하도록 빈칸에 알맞은 말을 글에서 찾아 쓰시오.

Get paints, paintbrushes, a canvas, and a big _____.

⇩

Choose a color for the _____ and paint the entire canvas.

⇩

Place your brush in another color and _____ it over the canvas.

⇩

Wait until the paint dries, then _____ the process for as long as you want.

abstract ⓐ 추상적인   drip ⓝ 똑똑 떨어지기 ⓥ 똑똑 떨어지다[떨어뜨리다]   lay ⓥ 놓다(laid-laid)   canvas ⓝ 캔버스   flat ⓐⓓ 평평하게, 반듯이
paintbrush ⓝ 그림 붓   background ⓝ 배경   dip ⓥ (액체에) 살짝 담그다, 적시다   squeeze bottle 눌러 짜내는 플라스틱 병   process ⓝ 과정
satisfied ⓐ 만족하는   conscious ⓐ 의식적인   instinct ⓝ 본능   [문제] angle ⓝ 각도, 각   complicated ⓐ 복잡한

SECTION 06

수능 :ON

무관한 문장 TIP

STEP 1 글의 도입부에서 글의 주제를 파악한다.
도입부에서 피카소가 버려진 자전거 부품에서 황소의 머리를 떠올리고 이를 작품으로 만든 일화를 소개하며, 예상 밖의 예술적 발상이라는 주제를 제시하고 있다.

STEP 2 각 문장이 글의 주제와 전개 흐름에 어울리는지 확인한다.
문장들이 '버려진 물건에서 아름다움을 찾아 예술로 승화시킨 피카소의 창의성'이라는 중심 내용과 밀접하게 연결되는지 확인한다.

STEP 3 지엽적인 정보이거나 주제를 벗어난 문장을 찾는다.
피카소에 대한 흥미로운 정보일 수 있지만, 글의 중심 맥락상 벗어나는 문장을 찾는다.

STEP 4 해당 문장을 제외하고도 글의 흐름이 자연스러운지 확인한다.

유형 공략

159 WORDS

Knowledge Bank
레디메이드의 탄생

'ready-made'의 사전적 의미는 '기성품의, 이미 만들어서 나오는'이다. 하지만 20세기 초, 프랑스 화가인 마르셀 뒤샹(Marcel Duchamp, 1887~1968)이 변기를 '레디메이드(Ready-made)'라고 칭하며 「샘(Fountain)」이라는 이름으로 전람회에 출품한 뒤로 이 용어는 미술 용어로 재탄생했다. 뒤샹에 의하면, 미술은 어떤 대상을 평평한 캔버스 위에 재현하는 방식이 아니라, 기성품을 일상적인 장소에서 미술의 영역으로 옮겨와 감상할 때 예술 작품이 된다는 것이다. 이러한 미적 개념은 '예술은 창조되는 것'이라는 기존의 사고에 대한 과감한 도전이었다.

1 다음 글에서 전체 흐름과 관계 *없는* 문장은?

In 1942, Pablo Picasso was looking through a pile of junk. He saw an old bicycle seat lying next to some rusty handlebars. Suddenly, he imagined them rearranged in the shape of a bull's head. (a) Once the idea came to him, all he had to do was join the two objects together. (b) He called it *Tête de taureau*, which simply means "bull's head" in French. (c) Picasso was deeply interested in African art, and its bold shapes and abstract forms influenced many of his works. (d) It might sound strange, but this type of art has been around since the early 20th century. (e) It's called "found art." While most art is about making beauty, found art is about _____ the beauty in existing objects. Looking at *Tête de taureau*, you might think, "That's simple! ⓐI must have done that." But here's the point—you didn't! Picasso was the only person who saw the possibility of a bull's head in ⓑa couple of pieces of junk. This imaginative creativity is what makes *Tête de taureau* such a special work of art.

① (a) ② (b) ③ (c) ④ (d) ⑤ (e)

2
수능 유형
제목 파악

글의 제목으로 가장 적절한 것은?

① Animals as Objects of Art
② The Life of an Artistic Genius
③ Who Threw Away a Masterpiece?
④ Picasso's Unique Painting Technique
⑤ Transforming Common Objects into Art

3
수능 유형
빈칸 추론

글의 빈칸에 들어갈 말로 가장 적절한 것은?

① hiding   ② seeing   ③ painting

④ explaining   ⑤ destroying

4
서술형

글의 밑줄 친 ⓐ에서 어법상 틀린 부분을 찾아 바르게 고쳐 쓰시오. (1개)

_____ → _____

5
서술형

다음은 글의 밑줄 친 ⓑ a couple of pieces of junk가 의미하는 바를 나타낸 것이다. 빈칸에 들어갈 알맞은 말을 글에서 찾아 쓰시오.

It refers to _____ and _____ .

look through ~을 살펴보다[훑어보다] pile 몡 더미 junk 몡 쓰레기 lie 통 눕다; *(사물이) 놓여 있다(lay-lain) rusty 혱 녹슨 handlebar 몡 (자전거나 오토바이 등의) 핸들 rearrange 통 재구성하다, 재배열하다 object 몡 물건, 물체 existing 혱 기존의 possibility 몡 가능성 imaginative 혱 상상력이 풍부한 creativity 몡 독창성, 창조력 [문제] genius 몡 천재 throw away ~을 버리다 masterpiece 몡 걸작, 명작 transform A into B A를 B로 변형하다 destroy 통 파괴하다 refer to 언급하다; *가리키다

REVIEW TEST SECTION 06

1 다음 중 단어의 영영풀이가 <u>잘못된</u> 것을 고르시오.

VOCA

① junk: something considered to be useless

② reveal: to make something secret known to others

③ rearrange: to change the way things are organized or ordered

④ conscious: not being aware of and responding to one's environment

⑤ amaze: to surprise someone very much

2 문맥상 다음 빈칸에 들어갈 가장 알맞은 단어를 고르시오.

VOCA

1) If our customers are not _____, I will change the menu.

　① affected　　② delayed　　③ intended　　④ satisfied　　⑤ complicated

2) If you come to the concert too late, you have to wait until the _____ begins.

　① intermission　② orchestra　　③ ceremony　　④ section　　⑤ gathering

3-4 다음 글을 읽고 물음에 답하시오.

　Before watching a movie, you might wonder if it is going to be good or not. So you check many sources to find out what other people think about the movie. Rotten Tomatoes, an American review website, is one source that collects other people's opinions in a unique way. Rotten Tomatoes gathers the opinions of hundreds of critics and divides those opinions into positive and negative reviews. ⓐ <u>It</u> then gives each movie a score based on the percentage of positive reviews ⓑ <u>it</u> received. They call this the Tomatometer score. A good movie's Tomatometer score is 60% or above. And it is marked with a fresh red tomato. When less than 60% of a movie's reviews are positive, it is considered bad. And it is marked with a rotten green tomato.

3 로튼 토마토에 관한 글의 내용과 일치하지 <u>않는</u> 것은?

수능 유형
내용 일치

① 미국의 영화 리뷰 웹사이트이다.

② 수백 명의 비평가들의 의견을 모아 점수를 매긴다.

③ 전체 리뷰 수를 기준으로 평균을 내어 토마토미터 지수를 산정한다.

④ 토마토미터 지수가 높은 영화를 신선한 빨간 토마토로 표시한다.

⑤ 토마토미터 지수가 낮은 영화를 썩은 녹색 토마토로 표시한다.

4 밑줄 친 ⓐ It과 ⓑ it이 각각 가리키는 말을 글에서 찾아 쓰시오. (각 2단어)

서술형

　ⓐ It: _____　　　　　　　ⓑ it: _____

다음 글을 읽고 물음에 답하시오.

Wicked is about the relationship between Elphaba and Glinda. The green-skinned Elphaba becomes the Wicked Witch of the West, and the pretty Glinda becomes the Good Witch of the North. The two first meet at university and dislike each other. But they eventually become friends. One day they visit the ruler of Oz, the Wizard. Elphaba discovers he is an evil man and not a good ruler. ⓐ As he is scared of her revealing his secret, the Wizard tells everyone that Elphaba is a "wicked witch." The people of Oz listen to him and call her the Wicked Witch of the West. *Wicked*'s entertaining story includes references to some well-known scenes from the movie *The Wizard of Oz*.

5 내신형 글을 읽고 뮤지컬 *Wicked*에서 얻을 수 있는 교훈으로 가장 적절한 것은?

① 진실을 말하면 항상 사람들에게 인정받는다.　② 외모는 사람의 성격과 아무 상관이 없다.

③ 통치자는 언제나 옳은 결정을 내린다.　④ 타인의 말만 듣고 누군가를 판단해서는 안 된다.

⑤ 친구는 어려운 상황에서 자연스럽게 멀어진다.

6 서술형 글의 밑줄 친 ⓐ에 주어진 절을 분사구문으로 바꿔 쓰시오.

_____

7 수능 유형 문장 삽입 글의 흐름으로 보아, 주어진 문장이 들어가기에 가장 적절한 곳은?

> After it dries, dip one of your brushes in another color and wave it over the canvas.

The American painter Jackson Pollock was one of the greatest abstract artists of the 20th century. He is known for his unique style of painting, which is called the drip technique. Unlike most painters, Pollock laid his canvases flat on the floor, then dripped paint onto them in interesting patterns. Pollock was a genius, but anyone can paint using his style. (①) To get started, you'll need several colors of paint, some paintbrushes, a canvas, and a large cloth to protect your floor. (②) Next, choose a place to paint. You'll need enough space to lay your canvas down and move around it. (③) Once you're ready, pick a color for the background of your painting and use it to cover your canvas. (④) This will cause the paint to drip in patterns. (⑤) You can also use plastic squeeze bottles to do this—the kind restaurants use for ketchup and other sauces. Once the paint dries, repeat the process over and over until you're satisfied.

①　　　②　　　③　　　④　　　⑤

암벽 속에서 꽃피운 고대 도시,
페트라(Petra)

페트라는 요르단 남서부 사막에 위치한 고대 도시로, 붉은 사암 절벽을 파서 만든 독특한 암벽 건축으로 유명하다. 해발 약 950m 고지대에 자리 잡고 있으며, 높이 300m에 이르는 바위산으로 둘러싸여 있어 자연적으로 방어에 유리한 지형적 특징을 갖는다. 도시 전체는 좁은 협곡을 따라 형성되어 있으며, 붉은 암벽을 직접 파서 만든 사원, 무덤, 극장, 궁전 등의 유적들이 남아 있다.

이곳은 기원전 1세기경부터 번성하기 시작한 나바테아 왕국의 수도였다. 이집트, 아라비아, 페니키아를 잇는 교역로의 교차 지점인 실크로드의 길목으로 상인들의 발길이 끊이지 않았으며, 당시로서는 드물게 물 공급을 안정적으로 유지할 수 있는 정교한 상수도 시스템이 갖춰져 있었다. 페트라는 향신료, 비단, 보석 등을 거래하는 국제적 상업의 중심지였고, 이러한 경제적 기반 위에서 독자적인 건축 양식과 문화가 발전하였다.

요르단의 국보 1호로 지정된 페트라는 1985년 유네스코 세계문화유산으로 등재되었으며, 2007년에는 전 세계 투표를 통해 선정된 신(新) 세계 7대 불가사의 중 하나로 이름을 올렸다. 수많은 관광객들이 찾는 이 도시는 영화 「인디아나 존스-최후의 성전」의 촬영지로도 널리 알려져 있다. 특히 영화에 등장한 '알 카즈네(보물창고)'는 페트라를 대표하는 건축물로, 40여 미터 높이의 정면이 바위 절벽을 깎아 만든 하나의 거대한 조각품처럼 보인다. 페트라에는 800여 개 이상의 유적이 분포되어 있으며, 그중 일부는 아직도 발굴 중이다.

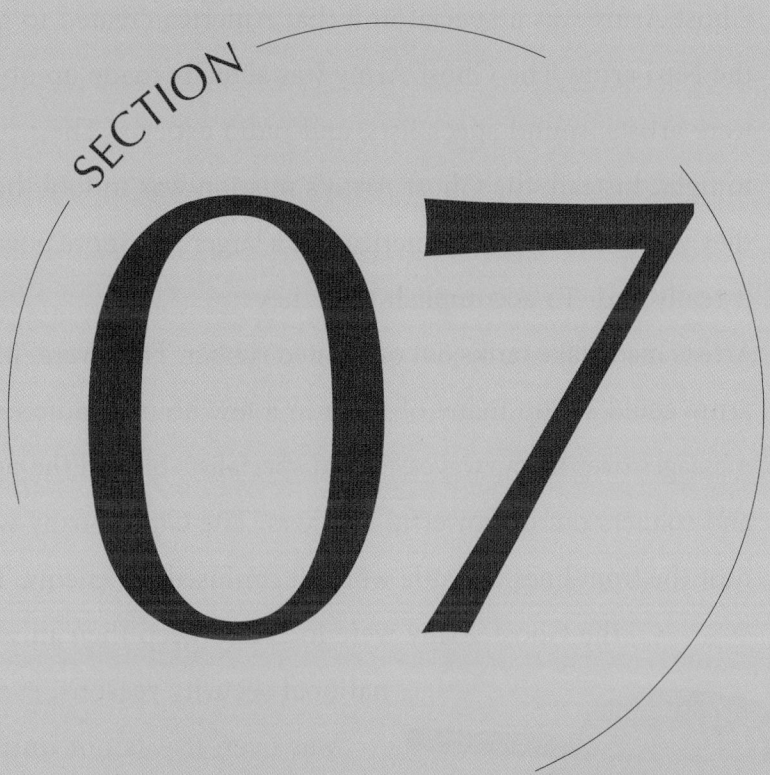

SECTION

07

History

수능
:ON 글의 순서

Did you know that a ghost army existed in Europe during WWII? The Ghost Army was a special unit that America created to get the better of the Nazi army. The Ghost Army was actually made up of 1100 men, who were artists, sound specialists, and radio experts. Their purpose was not to fight. Instead, the Ghost Army's mission was to fool the enemy so that they would believe that America had a larger and more powerful army than it really had. To accomplish this, they _____. Artists made fake tanks out of painted rubber. They were *inflatables, so the army could set up many of them in a few hours. Radio experts sent fake messages over the airwaves. Sound specialists blasted the noises of vehicles and soldiers out of powerful speakers. The Ghost Army was often placed near the front lines of battle where it confused the enemy. The members of the Ghost Army were forced to keep their mission a secret for national security reasons, even after the war was over. It was not until 1996 that the world learned of this creative mission.

*inflatable (공기로) 부풀릴 수 있는 것

191 WORDS

Knowledge Bank
제2차 세계대전

제1차 세계대전에서 패한 독일은 거액의 배상금을 물어야 했고, 그로 인해 경제 대공황에 빠졌다. 이 시기에 정권을 잡은 히틀러는 나치당을 만들어 경제난을 극복하기 위한 전쟁을 준비했고, 이탈리아와 연합해 제2차 세계대전을 일으켰다. 이에 맞서 영국, 프랑스 등의 유럽 국가들도 연합군을 구성했다. 이후 일본과도 연맹을 맺은 독일은 승세를 이어가며 유럽 대륙을 차례로 점령했다. 하지만 일본이 미국 하와이 진주만을 공습하자, 중립을 지키던 미국이 연합군에 참전하게 된다. 막대한 군사력과 풍부한 군수 물자를 가진 미국이 참전하자 연합군은 나치에게 빼앗긴 유럽 본토를 되찾기 시작했고, 독일은 전쟁에서 패했다.

1 VOCA

글의 밑줄 친 get the better of와 바꿔 쓸 수 있는 말로 가장 적절한 것은?

① imitate ② defeat ③ impress
④ respond ⑤ discover

2 수능 유형 빈칸 추론

글의 빈칸에 들어갈 말로 가장 적절한 것은?

① made deceptive objects to trick American soldiers
② wrote fake news stories about the war
③ deceived the enemy with special effects
④ created fake battlefields to confuse the enemy
⑤ moved real soldiers around the battlefield

3

글을 읽고 Ghost Army에 관해 답할 수 없는 질문은?

① When did the Ghost Army operate?
② What kind of people were involved in the Ghost Army?
③ How did the enemy react to the Ghost Army?
④ What strategy did the Ghost Army use?
⑤ When was the Ghost Army revealed to the public?

4 서술형

글의 내용과 일치하도록 빈칸에 알맞은 말을 글에서 찾아 쓰시오.

What the Ghost Army did was not to __________, but to make the enemy __________ that the American army was larger and more __________ than it actually was.

unit [명] (임무를 위한) 부대, 단체 specialist [명] 전문가 expert [명] 전문가 mission [명] 임무 fool [동] 속이다, 기만하다 accomplish [동] 완수하다, 성취하다 fake [형] 가짜의 rubber [명] 고무 set up (기계·장비를) 설치하다 airwave [명] 《pl.》 방송 전파 blast [동] 폭발시키다; *쾅쾅 울리다 front line 최전방 confuse [동] 혼란시키다 national security 국가 안보 문제 [문제] operate [동] 작동되다; *(군사) 작전을 벌이다 involve [동] 참여시키다 strategy [명] 전략 reveal [동] 드러내다 deceptive [형] 기만적인 ※deceive [동] 속이다 battlefield [명] 전장, 싸움터

2.

165 WORDS

Bright colors, such as red and yellow, are commonly used in national flags across the world. But you'll rarely see the color purple in any of the flags. Why don't countries use purple in their national flags? It is related to ⓐ how much purple dye used to cost. Until the 1800s, purple dye only came from a special type of snail in the Mediterranean. ⓑ It took about 10,000 snails to make just one gram of dye! This made purple dye ⓒ difficulty to produce and therefore extremely expensive. Only wealthy people, like royalty, could afford this dye. So it was not used for objects as common as national flags. (A) _____, in 1856, William Henry Perkin discovered a way ⓓ to make purple dye artificially without using snails. ⓔ Because of this discovery, large amounts of purple dye could be made cheaply. And the color purple first became popular in the 1900s. However, (B) _____, most national flags had already been created without using purple in their designs.

Knowledge Bank
국기에 담긴 의미와 역사

국기의 형태나 문양에는 특별한 의미나 역사적인 배경이 담겨 있는 경우가 많다. 유럽의 국가들은 세 가지 색으로 이루어진 국기를 사용하는 경우가 많은데, 이는 절대 왕정을 무너뜨리고 민주주의 국가를 세운 프랑스 대혁명 이후 만들어진 프랑스의 삼색기가 다른 나라의 국기에 큰 영향을 미쳤기 때문이다. 또한, 우루과이 국기는 아르헨티나 국기의 영향을 받아 만들어졌는데 아르헨티나의 지원으로 브라질로부터 독립할 수 있었던 우루과이는 감사의 의미로 자국 국기 왼쪽 위에 아르헨티나 국기 속 태양 문양을 넣었다.

1 수능 유형 제목 파악

글의 제목으로 가장 적절한 것은?

① The Meaning of Colors in Modern Flags
② The Reason You Won't Find a Purple in National Flag
③ Why Snails Are Important to History
④ The Hidden Story Behind National Flag Colors
⑤ The Most Expensive Color in Nature

2 수능 유형 어법

글의 밑줄 친 부분 중, 어법상 틀린 것은?

① ⓐ ② ⓑ ③ ⓒ ④ ⓓ ⑤ ⓔ

3

글의 빈칸 (A)와 (B)에 들어갈 말로 가장 적절한 것은?

	(A)		(B)
①	Though	……	as a result
②	Because	……	moreover
③	However	……	by that time
④	Therefore	……	in contrast
⑤	For example	……	nevertheless

4

글의 내용과 일치하면 T에, 일치하지 않으면 F에 표시하시오.

	T	F
(1) Purple dye was made from snails until the 1800s.	□	□
(2) Using purple dye in national flags was common before 1856.	□	□
(3) William Henry Perkin found a way to make large amounts of purple dye at a low cost.	□	□

5 서술형

글의 내용과 일치하도록 빈칸에 알맞은 말을 글에서 찾아 쓰시오.

It is rare to see the color purple in ________ ________ because purple dye used to be very ________.

national flag [명] 국기 rarely [부] 드물게, 좀처럼 ~하지 않는 ※rare [형] 드문, 보기 힘든 be related to ~와 관련 있다 dye [명] 염료 the Mediterranean [명] 지중해 produce [동] 생산하다 extremely [부] 극도로 wealthy [형] 부유한 royalty [명] 왕족 afford [동] ~할 여유[형편]가 되다 object [명] 물건, 물체 artificially [부] 인공적으로 discovery [명] 발견 large amounts of 다량의 ~

Knowledge Bank
교감의 공간, 호다

카포에이라에서 호다(roda)는 참가
자들이 원을 형성해 서로 교류하는 특
별한 공간이다. 이 안에서 싸움처럼 보
이는 동작이 춤과 결합되어, 즉흥적이
고 창의적인 표현이 이루어진다. 음악
과 박수로 리듬을 만들면 참가자들은
그에 맞춰 서로의 움직임에 반응한다.
호다는 단순한 훈련 장소를 넘어 사회
적 연결과 문화적 표현이 흐르는 장이
다. 이 원은 카포에이라의 정신적 중심
으로, 협력과 상호 존중의 의미를 담고
있다.

If you see two people standing face to face, you might initially assume they are fighting. But on second glance, it looks like they are dancing instead. Well, both of your assumptions are correct, because they are ³ practicing capoeira.

Capoeira is a Brazilian art form traditionally performed by two people that combines fighting, dance, and acrobatics. Participants look like they ⁶ are communicating with their movements, which include kicks, spins, and flips.

(A) However, they had to keep their training a secret from their owners, ⁹ so they disguised it as a dance. (B) Taken from their homes and forced to work on farms, they started training to protect themselves. (C) According to history, capoeira was created in Brazil about 500 years ago by African slaves. ¹²
They added their traditional music, singing, and rhythm, and continued to develop their art until it became useful (fighting skills, but, for, self-defense, not, for, practicing, also, learning, only). ¹⁵

Today, lots of people practice capoeira all over the world, saying it gives them power and flexibility. _____, it gives them more self-confidence, focus, and courage. ¹⁸

1

카포에이라에 관한 글의 내용과 일치하지 <u>않는</u> 것은?

① It combines fighting, dance, and acrobatics.

② It is performed by two people.

③ It was created about 500 years ago.

④ It came from Native American tradition.

⑤ It helps people develop self-confidence.

2 (A)~(C)의 글의 순서로 가장 적절한 것은?

① (A) – (B) – (C)   ② (A) – (C) – (B)   ③ (B) – (A) – (C)

④ (B) – (C) – (A)   ⑤ (C) – (B) – (A)

3 글의 빈칸에 들어갈 말로 가장 적절한 것은?

① For example   ② However   ③ In short

④ As a result   ⑤ Moreover

4

글의 괄호 안에 주어진 단어들을 다음 우리말에 맞게 배열하시오.

> 싸움 기술을 배우는 데뿐만 아니라 자기방어를 연습하기 위해서도

_____

5

글의 내용과 일치하도록 빈칸에 알맞은 말을 글에서 찾아 쓰시오.

> The slaves made capoeira look like a dance because they had to _____
> _____ .

face to face (~와) 얼굴을 서로 맞대고   initially 🄫 처음에   assume 🄭 추측하다 ※assumption 🄫 추측   glance 🄫 흘깃[휙] 봄   perform 🄭 행하다   combine 🄭 결합하다   acrobatics 🄫 곡예   participant 🄫 참가자   spin 🄫 회전, 돌기   flip 🄫 톡 던지기[치기]; *공중제비   disguise 🄭 변장하다; *위장하다   force 🄭 ~을 강요하다; *억지로 ~하다   protect 🄭 보호하다, 지키다   slave 🄫 노예   self-defense 🄫 자기방어, 호신   flexibility 🄫 유연성   self-confidence 🄫 자신감   courage 🄫 용기

수능
:ON

글의 순서 TIP

STEP 1   주어진 글에서 주제를 파악하고, 이어질 내용의 흐름을 예측한다.
향수가 오늘날에는 좋은 향이 나게 하기 위해 사용되지만, 과거에는 다른 목적으로 쓰였음을 암시하고 있다. 따라서 이어지는 글은 향수의 기원이나 과거 사용 사례로 이어질 가능성이 크다.

STEP 2   단락별 시간의 흐름, 연결사, 대명사, 관사 등을 통해 순서를 파악한다.
향수의 가장 초기 사용을 다룬 단락은 시간 순서상 먼저 올 가능성이 크다. 또한, 연결사 So로 시작하는 단락 (A)와 "a good example of this"를 언급하는 단락 (C)가 각각 어느 단락 다음에 이어질지 생각해 본다.

STEP 3   단락들을 순서대로 이어 보고, 전체 흐름이 자연스럽고 논리적인지 확인한다.

유형 공략

195 WORDS

1   주어진 글 다음에 이어질 글의 순서로 가장 적절한 것을 고르시오.

Perfume has always been an important part of human culture. These days, of course, we use perfume to make ourselves ⓐto smell nicer and feel more attractive. But this wasn't always ⓑwhat perfume was used for.

3

(A) So they used a lot of perfume in their daily lives. Amazingly, they even thought that perfume would help them after they died. According to evidence ⓒfound in ancient tombs, they believed that having lots of perfumes, especially strong ones, would increase their chances of going to heaven.

6

(B) The earliest ⓓknown use of perfume was in ancient Egypt. These perfumes were sticks that were burned to give off a pleasant smell. They were designed ⓔto be used in religious rituals. It was thought the nice smell would attract the favor of the gods. The Egyptians believed the gods would treat those who smelled nice more kindly than others.

9

12

(C) The ancient Egyptian pharaoh Tutankhamen's tomb provides a good example of this. The tomb's discoverers found jars of perfumes and oils surrounding the body. Surprisingly, their fragrances could still be smelled nearly 3,300 years after the tomb was created. Those must have been strong perfumes when they were put in the tomb!

15

18

① (A) – (C) – (B)   ② (B) – (A) – (C)   ③ (B) – (C) – (A)

④ (C) – (A) – (B)   ⑤ (C) – (B) – (A)

변형 문항

2
수능 유형
제목 파악

글의 제목으로 가장 적절한 것은?

① How to Make Perfume
② The Origin of Perfume
③ The History of Egyptian Tombs
④ Different Ways to Look Attractive
⑤ The Side Effects of Using Perfume

3
수능 유형
어법

글의 밑줄 친 부분 중, 어법상 틀린 것은?

① ⓐ   ② ⓑ   ③ ⓒ   ④ ⓓ   ⑤ ⓔ

4
서술형

글의 내용과 일치하도록 빈칸에 알맞은 말을 글에서 찾아 쓰시오.

> Ancient _____ used a lot of perfume in daily life because they believed the _____ favored those who _____ nice.

Knowledge Bank
최초의 증류된 알코올 향수

오늘날 사용되는 알코올 향수는 1370년경 헝가리 여왕이었던 엘리자베스 1세를 위해 한 수도사가 만든 '헝가리 워터'에서 비롯되었다. 여왕은 최초의 증류된 알코올 향수인 헝가리 워터를 수족 마비와 통풍을 치료하는 데 사용했다고 한다. 그뿐만 아니라, 그 향 덕분에 70세가 넘은 고령에도 폴란드 국왕으로부터 청혼을 받았다는 유명한 일화도 전해진다.

perfume 몡 향수   attractive 혱 매력적인 ※attract 통 끌다, 불러일으키다   evidence 몡 증거   ancient 혱 고대의   tomb 몡 무덤   heaven 몡 천국   stick 몡 막대기   give off ~을 내뿜다   religious 혱 종교의   ritual 몡 의식   favor 몡 호의, 은혜   treat 통 대하다, 다루다   pharaoh 파라오(고대 이집트의 왕)   discoverer 몡 발견자   jar 몡 병, 단지   surround 통 둘러싸다, 에워싸다   body 몡 몸, 신체; *시체   fragrance 몡 향기   [문제] side effect 몡 부작용

REVIEW TEST SECTION 07

1 VOCA 다음 단어의 영영풀이를 바르게 연결하시오.

1) evidence •   • ⓐ to bring two or more things together

2) ancient •   • ⓑ very old or existing a very long time ago

3) combine •   • ⓒ information showing that something is true

2 VOCA 괄호 안에서 적절한 단어를 고르시오.

1) We should (treat / trick) the elderly with respect.

2) The festival (extracts / attracts) a lot of people from all over the world.

3-4 다음 글을 읽고 물음에 답하시오.

Did you know that a ghost army existed in Europe during WWII? The Ghost Army was a special unit that America created to get the better of the Nazi army. The Ghost Army was actually made up of 1100 men, who were artists, sound specialists, and radio experts. Their purpose was not to fight. Instead, the Ghost Army's mission was to fool the enemy so that they would believe that America had a larger and more powerful army than it really had. To accomplish this, they deceived the enemy with special effects. Artists made fake tanks out of painted rubber. They were inflatables, so the army could set up many of them in a few hours. Radio experts sent fake messages over the airwaves. Sound specialists blasted the noises of vehicles and soldiers out of powerful speakers. The Ghost Army was often placed near the front lines of battle where it confused the enemy.

3 내신형 글의 목적으로 가장 적절한 것은?

① 나치 군대의 실수를 강조하려고

② 미국의 전쟁 결정을 비판하려고

③ 실제 부대와 고스트 아미를 비교하려고

④ 유럽에서 일어난 전쟁의 영향을 설명하려고

⑤ 제2차 세계대전에서 사용된 비밀 군사 전략을 설명하려고

4 서술형 밑줄 친 this가 의미하는 내용을 우리말로 쓰시오.

_____

다음 글을 읽고 물음에 답하시오.

Until the 1800s, purple dye only came from a special type of snail in the Mediterranean. It took about 10,000 snails to make just one gram of dye! This made purple dye (A) easy / difficult to produce and therefore extremely expensive. Only wealthy people, like royalty, could afford this dye. So it did not use for objects as common as national flags. However, in 1856, William Henry Perkin discovered a way to make purple dye (B) naturally / artificially without using snails. Because of this discovery, large amounts of purple dye could be made cheaply. And the color purple first became popular in the 1900s. However, by that time, most national flags had already been created (C) without / with using purple in their designs.

5
수능 유형
어휘 적절성

글의 (A), (B), (C)의 각 네모 안에서 문맥에 맞는 낱말로 가장 적절한 것은?

	(A)	(B)	(C)
①	easy	naturally	without
②	easy	artificially	with
③	difficult	naturally	without
④	difficult	naturally	with
⑤	difficult	artificially	without

6
서술형

글의 밑줄 친 부분에서 어법상 틀린 부분을 찾아 바르게 고쳐 쓰시오. (1개)

_____ → _____

7
내신형

다음 글에서 카포에이라에 관해 언급되지 않은 것은?

Capoeira is a Brazilian art form traditionally performed by two people that combines fighting, dance, and acrobatics. Participants look like they are communicating with their movements, which include kicks, spins, and flips. According to history, capoeira was created in Brazil about 500 years ago by African slaves. Taken from their homes and forced to work on farms, they started training to protect themselves. However, they had to keep their training a secret from their owners, so they disguised it as a dance. They added their traditional music, singing, and rhythm, and continued to develop their art until it became useful not only for learning fighting skills but also for practicing self-defense.

① 정의　　② 사용하는 동작　　③ 역사적 기원　　④ 착용하는 복장　　⑤ 목적

99%의 노력 혹은 1%의 영감
토머스 에디슨 VS 니콜라 테슬라

'발명가'하면 가장 먼저 떠오르는 인물은 아마 토머스 에디슨(Thomas Edison, 1847-1931)일 것이다. 에디슨은 미국에서 1,093개의 특허를 보유하고 있으며, 전 세계적으로는 2,332개의 특허를 등록한 발명가로 유명하다. 에디슨은 정규 교육을 오래 받지 않았지만, 어머니의 교육과 자율적인 학습을 통해 지식을 쌓았다. 그는 왕성한 호기심과 끈기를 바탕으로 전구를 완성하기 위해 약 2,000번의 실험을 반복한 것으로 알려져 있다. 또한, 그는 발명품의 실용성과 상업성에 주목하여 사업가로서도 큰 성공을 거두었다.

반면, 니콜라 테슬라(Nikola Tesla, 1856-1943)는 세르비아계 부모에게서 태어나 체코어, 영어 등 8개 언어를 구사할 수 있었으며, 전 세계적으로 278개의 특허를 보유한 천재적인 과학자였다. 그는 아이디어를 머릿속에서 구상하여 구체화할 수 있는 능력을 지녔으며, 교류 전기 시스템을 개발하여 현대 전력 시스템의 기반을 마련했다.

테슬라는 뉴욕으로 건너와 에디슨과 함께 발전기를 연구했지만, 그는 에디슨의 실험 방식에 대해 비판적인 견해를 가지고 있었으며, 직류 시스템을 고집했던 에디슨과의 의견 차이로 갈라서게 되었다.

에디슨이 "천재는 1%의 영감과 99%의 노력으로 이루어진다"고 말한 것처럼, 그는 노력형 발명가였다. 반면, 테슬라는 이론과 계산을 중시하는 천재형 발명가였다. 두 사람 모두 발명을 향한 열정과 인류 역사에 기여한 공로는 위대하며, 그들의 업적은 오늘날까지도 큰 영향을 미치고 있다.

수능
:ON   문장 삽입

205 WORDS

Are you interested in running in a race? Does that sound a little boring? How about one in (A) which / that the runners are covered in yellow, red, blue, and green when they cross the finish line?

If that sounds more exciting, you should sign up for the Color Run, a race known as the "Happiest 5k on the Planet." (B) Taken / Taking part is quite simple. (①) Just be sure to wear a white T-shirt. (②) By the time you finish, you will look like a rainbow! (③) The race was first run in the American city of Phoenix in January of 2012. (④) Since then, it has taken place in many other cities around the world, including Seoul, South Korea. (⑤) You don't have to run like Usain Bolt—no one will keep track of how long it takes you to finish. The race brings people together, (C) promoting / promoted health and happiness in the community. At the end of the race, everyone gets to participate in the "finish festival," a wild party with music, dancing, and more colored powder! Does it sound like fun? Then find a white T-shirt and get ready!

1

수능 유형
제목 파악

글의 제목으로 가장 적절한 것은?

① The Origins of the Color Run

② Paint a Picture While You Run

③ A Unique Run That Brings Fun

④ The Art Race That Inspires People

⑤ Interesting Races around the World

2

수능 유형
어법

글의 (A), (B), (C)의 각 네모 안에서 어법에 맞는 표현으로 가장 적절한 것은?

	(A)		(B)		(C)
①	which	⋯⋯	Taken	⋯⋯	promoted
②	which	⋯⋯	Taking	⋯⋯	promoted
③	which	⋯⋯	Taking	⋯⋯	promoting
④	that	⋯⋯	Taken	⋯⋯	promoting
⑤	that	⋯⋯	Taking	⋯⋯	promoted

3

수능 유형
문장 삽입

글의 흐름으로 보아, 주어진 문장이 들어가기에 가장 적절한 곳은?

Then, as you pass through each zone of the five-kilometer race, powder of a different color will be thrown on you.

①   ②   ③   ④   ⑤

4

수능 유형
내용 일치

Color Run에 관한 글의 내용과 일치하지 <u>않는</u> 것은?

① 흰색 티셔츠를 입고 참가해야 한다.
② 총 5km를 달리는 경주이다.
③ 미국에서 처음 시작되었다.
④ 한국에서는 시행된 적이 없다.
⑤ 주자의 기록을 측정하지 않는다.

5

서술형

글의 내용과 일치하도록 빈칸에 알맞은 말을 글에서 찾아 쓰시오.

The Color Run enhances the _____ and _____ of local people.

finish line 결승선   sign up for ~을 신청하다   take part 참가하다   be sure to-v 반드시 ~하다   take place 개최되다   keep track of ~을 기록하다   promote ⑧증진시키다   community ⑨지역 사회   participate in ~에 참가하다   wild ⑧야생의; *열광적인   [문제] inspire ⑧영감을 주다   enhance ⑧향상시키다, 높이다

Denmark is considered one of the happiest countries in the world. One of the reasons for this is something called *hygge*. The word was appeared in Danish writing for the first time during the 18th century, and *hygge* soon became a big part of Danish culture. It is a difficult word to define because it refers to a general feeling. The goal of a *hygge* lifestyle is not to seek out excitement, but to enjoy life's quiet moments.

3

6

Comfort is an important part of *hygge*. Denmark's winters are long and cold, so people like to stay inside their warm homes and eat their favorite foods. Also, this lifestyle often includes simple and relaxing activities. _____ⓐ_____, taking a walk is a perfect way to spend an afternoon. _____ⓑ_____ there's nothing wrong with doing things alone, it is best to enjoy *hygge* with good friends. If you want to live a *hygge* lifestyle, take some time every day to do nothing but relax and be happy.

9

12

Knowledge Bank

양초로 즐기는 휘게

덴마크는 유럽에서 양초를 가장 많이 사용하는 국가이다. 해가 길지 않은 가을과 겨울 동안, 많은 사람들이 양초를 켜며 따뜻한 분위기를 즐긴다. 덴마크인의 39%가 거의 매일 양초를 켜는 것으로 나타났고, 전혀 켜지 않은 사람은 단 7%에 불과했다. 덴마크 사람들에게 양초는 단순한 조명의 의미를 넘어, 사람들에게 편안함과 아늑함을 주는 중요한 감성 요소로 여겨지며 그들의 정서적 행복과 깊이 연결되어 있다. 흥미롭게도, 덴마크에는 '뤼세슬루케르(lyseslukker)'라는 단어가 있는데, 이는 '촛불을 끄는 사람'을 뜻하며, 분위기를 망치는 사람을 비유적으로 이르는 말이다.

1

수능 유형 | 제목 파악

글의 제목으로 가장 적절한 것은?

① The Danish Way of Living

② Enjoying a Stressful Lifestyle

③ A Relaxing Vacation in Denmark

④ Hygge: Denmark's Newest Word

⑤ Different Definitions of Happiness

2

서술형

글의 밑줄 친 부분에서 어법상 틀린 부분을 찾아 바르게 고쳐 쓰시오. (1개)

_____ → _____

3

글의 빈칸 ⓐ와 ⓑ에 들어갈 말로 가장 적절한 것은?

	ⓐ		ⓑ
①	Instead	······	Unless
②	Instead	······	Although
③	For instance	······	Because
④	For instance	······	Although
⑤	On the other hand	······	Because

4

수능 유형 | 요약문

글의 내용을 한 문장으로 요약할 때, 빈칸 (A), (B)에 들어갈 말로 가장 적절한 것은?

Hygge is a Danish concept that emphasizes ____(A)____, peaceful moments, and being with loved ones, often involving ____(B)____ like taking walks and enjoying your favorite foods.

	(A)		(B)		(A)		(B)
①	comfort	······	complicated tasks	②	stress	······	active hobbies
③	comfort	······	simple pleasures	④	discomfort	······	challenging experiences
⑤	tension	······	simple pleasures				

consider ⑤ 고려하다; *여기다[생각하다]   appear ⑤ 나타나다; *(글 속에) 나오다   Danish ⑧ 덴마크(인)의   define ⑤ 정의하다 ※definition ⑱ 정의
refer to ~을 나타내다   general ⑧ 일반적인   lifestyle ⑱ 생활방식   seek out ~을 찾아내다   excitement ⑱ 흥분; *흥분되는[신나는] 일   moment
⑱ 순간   comfort ⑱ 안락, 편안 (↔ discomfort ⑱ 불편함)   relaxing ⑧ 편안한, 느긋한 ※relax ⑤ 휴식을 취하다   [문제] stressful ⑧ 스트레스가 많은
concept ⑱ 개념   emphasize ⑤ 강조하다   pleasure ⑱ 기쁨, 즐거움   complicated ⑧ 복잡한   tension ⑱ 긴장 상태

3

183 WORDS

At the start of every Lunar New Year, many people visit Hong Kong's Tin Hau Temple. According to legend, a sick woman once experienced a miraculous recovery after ⓐ <u>throwing</u> a piece of *joss paper into the branches of a tree there. Since then, countless people have journeyed to the temple in hopes of having their wishes ⓑ <u>fulfilled</u>.

To make a wish, people write their desire on a piece of joss paper, roll it up, and secure it with a piece of string. Once the wish is prepared, they launch it into the trees, attempting to get it caught on the highest branch. The higher a wish lands, the ⓒ <u>great</u> the likelihood it will be granted, but wishes that fall back to the ground signify that the person was overly greedy.

In the past, people would tie an orange to their wishes (to throw, it, to make, them, easier). (A) With these changes, the tradition has remained both ⓓ <u>environmentally</u> friendly and popular today. (B) Unfortunately, the weight began ⓔ <u>damaging</u> the trees. (C) To protect them, people switched to plastic oranges and threw them onto artificial trees instead.

3
6
9
12
15

*joss paper 신상 앞에서 태우는 금·은 종이

Knowledge Bank

존 하버드 동상의 빛나는 왼발

미국 매사추세츠주 보스턴에 위치한 하버드 대학교는 세계적으로 잘 알려진 명문 대학교이다. 그래서 많은 관광객들이 대학 캠퍼스를 방문하는데, 특히 사람들이 빠뜨리지 않고 찾는 명소가 바로 존 하버드(John Harvard)의 동상이다. 존 하버드는 죽기 전 이 학교에 많은 재산과 장서를 기부한 인물로, 이를 기리기 위해 대학의 이름을 그의 이름으로 바꾸었고 동상도 세웠다고 한다. 방문객들은 하버드에 입학하기를 바라는 마음으로 존 하버드 동상의 왼쪽 발을 만지곤 한다. 수많은 사람들이 만진 탓에 유난히 그 부분만 반짝이며 빛난다고 한다.

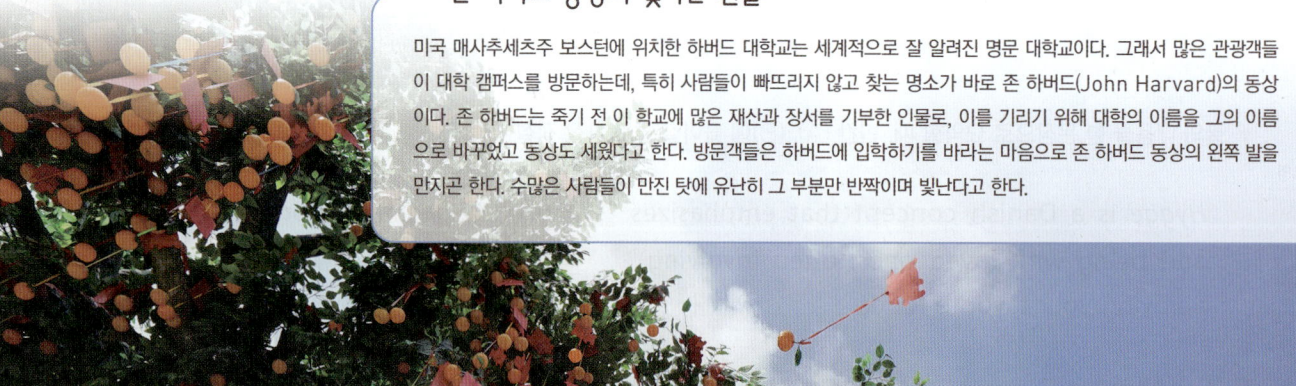

1 글의 밑줄 친 부분 중, 어법상 틀린 것은?

수능 유형 / 어법

① ⓐ   ② ⓑ   ③ ⓒ   ④ ⓓ   ⑤ ⓔ

2 글의 괄호 안에 주어진 단어들을 다음 우리말에 맞게 배열하시오.

서술형

그것들을 던지는 것을 더 쉽게 하기 위해

_____

3 (A) ~ (C)의 글의 순서로 가장 적절한 것은?

① (A) – (C) – (B)   ② (B) – (A) – (C)

③ (B) – (C) – (A)   ④ (C) – (A) – (B)

⑤ (C) – (B) – (A)

4 글의 내용과 일치하면 T에, 일치하지 않으면 F에 표시하시오.

                                            T   F

(1) A woman became sick after throwing paper into a tree.   ☐   ☐

(2) People who tie oranges to wishes are considered greedy.   ☐   ☐

(3) Fake trees are now used to protect the real ones.   ☐   ☐

Lunar New Year 음력 설날   temple 명 신전, 사원   miraculous 형 기적적인   recovery 명 (건강) 회복   branch 명 나뭇가지   countless 형 무수히 많은   journey 통 여행하다, 이동하다   fulfill 통 이행하다, 실행하다   make a wish 소원을 빌다   roll up ~을 둘둘 말다   secure 통 안전하게 지키다; *고정시키다   string 명 끈, 줄   launch 통 시작하다; *던지다   attempt 통 시도하다   likelihood 명 가능성   grant 통 주다; *(소원을) 들어주다   signify 통 의미하다   greedy 형 욕심 많은   tie 통 (끈 등으로) 묶다   damage 통 손상을 주다   switch 통 전환하다, 바꾸다   artificial 형 인공의, 인조의   [문제] fake 형 모조의, 인조의

문장 삽입 TIP

STEP 1   주어진 문장의 핵심 정보를 먼저 파악한다.
'사람들이 서로 다른 팀으로 나뉜다'는 내용은 축제의 구체적인 방식이나 절차를 설명하는 문장임을 알 수 있다.

STEP 2   주어진 문장에서 두드러지는 정보를 단서로 활용해 글에서 관련 있는 부분을 찾아본다.
해당 문장의 "guards"나 "villagers"와 같은 역할 구분이 이루어지는 부분에 가장 자연스럽게 연결된다.

STEP 3   문장을 넣었을 때 흐름에 어색함이 없는지, 논리적으로 연결되는지 확인한다.
전설 속 전투를 재현하는 부분 다음에, 사람들이 역할에 따라 팀으로 나뉜다는 설명이 들어가면, 이후 "guards"와 "villagers"의 행동 묘사가 더 자연스럽게 이어진다.

(유형 공략)

183 WORDS

Knowledge Bank
스페인의 이색 축제,
Battle of Wine

스페인 북부 지방의 도시 아로(Haro)에서는 매년 6월 29일에 아로 와인 축제가 열린다. 이날에는 수천 명의 사람들이 흰 셔츠에 붉은 스카프를 두른 채로 '와인 마시기 대결'이나 '양동이로 와인 옮기기 대결' 등의 행사에 참여한다. 축제의 하이라이트는 '와인 전투(Battle of Wine)'로, 참가자 모두가 서로에게 와인을 뿌리며 보랏빛으로 흠뻑 젖는다. 2022년에는 이 행사를 위해 무려 40,000리터의 와인이 사용되었으며, 약 5,000명이 참가했다고 한다.

1   글의 흐름으로 보아, 주어진 문장이 들어가기에 가장 적절한 곳을 고르시오.

> People are then divided into different teams—some are the lord's guards and others are villagers.

Do you like food fights? Then you should visit the northern Italian town of Ivrea. The people there have a very strange tradition. Every February, they throw rotten oranges at each other. It's part of a three-day festival ⓐ (know) as Battaglia delle Arance, or "Battle of the Oranges" in English. The origins of the festival are from the 12th century. According to legend, an evil lord wanted to marry a miller's daughter, but she (A) resisted / assisted . The other villagers came to her aid, ⓑ (throw) rocks at the lord's castle. (①) This fight is recreated annually, with oranges (B) placing / replacing the rocks. (②) More than 50,000 crates of rotten oranges are shipped to the town from Sicily. (③) The "guards" ride around in horse-drawn carriages and the "villagers" are on foot. (④) Then they all throw rotten oranges at one another! Each day of the festival, different teams battle. (⑤) It may sound dangerous, but because the oranges are rotten, they are quite soft. The worst injury anyone has ever (C) suffered / offered was a black eye.

3

6

9

12

15

변형 문항

2 서술형

글의 ⓐ와 ⓑ에 주어진 동사를 어법에 알맞은 형태로 쓰시오.

ⓐ ______________ ⓑ ______________

3 수능 유형 어휘 적절성

글의 (A), (B), (C)의 각 네모 안에서 문맥에 맞는 낱말로 가장 적절한 것은?

	(A)		(B)		(C)
①	resisted	……	placing	……	suffered
②	resisted	……	replacing	……	offered
③	resisted	……	replacing	……	suffered
④	assisted	……	placing	……	offered
⑤	assisted	……	replacing	……	suffered

4 수능 유형 내용 일치

Battle of the Oranges에 관한 글의 내용과 일치하지 않는 것은?

① 이탈리아 북부의 이브레아 마을에서 열리는 축제이다.
② 2월마다 총 3일 동안 진행된다.
③ 12세기의 전설에서 유래했다.
④ 시칠리아에서 들여온 썩은 오렌지를 사용한다.
⑤ '마을 사람들' 팀은 마차 위에서 '경비대' 팀을 공격한다.

lord [명] 군주; *영주 tradition [명] 전통 rotten [형] 썩은 battle [명] 전투, 싸움 origin [명] 기원 legend [명] 전설 evil [형] 사악한 miller [명] 방앗간 주인 resist [동] 저항하다 assist [동] 돕다 come to one's aid ~을 도우러 오다 recreate [동] 재현하다 annually [부] 매년 place [동] 놓다[두다] replace [동] 대체하다 crate [명] 상자 ship [동] 실어 나르다, 수송[운송]하다 carriage [명] 마차 on foot 걸어서, 도보로 injury [명] 부상 suffer [동] 시달리다; *(부상 등을) 겪다 black eye [명] 멍든 눈

REVIEW TEST

1 VOCA 다음 단어의 영영풀이를 바르게 연결하시오.

1) promote •　　　• ⓐ to support or actively encourage something

2) community •　　　• ⓑ what a word or idea means

3) definition •　　　• ⓒ a social group whose members live in a particular area or place

2 VOCA 우리말에 맞게 빈칸에 알맞은 단어를 쓰시오.

1) _____ _____ _____ turn the light off when you leave the room.

(방을 나갈 때, 반드시 불을 끄도록 하라.)

2) The best way to save money is to _____ _____ _____ your expenses.

(돈을 절약하는 가장 좋은 방법은 당신의 지출을 기록하는 것이다.)

3 - 4 다음 글을 읽고 물음에 답하시오.

　　Are you interested in running in a race? Does that sound a little boring? How about one in which the runners are covered in yellow, red, blue, and green when they cross the finish line? ____(A)____ that sounds more exciting, you should sign up for the Color Run, a race known as the "Happiest 5k on the Planet." Taking part is quite simple. Just be sure to wear a white T-shirt. Then, as you pass through each zone of the five-kilometer race, powder of a different color will be thrown on you. ____(B)____ you finish, you will look like a rainbow! (a) The race was first run in the American city of Phoenix in January of 2012. (b) Since then, it has taken place in many other cities around the world, including Seoul, South Korea. (c) You don't have to run like Usain Bolt—no one will keep track of how long it takes you to finish. (d) Color is often used in marketing to influence people's emotions and buying decisions. (e) The race brings people together, promoting health and happiness in the community.

3 내신형 글의 빈칸 (A)와 (B)에 들어갈 말로 가장 적절한 것은?

	(A)	(B)		(A)	(B)
①	If	Though	②	Because	Though
③	If	By the time	④	After	While
⑤	As	Because			

4 수능 유형 / 무관한 문장 글의 (a)~(e) 중, 전체 흐름과 관계 없는 문장은?

① (a)　　　② (b)　　　③ (c)　　　④ (d)　　　⑤ (e)

다음 글을 읽고 물음에 답하시오.

Denmark is considered one of the happiest countries in the world. One of the reasons for this is something called *hygge*. The word appeared in Danish writing for the first time during the 18th century, and *hygge* soon became a big part of Danish culture. It is a difficult word to define because it refers to a general feeling. The goal of a *hygge* lifestyle is (enjoy, to, excitement, but, quiet moments, seek out, to, life's, not). Comfort is an important part of *hygge*. Denmark's winters are long and cold, so people like to stay inside their warm homes and eat their favorite foods. Also, this lifestyle often includes simple and relaxing activities. For instance, taking a walk is a perfect way to spend an afternoon.

5 내신형

글의 내용과 일치하면 T에, 일치하지 않으면 F에 표시하시오.

                                               T   F

1) *Hygge* is easy to define because it has one clear meaning.   ☐ ☐

2) In Denmark, people enjoy *hygge* especially during warm summer days.   ☐ ☐

3) Going for a walk can be part of the *hygge* lifestyle.   ☐ ☐

6 서술형

글의 괄호 안에 주어진 단어들을 다음 우리말에 맞게 배열하시오.

신나는 일을 찾아내는 것이 아니라, 인생의 조용한 순간을 즐기는 것

7 수능 유형 / 제목 파악

글의 제목으로 가장 적절한 것은?

At the start of every Lunar New Year, many people visit Hong Kong's Tin Hau Temple. According to legend, a sick woman once experienced a miraculous recovery after throwing a piece of joss paper into the branches of a tree there. Since then, countless people have journeyed to the temple in hopes of having their wishes fulfilled. To make a wish, people write their desire on a piece of joss paper, roll it up, and secure it with a piece of string. Once the wish is prepared, they launch it into the trees, attempting to get it caught on the highest branch. The higher a wish lands, the greater the likelihood it will be granted, but wishes that fall back to the ground signify that the person was overly greedy.

① The History of Lunar New Year in Hong Kong
② How to Celebrate New Year with Family
③ A Unique Way to Make Wishes at Tin Hau Temple
④ Legends of Hong Kong: How a Tree Healed an Illness
⑤ Why You Should Visit Tin Hau Temple for Holidays

야생동물의 왕국,
마사이마라 국립보호구역(Masai Mara)

아프리카 여행에서 빼놓을 수 없는 즐거움 중 하나는 단연코 사파리(safari)이다. 사파리란 자동차에 텐트와 식량 등을 싣고 안내인의 도움을 받아 야생을 탐험하며 수렵 활동까지 경험할 수 있는 원정 여행을 말하는데, 이를 즐길 수 있는 최적의 장소 중 하나가 바로 마사이마라 국립보호구역이다. 마사이마라는 케냐 남서부에 위치한 초원지대로, 면적은 약 1,510km²에 달하며, 케냐에서 가장 많은 야생동물이 서식하는 곳이다. '마사이'는 이 지역의 전통 부족인 용맹스러운 '마사이족'을, '마라'는 '점무늬가 있는'이라는 뜻인데, 이는 여러 종류의 야생동물이 초원에 곳곳에 흩어져 있는 모습 때문에 붙여진 이름이다. 동물들의 대이동이 시작되는 7월에서 10월 사이에 이곳에서는 사자, 코끼리, 표범, 얼룩말, 들소, 악어, 하마를 비롯한 수백 종의 동물들을 가까이에서 관찰할 수 있다. 마사이마라 국립보호구역은 야생동물의 왕국이기도 하지만, 대자연과 하나되는 경험을 원하는 사람이라면 누구나 한 번쯤 꿈꾸는 여행지이기도 하다.

SECTION

09

Social Science

수능
:ON 긴 어구 빈칸 추론

SECTION 09

1

194 WORDS

Malala Yousafzai was born in a region of Pakistan ⓐ known as the Swat Valley. As a young girl, Malala loved to read and learn. However, Malala's education was threatened when a group named the Taliban took over the Swat Valley. In 2009, the Taliban set up a new government that did not allow girls ⓑ to go to school. But 12-year-old Malala stood up to the Taliban. She wrote a letter to the BBC ⓒ that explained this unfair situation in her region. The BBC reported Malala's story, and the world learned of the Taliban's actions.

The Taliban heard about Malala's actions, and they sent men to shoot her. But Malala survived the Taliban's attack. After that, she began to speak out to the world about the importance of education. She gave a powerful speech at the United Nations (U.N.) headquarters about the need for girls'

education. In 2013, the U.N. named July 12—her birthday—Malala Day in her honor. One year later, Malala became the youngest person in history ⓓ to win the Nobel Peace Prize. Malala has let nothing ⓔ stopping her, and she continues to promote girls' education as a U.N. Messenger of Peace.

3

6

9

12

15

18

Knowledge Bank

세계의 여성 인권

여성 인권의 향상을 위해 전 세계의 많은 나라가 노력하고 있지만, 아직도 많은 여성이 부당한 대우로 고통받고 있다. 특히, 아프리카와 아시아 일부 지역의 여성들은 정치·사회적으로 많은 차별을 받고 있다. 여성 할례, 일부다처제와 같은 여성을 차별하는 관습이 유지되고 있으며, 여성에게 교육 기회나 참정권을 주지 않는 나라가 여전히 존재한다. 이에 UN(국제연합)에서는 3월 8일을 '세계 여성의 날'로 지정하여 여성 지위 향상을 위해 노력하고 있다. 이는 1908년 미국에서 있었던 여성 인권 운동을 시작으로 러시아 여성들의 대규모 시위와 국제 여성 노동 운동 등 여러 역사적 사전을 바탕으로 만들어진 날이다. 세계 각국에서는 매년 이날의 의미를 되새기기 위한 다양한 행사를 개최하고 있다.

1
수능 유형
제목 파악

글의 제목으로 가장 적절한 것은?

① The Taliban's Rule in the Swat Valley
② The Attack that Shocked the World
③ Malala's Fight for Girls' Education
④ The Youngest Nobel Prize Winner in History
⑤ The World's Reaction to Malala's Speech

2
수능 유형
어법

글의 밑줄 친 ⓐ~ⓔ 중, 어법상 틀린 것은?

① ⓐ ② ⓑ ③ ⓒ ④ ⓓ ⑤ ⓔ

3
수능 유형
내용 일치

Malala Yousafzai에 관한 글의 내용과 일치하지 않는 것은?

① 파키스탄의 스와트 밸리에서 태어났다.
② 탈레반이 보낸 사람들에게 공격당했다.
③ UN 본부에서 여성 교육에 대한 연설을 했다.
④ 노벨평화상을 받은 해에 말랄라의 날이 지정되었다.
⑤ UN 평화 메신저로서 여성 교육 증진에 힘쓰고 있다.

4

글의 Malala Yousafzai를 묘사하는 말로 가장 적절한 것은?

① polite ② honest ③ outgoing
④ generous ⑤ courageous

5
서술형

주어진 질문에 대한 답을 할 때, 빈칸에 들어갈 알맞은 말을 글에서 찾아 쓰시오.

What did Malala do after the Taliban stopped girls from going to school?
→ Standing against the Taliban, Malala ____________________ that described the unfair situation in her region.

region [명] 지역, 지방 education [명] 교육 threaten [동] 협박하다, 위협하다 take over ~을 인계받다; *장악하다 set up 건립하다, 설립[수립]하다 government [명] 정부 stand up to ~에게 저항하다[맞서다] unfair [형] 부당한, 불공평한 report [동] 알리다, 발표하다; *(신문·방송에서) 보도하다 survive [동] 살아남다 attack [명] 공격, 폭행 speak out 공개적으로 말하다[밝히다] give a speech 연설하다 headquarters [명] 본사, 본부 in one's honor ~에게 경의를 표하여 promote [동] 촉진하다, 증진하다 [문제] rule [명] 규칙; *지배 outgoing [형] 외향적인 describe [동] 묘사하다, 말하다

179 WORDS

Knowledge Bank
집단사고(Groupthink)

집단사고란 집단 내에서 의견의 일치를 지나치게 추구하는 과정에서 비판적 사고나 개인적인 의견 제시가 억제되어 비효율적이고 잘못된 결정을 내리게 되는 심리적 현상이다. 이는 주로 집단의 응집력이나 갈등 회피를 중시하다 보니, 구성원들이 집단의 결정에 지나치게 동조하거나, 다수의 의견과 다른 생각을 스스로 검열하게 되고, 결과적으로 비합리적인 결정을 하게 될 수 있다. 링겔만 효과와 집단사고 모두 집단 속에서 개인의 참여와 노력이 약해질 수 있음을 보여 준다. 따라서 집단이 좋은 결과를 내기 위해서는 구성원 각자가 자신의 역할과 책임을 인식하고, 자유롭게 의견을 말할 수 있는 분위기를 만드는 것이 무엇보다 중요하다.

In 1913, Max Ringelmann, a French agricultural engineer, conducted an experiment to understand how people work in groups. He asked participants to pull a rope, first individually and then as a group. When people pulled the rope alone, they utilized considerable effort. But when people pulled the rope in a group, they used ⓐ less effort. This phenomenon is known as "the Ringelmann effect." The Ringelmann effect describes how individual productivity decreases as the size of a group increases.

How does the Ringelmann effect work? The main idea is that as team size ⓑ grows, individual effort within the team becomes less noticeable, (A) which / where reduces participant motivation. Additionally, the team shares the achievement, so personal effort is not as ⓒ highly valued, leading members to contribute less and produce a poor result.

Fortunately, there's a way to overcome the Ringelmann effect. Each team member should be assigned a ⓓ vague task that reflects their skills and strengths. Then they should be given (B) constructive / constructively feedback to improve the quality of their work. Understanding this psychological effect (C) enhance / enhances team efficiency and produces more ⓔ successful outcomes.

1
수능 유형 제목 파악

글의 제목으로 가장 적절한 것은?

① How Collaboration Boosts Efficiency
② Why Larger Group Sizes Equal Higher Productivity
③ The Best Practices to Increase Individual Motivation
④ The Science of Socializing: How Groups Work Together
⑤ The Paradox of Team Size: More People, Less Productivity

2
수능 유형 어휘 적절성

글의 밑줄 친 ⓐ~ⓔ 중, 문맥상 낱말의 쓰임이 적절하지 않은 것은?

① ⓐ ② ⓑ ③ ⓒ ④ ⓓ ⑤ ⓔ

3
수능 유형 어법

글의 (A), (B), (C)의 각 네모 안에서 어법에 맞는 표현으로 가장 적절한 것은?

	(A)		(B)		(C)
①	where	……	constructive	……	enhances
②	where	……	constructively	……	enhance
③	which	……	constructive	……	enhances
④	which	……	constructive	……	enhance
⑤	which	……	constructively	……	enhances

4

다음 중 Ringelmann effect가 잘 드러나는 말을 한 팀원은?

① A: Since there are many members on our team, we will get a better result.
② B: I don't want to contribute to a team goal that I don't agree with.
③ C: Since my effort blends into the team's, I lack the motivation to work hard.
④ D: I need feedback to know what my role is on my team.
⑤ E: Our team doesn't work hard because we don't understand the goals.

agricultural [형] 농업의 conduct [동] (특정한 활동을) 하다, 수행하다 participant [명] 참가자 utilize [동] 활용[이용]하다 considerable [형] 상당한 phenomenon [명] 현상 productivity [명] 생산성 noticeable [형] 뚜렷한, 현저한; *눈에 띄는 motivation [명] 동기 부여 achievement [명] 성과 highly [부] 크게, 매우 value [동] 평가하다; *가치 있게 여기다 contribute [동] 기부하다; *기여하다 assign [동] (일·책임 등을) 배정하다 vague [형] 모호한 reflect [동] 반사하다; *반영하다 constructive [형] 건설적인 enhance [동] 향상시키다 efficiency [명] 효율성 [문제] collaboration [명] 협업, 협동 socialize [동] 사회화시키다 blend into ~와 뒤섞이다

212 WORDS

Knowledge Bank
인류의 위대한 도약,
아폴로 11호

1969년 7월 20일은 아폴로 11호와 함께 세계 최초로 인간이 달에 착륙한 역사적 순간이었다. 이런 인류의 우주 탐사 배경에는 소련과 미국의 치열한 우주 과학 경쟁이 있었다. 1957년 소련은 세계 최초 인공위성인 스푸트니크 1호를 성공적으로 발사했다. 이에 자극을 받은 미국은 곧 미항공우주국(NASA)을 설립하고, 소련을 능가할 기술력을 확보하기 위해 현재 가치로 250억 달러가 넘는 예산을 쏟아부었으며 인류 최초의 달 착륙 프로젝트를 계획했다. 이는 아폴로 11호 발사 성공의 토대가 되었으며, 20세기 미국 우주 과학 기술 전반에 큰 도약을 가져왔다.

The first astronauts landed on the moon in 1969. Although the astronauts themselves quickly became (A) famous / infamous , many of the other people involved in the project remained unknown. One of these people was Katherine Johnson.

Johnson had a great talent for mathematics. Even at a young age, she stood out in her classes. When she was just 10, she began attending high school. After ⓐ graduating from college, she joined NASA's West Area Computing Unit. It was a group of African American women who solved complicated math problems for the program's engineers. Unfortunately, working for NASA at that time ⓑ was difficult for people who weren't white men. Because she was African American, she was (B) inquired / required to work and eat separately from her white coworkers. And because she was a woman, she was not allowed ⓒ to attend meetings with male engineers and scientists. She couldn't even put her name on the reports she worked on.

Despite all of this, Johnson's brilliant math skills helped her ⓓ playing an important role at NASA. She performed difficult calculations for Apollo 11, which was the first manned mission to the Moon. Due to her (C) amazing / amusing work, she was awarded the Presidential Medal of Freedom in 2015. Today she ⓔ is considered a role model for both women and African Americans.

3

6

9

12

15

18

21

1 수능 유형 주제 파악

글의 주제로 가장 적절한 것은?

① how teamwork made the Apollo 11 mission a success
② the hidden stories of African American women at NASA
③ a woman overcoming bias in space exploration
④ the scientific achievements of the Apollo space program
⑤ the role of West Area Computing Unit in Moon Landing

2 수능 유형 어휘 적절성

글의 (A), (B), (C)의 각 네모 안에서 문맥에 맞는 낱말로 가장 적절한 것은?

	(A)		(B)		(C)
①	famous	……	required	……	amazing
②	famous	……	inquired	……	amazing
③	famous	……	required	……	amusing
④	infamous	……	inquired	……	amazing
⑤	infamous	……	required	……	amusing

3 수능 유형 어법

글의 밑줄 친 부분 중, 어법상 틀린 것은?

① ⓐ　② ⓑ　③ ⓒ　④ ⓓ　⑤ ⓔ

4

글의 내용과 일치하면 T에, 일치하지 않으면 F에 표시하시오.

	T	F
(1) Katherine Johnson taught herself math without going to school.	☐	☐
(2) The West Area Computing Unit was made up of white male engineers.	☐	☐
(3) Katherine Johnson couldn't eat lunch with her white coworkers.	☐	☐

5 서술형

보기에 주어진 단어를 골라 글의 요지를 완성하시오.

보기 performed　success　difficult　contributed　challenges　hindered

Katherine Johnson ____________ to NASA's Apollo 11 mission by solving complex math problems. Despite facing ____________ as an African American woman, her talent helped her make a significant impact on space exploration.

astronaut [명] 우주 비행사　land [동] 착륙하다　infamous [형] 악명 높은　involve [동] 수반[포함]하다; *참여시키다　unknown [형] 알려지지 않은　stand out 두드러지다　graduate from ~을 졸업하다　complicated [형] 복잡한　separately [부] 따로따로　coworker [명] 동료　work on ~에 노력을 들이다, 착수하다　brilliant [형] 훌륭한; *뛰어난　play a role 역할을 하다　perform [동] 수행하다　calculation [명] 계산, 산출　manned mission 유인 탐사
[문제] mission [명] 임무　bias [명] 편견, 편향　exploration [명] 탐사, 탐험　teach oneself 독학하다　be made up of ~로 구성되다　contribute [동] 기부하다; *기여하다　hinder [동] 저해[방해]하다

긴 어구 빈칸 추론 TIP

STEP 1 글 전체의 흐름과 주제를 파악한다.
스마트폰으로 찍은 고화질 사진이 개인정보를 유출시킬 수 있다는 경고를 중심으로 글이 전개되고 있다.

STEP 2 빈칸 전후 문장에서 설명하고 있는 구체적인 상황이나 사례를 파악한다.
빈칸 다음 문장에서 해커들이 고화질 사진에서 개인 정보를 어떻게 추출하는지에 관한 설명이 나온다. 따라서 빈칸에는 이 내용으로 자연스럽게 연결되는 핵심 키워드가 들어가야 한다.

STEP 3 선택지를 빈칸에 넣어 흐름이 자연스럽고 글의 전개와 논리적으로 맞는지 확인한다.
빈칸에 고른 선택지를 넣어 보고, 이후 이어지는 위험성, 경고와 관련된 내용에도 자연스럽게 이어지는지 확인한다.

유형 공략

192 WORDS

Knowledge Bank
사진 속 숨겨진 정보, EXIF 데이터

스마트폰이나 디지털카메라로 사진을 찍으면, 이미지와 함께 EXIF (Exchangeable Image File Format) 데이터가 저장된다. 여기에는 촬영 날짜, 기기 정보, GPS 위치까지 포함된다. 문제는 이 데이터를 지우지 않고 SNS에 사진을 올릴 경우, 누구나 사진 속 위치 정보를 확인할 수 있다는 점이다. 집이나 학교에서 찍은 사진이라면 개인정보 유출의 위험도 커진다. 따라서 사진을 올리기 전에 EXIF 정보를 삭제하거나, 촬영 시 위치 정보 저장 기능을 끄는 것이 개인정보 보호에 도움이 된다.

1 다음 글의 빈칸에 들어갈 말로 가장 적절한 것을 고르시오.

Let's take a selfie! What pose will you make? The V-sign, or the peace sign, is one of the most common hand gestures in selfies. However, cybersecurity experts warn people against using it. Due to the high-quality images taken from our smartphones, hackers are now capable of _____. Although close-up photos of people's fingertips are an obvious source, fingerprints can surprisingly be extracted from photos ⓐ(take) from a distance of up to three meters. That means a hacker only needs a photo from social media to steal personal data. Sensitive data on a smartphone that is unlocked by fingerprints, such as banking applications, would be at risk. However, ⓑ(steal) fingerprints is not simple. Specialized software would be needed to analyze images of fingertips. Some even use AI to make clear fingerprints as though someone were pressing their finger on the phone sensor. This kind of software is not widely available, so it's not easy for hackers to get. Even so, people should be cautious of sharing high-quality photos of themselves online. It would be wise to make small changes, such as turning your hand around while making a V-sign.

① tracking your current location
② extracting fingerprints from photos
③ changing your facial features
④ taking professional portraits
⑤ making smartphones more secure

변형 문항

2 수능 유형 제목 파악

글의 제목으로 가장 적절한 것은?

① The Hidden Threat of the V-Sign
② Creating Software Using Smartphones
③ Why Fingerprints Are Used for Security
④ The Latest Technology in Cybersecurity
⑤ Social Media: The Evolution of Selfie Poses

3 서술형

글의 ⓐ와 ⓑ에 주어진 동사를 어법에 알맞은 형태로 쓰시오.

ⓐ ________________ ⓑ ________________

4

글의 내용과 일치하면 T에, 일치하지 않으면 F에 표시하시오.

	T	F
(1) Hackers can extract fingerprints from selfies taken up to three meters away.	□	□
(2) The process of stealing fingerprints from photos is simple.	□	□
(3) It is possible to simulate someone touching a finger to the phone sensor.	□	□

5 서술형

글의 내용과 일치하도록 빈칸에 알맞은 말을 글에서 찾아 쓰시오.

With specialized software, __________ can analyze high-quality images of fingertips and use the person's __________ to access __________ information on their smartphone.

pose [명] 포즈[자세] sign [명] 몸짓, 신호, 표시 common [형] 흔한 gesture [명] 몸짓 cybersecurity [명] 사이버 보안 expert [명] 전문가 fingertip [명] 손가락 끝 obvious [형] 확실한[분명한] fingerprint [명] 지문 extract [동] 뽑다, 추출하다 distance [명] 거리 steal [동] 훔치다, 도둑질하다 personal [형] 개인의[개인적인] sensitive [형] 세심한; *(정보·주제 등이) 민감한 application [명] 응용 프로그램 specialized [형] 전문적인, 전문화된; *특별한 목적에 적합한 analyze [동] 분석하다 available [형] 이용 가능한 cautious [형] 조심스러운, 신중한 wise [형] 지혜로운, 현명한 [문제] evolution [명] 진화 simulate [동] ~한 척하다, 가장하다

REVIEW TEST

1
VOCA

다음 단어의 영영풀이를 바르게 연결하시오.

1) collaboration •   • ⓐ to make something better

2) hinder •   • ⓑ to make something harder to do

3) enhance •   • ⓒ working together to do something

2
VOCA

우리말에 맞게 빈칸에 알맞은 단어를 쓰시오.

1) Many people are afraid to _____ _____ for fear of revenge.
   (많은 사람들은 복수가 두려워 공개적으로 말하는 것을 두려워한다.)

2) My brother was so strong that I couldn't _____ _____ _____ him.
   (우리 형은 너무 강해서 내가 그에게 맞설 수 없었다.)

3-4 다음 글을 읽고 물음에 답하시오.

Malala Yousafzai was born in a region of Pakistan known as the Swat Valley. As a young girl, Malala loved to read and learn. However, Malala's education was threatened when a group named the Taliban took over the Swat Valley. In 2009, the Taliban set up a new government (girls, to, that, not, allow, school, did, to, go). But 12-year-old Malala stood up to the Taliban. (①) She wrote a letter to the BBC that explained this unfair situation in her region. (②) The BBC reported Malala's story, and the world learned of the Taliban's actions. (③) The Taliban heard about Malala's actions, and they sent men to shoot her. (④) After that, she began to speak out to the world about the importance of education. (⑤) She gave a powerful speech at the United Nations (U.N.) headquarters about the need for girls' education.

3
수능 유형
____
문장 삽입

글의 흐름으로 보아, 주어진 문장이 들어가기에 가장 적절한 곳은?

But Malala survived the Taliban's attack.

①   ②   ③   ④   ⑤

4
서술형

글의 괄호 안에 주어진 단어들을 다음 우리말에 맞게 배열하시오.

2009년, 탈레반은 소녀들이 학교에 가는 것을 허용하지 않는 새로운 정부를 수립했다.

In 2009, the Taliban set up a new government _____.

5 내신형 글의 내용과 일치하면 T에, 일치하지 않으면 F에 표시하시오.

In 1913, Max Ringelmann, a French agricultural engineer, conducted an experiment to understand how people work in groups. He asked participants to pull a rope, first individually and then as a group. When people pulled the rope alone, they utilized considerable effort. But when people pulled the rope in a group, they used less effort. This phenomenon is known as "the Ringelmann effect." The Ringelmann effect describes how individual productivity decreases as the size of a group increases. How does the Ringelmann effect work? The main idea is that as team size grows, individual effort within the team becomes less noticeable, which reduces participant motivation. Additionally, the team shares the achievement, so personal effort is not as highly valued, leading members to contribute less and produce a poor result.

T F

1) People used more effort when pulling the rope as a group than when pulling □ □
it alone.

2) The Ringelmann effect shows that individual effort increases in larger groups. □ □

3) According to the experiment, sharing success can make individuals □ □
contribute less.

6 내신형 밑줄 친 all of this에 포함되지 <u>않는</u> 것은?

Johnson had a great talent for mathematics. Even at a young age, she stood out in her classes. When she was just 10, she began attending high school. After graduating from college, she joined NASA's West Area Computing Unit. It was a group of African American women who solved complicated math problems for the program's engineers. Unfortunately, working for NASA at that time was difficult for people who weren't white men. Because she was African American, she was required to work and eat separately from her white coworkers. And because she was a woman, she was not allowed to attend meetings with male engineers and scientists. She couldn't even put her name on the reports she worked on. Despite <u>all of this</u>, Johnson's brilliant math skills helped her play an important role at NASA. She performed difficult calculations for Apollo 11, which was the first manned mission to the Moon.

① 백인 동료들과 따로 일하는 것 ② 백인 동료들과 함께 식사할 수 없는 것
③ 남성 엔지니어들과 회의에 참석할 수 없는 것 ④ 자신이 참여한 보고서에 이름을 올릴 수 없는 것
⑤ 계산 결과를 동료들에게 검토 받아야 한 것

20세기 미술계의 거장
파블로 피카소 VS 앙리 마티스

20세기 현대 미술의 거장 파블로 피카소(Pablo Picasso, 1881-1973)는 <아비뇽의 처녀들>과 같은 독창적인 작품으로 잘 알려져 있다. 그는 개성적인 구도와 고정관념을 뛰어 넘는 작품들로 20세기를 대표하는 천재 화가라고 평가받는다. 하지만 피카소에게도 강력한 라이벌이 있었는데, 바로 화려한 색채로 명성을 떨쳤던 앙리 마티스(Henri Matisse, 1869-1954)였다. 프랑스 북부에서 태어난 마티스는 차분하고 조화로운 작품을 주로 그렸고, 스페인의 남쪽 항구 도시 말라가 출신인 피카소는 강렬하고 감각적인 작품 세계를 보여주었다.

이처럼 성향은 달랐지만, 두 화가는 공통적으로 전통 미술에 안주하지 않고 완전히 새로운 예술을 탄생시키려는 열정을 가졌고, 이는 서양 현대 미술의 출발점이 되었다. 이들은 서로의 작품에 자극을 받아 색채와 형태, 표현 방식에서 끊임없이 반응하며 예술로 경쟁하였는데, 이는 단순한 대결을 넘어, 서로에게 자극을 주며 발전하는 선의의 경쟁이었다. 한 사람이 새로운 시도를 하면, 다른 한 사람은 그것을 바탕으로 또 다른 실험을 시도하며 예술의 경계를 넓혀갔다.

마티스는 처음엔 자신보다 12살이나 어린 피카소를 크게 의식하지 않았지만, 피카소는 마티스를 중요한 경쟁 상대로 여겼다. 마티스가 주도한 야수파의 강렬한 색채에 대항하기 위해, 피카소는 형태의 해체와 재구성을 중심으로 한 입체파를 창조했다. 이후에도 그는 마티스의 장점을 흡수하려 노력했고, 마티스 또한 피카소의 실험적 시도에서 영감을 얻었다.

이처럼 서로의 장점을 인정하고 끊임없이 새로움을 추구한 두 사람의 경쟁은, 현대 미술의 기틀을 다지는 데 큰 역할을 했다.

10

Science & Technology

1

169 WORDS

If you have ever ⓐ<u>seen</u> a full moon that seemed brighter and larger than normal, you probably saw a supermoon. But what ⓑ<u>causes</u> a supermoon? The Moon goes through phases. (①) These occur because the Moon orbits the Earth. (②) As a result, we can sometimes see the whole Moon and other times see only part of it. (③) We see a full moon when the Sun and the Moon are on opposite sides of the Earth. (④) However, the Moon doesn't move around the Earth in a perfect circle—the shape is more like an oval. (⑤) If there is a full moon ⓒ<u>when</u> the Moon is as close to the Earth as possible, it is called a supermoon. A supermoon can appear ⓓ<u>to be</u> 14 percent bigger and 30 percent brighter than a normal full moon. Only about one out of every 14 full moons ⓔ<u>are</u> a supermoon. So, if you have a chance to see one, don't miss it!

3

6

9

12

Knowledge Bank
블루문과 블러드문

슈퍼문이 일반적인 보름달보다 큰 달을 가리키는 것처럼 블루문(blue moon)은 파란빛을 띠는 달을, 블러드문(blood moon)은 피처럼 붉은빛을 띠는 달을 의미하는 걸까? 블루문은 사실 파란색과는 상관이 없다. 월초에 보름달이 뜨게 되면 그달에 보름달이 두 번 뜨는 경우가 생길 수 있는데, 이때 두 번째로 뜨는 보름달을 블루문이라고 한다. 블러드문은 달이 붉게 보이는 현상으로 개기 월식 때 발생한다. 개기 월식 때 달이 지구의 그림자에 가려져 태양빛을 받지 못하게 되면, 가장 파장이 긴 붉은빛 만이 지구를 거쳐 달에 전달된다. 이로 인해 지구에서는 달이 붉게 보이는 것이다.

1
수능 유형
주제 파악

글의 주제로 가장 적절한 것은?

① how a full moon can affect the Earth

② why the Moon moves around the Earth

③ the reason the shape of the Moon changes

④ the relationship between the Sun and the Moon

⑤ what causes the Moon to occasionally look larger

2
수능 유형
어법

글의 밑줄 친 부분 중, 어법상 틀린 것은?

① ⓐ   ② ⓑ   ③ ⓒ   ④ ⓓ   ⑤ ⓔ

3
수능 유형
문장 삽입

글의 흐름으로 보아, 주어진 문장이 들어가기에 가장 적절한 곳은?

This means that the Moon's distance from the Earth is constantly changing.

①   ②   ③   ④   ⑤

4
수능 유형
내용 일치

슈퍼문에 관한 글의 내용과 일치하지 <u>않는</u> 것은?

① 달이 지구를 완벽한 원형으로 공전하기 때문에 볼 수 있다.

② 태양과 달이 지구 반대편에 있을 때 볼 수 있다.

③ 보통의 보름달보다 14% 더 크고, 30% 더 밝다.

④ 보름달이 지구에 가까울 때 볼 수 있다.

⑤ 열네 번의 보름달 중에서 대략 한 번이 슈퍼문이다.

5
서술형

글의 내용과 일치하도록 빈칸에 알맞은 말을 글에서 찾아 쓰시오.

You can see a supermoon when _____ .

full moon ⑱보름달   go through (절차를) 거치다   phase ⑱단계; *(변화하는 것의) 상[모습]   occur ⑧발생하다   orbit ⑧궤도를 돌다   opposite ⑱다른 편[쪽]의   more like 오히려 ~에 가까운   oval ⑱타원형   [문제] relationship ⑱관계   occasionally ⑨때때로   distance ⑱거리 constantly ⑨끊임없이

2

173 WORDS

Being in a big crowd of people ⓐ is often uncomfortable and inconvenient. But Swedish engineers ⓑ have found a way to use crowds for a good purpose. They have invented a way to recycle people's body heat for wintertime heating. (A) The heat in this water can then be used as a heat source. (B) In Sweden, more than 200,000 people use Stockholm's main train station every day. (C) The station's *ventilation system captures body heat and moves it to large underground tanks of water.

A similar system is used in the Mall of America in Minnesota. The mall recycles body heat from shoppers and uses it ⓒ to help heat water that keeps the huge building warm. After ⓓ storing in large underground tanks, the heated water is pumped through pipes to a new office building nearby. There, it is reused by the building's main heating system. This reduces the cost of heating the office building ⓔ by 20 percent.

Energy is expensive in places that have cold climates. This system can help people save money and energy.

*ventilation 통풍, 환기

Knowledge Bank
체온으로 만드는 전기

에너지 고갈과 에너지 발전 과정에서 비롯된 환경오염 문제로 인해, 체온을 에너지원으로 활용하려는 연구가 계속 진행되고 있다. 한국과학기술원(KAIST)과 포항공과대학교(POSTECH) 공동 연구팀은 체온과 외부 온도의 차이를 이용해 전기를 생산하는 '이온성 열전소자(열전갈바닉 소자)'를 개발했다. 이 열전소자는 신축성이 높고 자가 회복력이 뛰어나 웨어러블 기기에 활용하기에 적합하며, 실제로 손목에 착용한 기기를 통해 안정적인 전력 생산이 가능함을 실험을 통해 입증했다. 이 성과는 체온을 활용한 친환경 전원 시스템의 가능성을 보여준 의미 있는 연구로 평가받고 있다.

1
수능 유형
제목 파악

글의 제목으로 가장 적절한 것은?

① How Ventilation Systems Keep Train Stations Cool
② How Sweden Uses Crowds to Heat Water
③ Using Body Heat to Save Energy in Cold Places
④ The Positive Effect Large Crowds Have on Shopping
⑤ The Problem with Crowded Public Spaces

2
수능 유형
어법

글의 밑줄 친 부분 중, 어법상 틀린 것은?

① ⓐ ② ⓑ ③ ⓒ ④ ⓓ ⑤ ⓔ

3

(A) ~ (C)의 글의 순서로 가장 적절한 것은?

① (A) – (C) – (B)
② (B) – (A) – (C)
③ (B) – (C) – (A)
④ (C) – (A) – (B)
⑤ (C) – (B) – (A)

4

글의 내용과 일치하지 않는 것은?

① The heating system was designed by engineers in Sweden.
② Body heat from people is collected inside public spaces.
③ The heating system transfers body heat into water that can be reused.
④ People's body heat is used to cool down the water in underground tanks.
⑤ The heating system helps reduce heating costs and save energy in cold regions.

5
서술형

보기에 주어진 단어를 바르게 배열하여 글의 요약문을 쓰시오.

보기 be a heat source crowds used can as

____

crowd [명] 군중 uncomfortable [형] 불편한, 거북한 inconvenient [형] 불편한 purpose [명] 목적; *용도 recycle [동] 재활용하다 source [명] 원천, 근원 capture [동] 붙잡다, 포착하다 underground [형] 지하의 store [동] 저장하다 pump [동] 퍼 올리다 reduce [동] 줄이다 climate [명] 기후
[문제] design [동] 디자인하다; *설계하다 transfer [동] 옮기다; *전환하다 cool down 서늘해지다[하게 하다]; *식다, 식히다 region [명] 지방, 지역

184 WORDS

Knowledge Bank
초록 마늘

마늘의 겉껍질을 벗기거나 속을 자르면, 그 부분이 녹색이나 파란색으로 변하는 경우가 있다. 이는 마늘에 포함된 '알리신'이라는 성분이 산화되면서 생성된 황 화합물이 마늘에 소량 함유된 철 성분과 결합하여 황화철(FeS)을 생성하기 때문이다. 이러한 색 변화는 마늘의 안전성이나 맛에 큰 영향을 주지 않으며, 대부분의 경우 녹변된 마늘은 먹어도 문제없다.

Have you ever sliced open a hard-boiled egg and discovered a dark gray ring around the yolk? You ⓐ <u>might have assumed</u> that it was spoiled. But you don't have to throw it away, it is perfectly safe to consume. What makes this color change ⓑ <u>to occur</u>?

The gray ring is the result of a chemical reaction between *sulfur and iron. Egg whites are composed of proteins, which are connected by sulfur bonds. Egg yolks, on the other hand, contain many vitamins and minerals, including iron. When an egg ⓒ <u>is boiled</u>, the heat causes the sulfur bonds in the egg white to break. If the egg is exposed to a high temperature for an extended period, the sulfur reacts with the iron in the yolk, ⓓ <u>which</u> turns the egg a greenish-gray color.

Although the color is harmless, you can prevent your eggs from turning gray. The key factor to maintaining a bright yellow yolk is _____. The longer the egg remains hot, the more likely it is ⓔ <u>to turn</u> gray. Avoid overcooking your eggs and immediately run them under cold water once they're finished cooking.

*sulfur 황

1

글의 제목으로 가장 적절한 것은?

① How to Cook Eggs Without Overcooking Them

② Understanding Egg Protein Structure

③ The Science Behind the Gray Ring in Egg Yolks

④ The Dangers of Chemical Reactions in Eggs

⑤ Tricks to Avoid Egg Discoloration While Cooking

2
수능 유형
어법

글의 밑줄 친 @~ⓔ 중, 어법상 틀린 것은?

① @   ② ⓑ   ③ ⓒ   ④ ⓓ   ⑤ ⓔ

3
수능 유형
빈칸 추론

글의 빈칸에 들어갈 말로 가장 적절한 것은?

① egg preparation

② cooking technique

③ water level

④ temperature control

⑤ cooling method

4
글의 내용과 일치하지 않는 것은?

① The gray ring in egg yolks is caused by a reaction between sulfur and iron.

② Boiling an egg causes the yolk to break apart from the egg white.

③ The gray ring can be avoided while cooking.

④ The gray ring will more likely appear if the egg is cooked at a high temperature.

⑤ You can prevent the gray ring by running the egg under cold water after cooking it.

---

hard-boil ⑧ 단단하게 삶다   yolk ⑨ (달걀 등의) 노른자   assume ⑧ (사실일 것으로) 추정하다   spoil ⑧ 망치다; *썩히다   throw away 버리다[없애다]
consume ⑧ 소비하다; *먹다   chemical ⑱ 화학의   reaction ⑨ 반응   be composed of ~로 구성되어 있다   protein ⑨ 단백질   contain ⑧ 포함하다
extended ⑱ 길어진[늘어난]   period ⑨ 기간   harmless ⑱ 무해한   maintain ⑧ 유지하다   remain ⑧ 계속 ~이다   be likely to ~할 것 같다
avoid ⑧ 피하다   overcook ⑧ (음식을) 너무 오래 익히다[삶다]   immediately ⑨ 즉시, 즉각   [문제] structure ⑨ 구조   discoloration ⑨ 변색
preparation ⑨ 준비

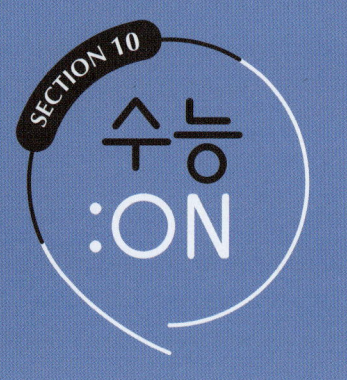

SECTION 10

수능 :ON

요약문 TIP

STEP 1   요약문을 먼저 읽고, 전체 글의 주제와 전개 방향을 예측한다.
          팝콘이 터지는 과정을 설명하는 과학적인 내용의 글이며, 요약문에서도 물, 열, 증기 같은 개념이 중심이 되는
          것을 알 수 있다.

STEP 2   글에서 중심 개념을 설명하는 어휘와 문장에 주목하며, 그 의미를 요약문에 자연스럽게 연결해 본다.
          글은 열에 의해 옥수수 알맹이 내부 물질이 변하고, 그로 인해 어떤 변화가 일어난다는 흐름을 따라간다. 요약
          문 빈칸에도 이 흐름에 맞는 표현이 들어가야 한다.

STEP 3   선택지를 빈칸에 넣은 후, 요약문이 글의 내용을 잘 반영하는지 확인한다.

유형 공략

181 WORDS

1   다음 글의 내용을 한 문장으로 요약할 때, 빈칸 (A), (B)에 들어갈 말로 가장 적절한 것은?

Corn may seem like an ordinary vegetable, but some corn has a secret superpower: It can pop! Have you ever ⓐ wondered why corn does this? Popcorn is actually made from a special variety of corn. If you use other varieties, they won't pop. The popcorn variety is special because its kernels have a hard outer layer that water and other materials can't pass through. There is a little water inside each kernel, and when the kernels ⓑ are heated up, this water eventually turns into steam. However, ⓒ due to the hard outer layer, the steam can't escape, which results in a build-up of pressure. Finally, when the temperature and pressure get to a certain point, the kernels explode with a popping sound, turning themselves inside out. Scientists ⓓ used to thinking that the popping sound came from the cracking of the kernels, but it has been found that it's actually caused by the sudden release of the steam. If you want to hear popcorn pop for yourself, try ⓔ making some at home. It will be the most delicious science experiment you ever try!

> When popcorn kernels get hot, the water inside them turns into steam but can't ___(A)___ , which causes the ___(B)___ to increase until they pop.

	(A)	(B)		(A)	(B)
①	cool down	temperature	②	evaporate	temperature
③	escape	pressure	④	melt	pressure
⑤	break	steam amount			

변형 문항

2
수능 유형
제목 파악

글의 제목으로 가장 적절한 것은?

① Why Popcorn Pops
② Different Uses of Corn
③ Health Benefits of Popcorn
④ Cooking Snacks with Steam
⑤ Learning Science with Fun Recipes

3
수능 유형
어법

글의 밑줄 친 ⓐ~ⓔ 중, 어법상 틀린 것은?

① ⓐ   ② ⓑ   ③ ⓒ   ④ ⓓ   ⑤ ⓔ

4
VOCA

글의 밑줄 친 get to와 바꿔 쓸 수 있는 말로 가장 적절한 것은?

① repeat   ② avoid   ③ remain
④ reach   ⑤ control

5

글의 내용과 일치하면 T에, 일치하지 않으면 F에 표시하시오.

	T	F
(1) 다양한 옥수수 품종으로 팝콘을 만들 수 있다.	☐	☐
(2) 팝콘 옥수수 알맹이 껍질은 단단하다.	☐	☐
(3) 팝콘이 터지는 소리는 팝콘 알맹이의 균열로 생긴다.	☐	☐

ordinary 휑 보통의; *평범한   secret 휑 비밀의   pop 동 펑 하고 터지다   be made from ~으로 만들어지다   variety 명 다양성; *품종   kernel 명 (씨앗의) 알맹이   outer layer 명 외층, 바깥쪽의 막   pass through ~을 빠져나가다[통과하다]   turn into ~으로 변하다   escape 동 새어 나가다   result in (결과적으로) ~을 야기하다   build-up 명 증가   pressure 명 압력   temperature 명 온도   explode 동 폭발하다   cracking 명 (무엇이 벌어져서 생긴) 금   release 명 방출[유출]   [문제] evaporate 동 증발하다[시키다]   melt 동 녹다[녹이다]

REVIEW TEST SECTION 10

1
VOCA

다음 단어의 영영풀이를 바르게 연결하시오.

1) ordinary •   • ⓐ to move around an object in a curved path

2) purpose •   • ⓑ usual and common, not special

3) orbit •   • ⓒ the aim or intention of doing something

2
VOCA

괄호 안에서 적절한 단어를 고르시오.

1) His rudeness made me (convenient / uncomfortable).

2) The submarine was crushed by the (treasure / pressure) of the water.

3
수능 유형
무관한 문장

글의 (a)~(e) 중, 전체 흐름과 관계 없는 문장은?

　The Moon goes through phases. These occur because the Moon orbits the Earth. (a) As a result, we can sometimes see the whole Moon and other times see only part of it. (b) We see a full moon when the Sun and the Moon are on opposite sides of the Earth. (c) The Moon has mountains and large flat areas, which were formed by ancient volcanic activity. (d) However, the Moon doesn't move around the Earth in a perfect circle— the shape is more like an oval. (e) This means that the Moon's distance from the Earth is constantly changing. If there is a full moon when the Moon is as close to the Earth as possible, it is called a supermoon. A supermoon can appear to be 14 percent bigger and 30 percent brighter than a normal full moon. Only about one out of every 14 full moons is a supermoon. So, if you have a chance to see one, don't miss it!

① (a)　　　　② (b)　　　　③ (c)　　　　④ (d)　　　　⑤ (e)

4
서술형

글의 내용과 일치하도록 빈칸에 알맞은 말을 글에서 찾아 쓰시오.

　Being in a big crowd of people is often uncomfortable and inconvenient. But Swedish engineers have found a way to use crowds for a good purpose. They have invented a way to recycle people's body heat for wintertime heating. In Sweden, more than 200,000 people use Stockholm's main train station every day. The station's ventilation system captures body heat and moves it to large underground tanks of water. The heat in this water can then be used as a heat source. A similar system is used in the Mall of America in

Minnesota. The mall recycles body heat from shoppers and uses it to help heat water that keeps the huge building warm. After being stored in large underground tanks, the heated water is pumped through pipes to a new office building nearby. There, it is reused by the building's main heating system. This reduces the cost of heating the office building by twenty percent.

Stockholm main train station	Mall of America
The station uses a system to move body heat to underground tanks for 1) _____ heating.	Body heat from shoppers is used to warm water, which 2) _____ the heating costs of a nearby office building.
Both places use a system to 3) _____ body heat.	

5-6 다음 글을 읽고 물음에 답하시오.

Egg whites are composed of proteins, which are connected by sulfur bonds. Egg yolks, _____(A)_____, contain many vitamins and minerals, including iron. When an egg is boiled, the heat causes the sulfur bonds in the egg white to break. If the egg is exposed to a high temperature for an extended period, the sulfur reacts with the iron in the yolk, which turns the egg a greenish-gray color. _____(B)_____ the color is harmless, you can prevent your eggs from turning gray. (to, temperature control, a bright yellow yolk, maintaining, is, the key factor).

5 내신형 글의 빈칸 (A)와 (B)에 들어갈 말로 가장 적절한 것은?

	(A)	(B)		(A)	(B)
①	therefore	······ While	②	nevertheless	······ For
③	on the other hand	······ Although	④	moreover	······ As
⑤	however	······ Now that			

6 서술형 글의 괄호 안에 주어진 단어들을 다음 우리말에 맞게 배열하시오.

달걀의 밝은 노란색 노른자를 유지하기 위한 중요한 요인은 온도 조절이다.

_____

소금의 대지, 아프리카의 거울
에티오피아 카룸호수(Lake Karum)와
다나킬 소금사막(Danakil Desert)

에티오피아 북동부, 아파르 삼각지대의 끝없이 펼쳐진 소금 평원에는 두 곳의 독특한 여행지가 있다. 바로 카룸 호수(Lake Karum)와 다나킬 소금사막(Danakil Desert)이다. 이곳은 지구상에서 가장 극단적인 환경을 지닌 지역으로, 자연의 신비와 인간의 적응력을 동시에 엿볼 수 있다. 카룸호수는 바닷물보다 염도가 훨씬 높은 소금호수로, 비가 거의 내리지 않는 건조한 지역에 위치한다. 햇빛 아래 눈부시게 빛나는 소금 대지는 낮에는 찬란하고, 해 질 무렵에는 붉게 물든 하늘이 수면에 반사되어 마치 다른 세계에 온 듯한 환상적인 풍경을 만들어낸다. 다나킬 소금사막은 카룸호수에서 북동쪽 가까이에 위치해 있으며, 극한의 더위와 화산 활동으로 유명하다. 황, 철, 소금이 어우러진 형형색색의 지열 지대와 소금 평원은 이곳의 독특한 자연을 만들어낸다. 아파르 족 유목민들이 전통적인 방식으로 소금을 채굴하고 낙타 캐러반이 길게 늘어서 소금을 실어 나르는 모습은 마치 시간을 거슬러 여행을 떠난 듯한 인상을 준다.

Reading TUTOR 리딩튜터

Challenger 1

직독직해 Worksheet

1 놓지 못하는 뇌의 습관

① Salespeople can't stop thinking / about the deal they are working on / until they have closed

it. / ② Fishermen can never forget the one / that got away. / ③ Do you know why? / ④ According

to Russian psychologist Bluma Zeigarnik, / people are more likely to think about unfinished tasks /

than completed ones. / ⑤ This is called the Zeigarnik effect. /

⑥ Surprisingly, / she didn't first notice it / in a scientific laboratory or an interview, / but in a

restaurant. / ⑦ She noted / that the waiter could remember a large number of items / ordered by

his customers. / ⑧ However, / the moment he had delivered the meals to the customers, / he would

forget what he had served them. /

⑨ From this experience, / Zeigarnik theorized / that an unfinished task creates psychological

tension. / ⑩ That means / people remain anxious about an unfinished task / and try to complete it /

as soon as possible. / ⑪ In other words, / people are motivated / by the desire to get closure. /

⑫ Think about the Zeigarnik effect / the next time you study for an exam. / ⑬ Before the

exam, / your head will be filled with knowledge and details. / ⑭ But once the exam is over, / it will

probably feel completely empty! /

2 잊을 수 없는 그 냄새

① Have you ever smelled something / that took you back to a specific time or place? / ② That's exactly / what happens in Marcel Proust's novel *In Search of Lost Time*. / ③ Because of the smell of a madeleine / dipped in tea, / a character suddenly remembers / being at his aunt's house as a child. / ④ When you suddenly remember something clearly / because of a scent, / you are experiencing the "Proust phenomenon." /

⑤ The power of the Proust phenomenon / has been demonstrated in scientific experiments. / ⑥ Researcher Dr. Rachel Herz showed participants some images / with accompanying scents. / ⑦ Later / she asked them / to recall the pictures / they saw. / ⑧ When participants were allowed / to smell the scents again, / they were better able to remember the pictures / than when they were given nothing to smell. / ⑨ Dr. Herz then conducted this experiment / using hearing and touch / in addition to smell. / ⑩ These senses, however, / did not produce the same results. / ⑪ This suggests / that the sense of smell must be linked / to the part of the brain / that controls memories. /

3 모두 저만 쳐다봐요!

Dear Britney,

① I'm a 13-year-old boy, / and I'm afraid / there's something wrong with me. / ② I constantly feel like / people are staring at me, / judging the way I look. / ③ Every day, / I find myself changing outfits repeatedly / before I go out, / and last week I tripped and fell / in the school cafeteria, / which everyone saw! / ④ Even though only a few people laughed, / now I feel sick / whenever I think about it. / ⑤ What's wrong with me? /

- Anonymous

Dear Anonymous,

⑥ I have some good news for you: / there's absolutely nothing wrong with you. / ⑦ What you have / is called "adolescent egocentrism," / which is a normal stage / in adolescent development that most people experience / between the ages of 12 and 15. / ⑧ Unfortunately, / it isn't something / you can control; / it just gradually fades away / as you age. / ⑨ Teenagers typically describe it / as feeling like they are being observed / by an imaginary audience. / ⑩ Wherever they go or whatever they do, / it seems like this audience is watching their every move. / ⑪ You're not the only one / who feels this way, / and as you get older, / this feeling will bother you less and less, / so don't worry! /

- Britney

① While walking down the street, / a woman is approached by a stranger. / ② He asks for

directions, / and they start to have a conversation. / ③ Suddenly, / two men carrying a large piece

of wood / walk between them. / ④ During the interruption, / the stranger walks away / and is

replaced by a different man. / ⑤ After the wood is gone, / he continues the conversation. / ⑥ What

just happened? / ⑦ Well, / the two men were conducting a scientific experiment. / ⑧ And here's the

amazing part— / the woman didn't even notice / that the person she was talking to / had changed! /

⑨ This phenomenon is known as "change blindness." / ⑩ In certain situations, / people don't notice

changes, / however large they are. / ⑪ The reason is / that it is impossible / for the brain to process /

every single piece of information / it detects. / ⑫ Therefore, / it must choose what to focus on. /

⑬ As a result, / a lot of information gets passed by. / ⑭ In other words, / when changes occur in

things / we aren't focusing on, / we tend not to notice them! /

1 에취, 재채기가 또!

① There are certain places / where sneezing may not feel appropriate. / ② Perhaps you

are studying in the library / or watching a serious movie in the theater / when you suddenly

need to sneeze, / but you want to avoid disturbing other people, / so you attempt to hold it in. /

③ Unfortunately, / doctors warn / that this might be dangerous. / ④ Recently, / a man seriously

injured his throat / while trying to stop a sneeze. / ⑤ His neck became so swollen / that he could

barely speak, / and it was so painful / that he required medical treatment. / ⑥ Something as simple

as holding his sneeze / led to a long recovery.

⑦ And there's another reason / why you shouldn't hold in a sneeze. / ⑧ It is part of a process /

that prevents viruses from entering your body. / ⑨ If foreign material enters your nose, / a message

is sent to your brain, / which signals your eyes, mouth, and throat to close. / ⑩ Subsequently, / your

chest muscles contract forcefully, / and your throat relaxes rapidly. / ⑪ As a result, / air is forced out

through your nose and mouth, / expelling any potential viruses or harmful particles / along with

it. / ⑫ So, the next time you feel a sneeze coming on, / let it out. / ⑬ Just remember / to cover your

mouth / to prevent spreading viruses to other people! /

2 띵! 머리를 울리는 시원함

① On a burning hot day, / nothing beats the relief of something icy cold. / ② Perhaps some ice cream? / ③ It's such a cooling refreshment / until a headache hits you. /

④ Cold neuralgia, better known as *brain freeze*, / can affect the temples, forehead, or areas behind the eyes or nose. / ⑤ Despite lasting only a few minutes, / the sudden pain can stop you in your tracks, / and that spoonful of ice cream / now seems like a regrettable decision. /

⑥ Among debated theories, / there is one / that seems to logically explain brain freeze. / ⑦ As your mouth undergoes a drop in temperature, / the blood vessels there reflexively constrict / to stabilize your core temperature. / ⑧ Expanding immediately afterward, / the blood vessels allow the blood to rush back in. / ⑨ The brain is then sent pain signals / from a nerve extending throughout your face. / ⑩ As a result, / you feel referred pain / —when the cause of pain occurs in one place, / in this case, your mouth, / but is felt somewhere else, / higher up in the head. /

⑪ If you ever experience brain freeze, / don't worry. / ⑫ Once the cold food is removed from your mouth, / press your tongue against the roof of your mouth. / ⑬ Drinking warm water helps too. /

3 개에게 초콜릿은 독약

① You may love chocolate, / but don't feed it to your dog— / you may poison your pet! / ② How serious the danger is / depends on the type of chocolate / and the amount eaten. /

③ Chocolate contains a chemical / called theobromine, / which is similar to caffeine / and is toxic to dogs. / ④ Unlike humans, / dogs cannot digest theobromine effectively, / so it can accumulate in the body / and become harmful. /

⑤ Theobromine levels differ / depending on the type of chocolate. / ⑥ Cocoa, cooking chocolate, and dark chocolate are / all high in theobromine, / but milk chocolate and white chocolate are not. / ⑦ A small amount of chocolate / may give your dog an upset stomach / and cause vomiting. / ⑧ Larger amounts can have more serious effects. / ⑨ These include shaking, internal bleeding, / and, in extreme cases, / even heart attacks. /

⑩ Theobromine poisoning can be treated / by getting the dog to vomit. / ⑪ So if your dog has eaten too much chocolate, / take it to the vet / right away. /

① Think of / a buffet table at a party, / or perhaps at a hotel / you've visited. / ② You see platter

after platter / of different foods. / ③ You don't eat many of these foods / at home, / and you want to

try them all. / ④ But trying them all might mean / eating more than your usual meal size. / ⑤ The

availability of different types of food is / one factor in gaining weight. / ⑥ Scientists have seen this

behavior / in studies with rats: / ⑦ Rats that normally maintain a steady body weight / when eating

one type of food / eat huge amounts and become obese / when they are presented with a variety

of high-calorie foods, / such as chocolate bars, crackers, and potato chips. / ⑧ The same is true of

humans. / ⑨ We eat much more / when a variety of good-tasting foods are available / than when

only one or two types of food are available. /

1 들인 돈이 얼만데!

① Watching a movie at the theater, / you soon realize / it's too scary to be enjoyable. / ② But you keep watching it / because you already paid for the ticket / and can't get a refund. / ③ This irrational behavior can be explained / by the Concorde fallacy. /

④ The Concorde fallacy is the idea / that we often keep doing things / simply because we don't want to waste our initial investment. / ⑤ Its name comes from a supersonic jet / made by France and Britain. / ⑥ Though it was fast and safe, / the Concorde was costly / to produce / and there weren't many orders. / ⑦ However, / the French and British governments continued to pour money into the project. / ⑧ They didn't want to give up / because they felt they had already invested too much. /

⑨ By the time the last Concorde flew in 2003, / the project had become a legendary financial disaster. /

⑩ There is, however, a lesson / to be learned from it: / It isn't easy / to admit mistakes, / but a wise person knows / when to give up. / ⑪ To avoid the Concorde fallacy, / consider only future costs and potential profits, / ignoring any investments / that have already been made. /

2 광고보다 믿게 되는 사람

① Influencer marketing is / one of the most popular approaches / in digital advertising. /

② Brands work with popular influencers / to promote their products and services. / ③ Between 2019 and 2024, / the market size on social media platforms / has more than tripled. / ④ In 2024, / the influencer marketing economy / was valued at $24 billion. /

⑤ Influencers can influence their large following / and affect their behavior. / ⑥ This plays a significant role / in driving consumer purchasing behavior. / ⑦ According to a recent study, / 74 percent of consumers have bought a product / recommended by an influencer. /

⑧ Influencer marketing also works / because of social proof. / ⑨ This concept describes / that people naturally follow others' behaviors. / ⑩ So when followers see an influencer promoting a product, / they are more likely to want it as well. / ⑪ They want to act quickly / to avoid FOMO, the fear of missing out. / ⑫ Brands and influencers further control / these patterns in behavior / by making products seem exclusive and time-limited. /

⑬ In this age of technology, / brands use influencer marketing as a powerful tool, / shaping consumer behavior and increasing sales. / ⑭ As social media continues to be used, / influencer marketing will remain a key player / in digital advertising. /

3 소비자를 낚는 상품!

① Imagine this— / you hear about an amazing discount / and think you will save lots of money. /

② But by the time you've finished shopping, / you've actually bought far more / than you had

originally wanted! / ③ This is the power of "loss leaders." /

④ A loss leader is a product / sold at very little profit or even at a loss. / ⑤ Its purpose is / to

attract more customers to a store / so that they end up spending more / on other products. /

⑥ One strategy / that companies use / has to do with product placement. / ⑦ Loss leaders are

usually put / at the back of the store, / so customers have to pass / the regularly priced products first. /

⑧ Another strategy involves / selling just one component of a set / very cheaply. / ⑨ For example, /

razor handles are often given away / for free / so that customers are locked into buying / expensive

refill blades. /

⑩ While loss leaders can trick customers, / wise shoppers can use them / to their advantage. /

⑪ If loss leader items are all they need, / they should prepare their shopping list / in advance / and

stick to it. / ⑫ By doing so, / consumers can save a lot of money. /

① A woman wants to buy a new phone, / but there are many models / to choose from. /

② Some are expensive and have many features, / while others are quite cheap / but have few features. /

③ Confused, / she finally just picks one right in the middle / that's not too cheap and / not too expensive. / ④ This type of situation is a common experience of modern consumers. / ⑤ There is actually a name for it—the Goldilocks effect. / ⑥ It comes from the old fairytale, / "Goldilocks and the Three Bears." / ⑦ In the story, / a girl named Goldilocks / makes a series of choices, / always choosing the option in the middle. / ⑧ This is natural psychological behavior, / since people usually avoid extremes. / ⑨ They think / that more expensive items are a waste of money. / ⑩ However, / they worry / that cheaper items are of poor quality. / ⑪ Many companies take advantage of the Goldilocks effect. / ⑫ They'll often release / a luxury version and a low-budget version / of one of their items. / ⑬ But their real goal is / to make consumers buy the one in the middle. / ⑭ It may sound like a simple strategy, / but it is very effective! /

1 하나쯤은 괜찮다고?

① A day at the beach is a special and memorable occasion, / and many people might want something / to remind them of their visit. / ② Why not pick up some seashells and take them home? /

③ Think again, / because this action may have consequences. / ④ Shells fulfill several crucial functions / on beaches, / so taking them can harm the environment. /

⑤ Firstly, / they protect beach grass / and keep sand from blowing away. / ⑥ They also serve as essential habitats / for hermit crabs / and hiding places / for small fish. / ⑦ Additionally, / ocean birds can use them / to build nests, / and old shells break down / and provide nutrients for organisms living in the sand. /

⑧ Think of how many people visit beaches each year, / and how many shells would go missing / if everyone took just one. / ⑨ Researchers studied a popular tourist beach / in Spain / and found that the number of shells had decreased / by 60% since 1978, / which will likely lead to a serious decline / in the health of the beach. / ⑩ So if you're interested in taking home / a permanent memory of your day at a beautiful beach, / take a photograph instead. /

2 이보다 더 추울 순 없다!

① Is it too cold to go out? / ② A visit to the Russian village of Oymyakon / might change your ideas about the cold. / ③ That's because / Oymyakon, "the Pole of Cold," / is the coldest village on earth! / ④ Oymyakon's coldest recorded temperature was -71.2˚C. / ⑤ Interestingly, / the meaning of the village's name / is "unfrozen patch of water." / ⑥ It is named after the nearby river, / which does not freeze. /

⑦ In December, / the daylight lasts / only three hours / per day, / and the town remains about -45˚C / on average. / ⑧ It's so cold / that water freezes immediately / upon touching the air. / ⑨ There are other issues: / Batteries lose their power very quickly, / pen ink freezes, / and people cannot wear glasses / because they will freeze! / ⑩ Cars are often left running / because it's hard / to restart the engines / in freezing weather. / ⑪ Communication is also difficult / because the cold prevents cell phones from working. /

⑫ At home, / Oymyakon's villagers lead simple lives / without the conveniences / people enjoy in most modern cities. / ⑬ They have to burn wood or coal for warmth, / and they can only buy basic goods / from the one and only store in town. / ⑭ Nevertheless, / Oymyakon's community of hunters, reindeer farmers, and fishermen / has adapted to the harsh environment / and remains happy / despite the town's extreme conditions. /

3 당신이 모르는 당근 이야기

① What color are carrots? / ② Ask ten people / and they'll all most likely give you the same answer: / orange. / ③ But if you had asked people the same question / before the 17th century, / they probably would have said "purple." /

④ This is because / modern carrots were not cultivated / until the late 16th century, / when Dutch farmers created them / through cross-breeding. / ⑤ Before that time, / most carrots were purple. / ⑥ There were a few, / however, / that were yellow or white. / ⑦ These mutations lacked the purple pigment / found in other carrots. / ⑧ Modern-day orange carrots are / a cross of these two types of mutations, / along with some species of wild carrots. /

⑨ No one is sure exactly / why orange carrots became so much more popular / than traditional purple ones. / ⑩ Some believe / that people in the Netherlands preferred them / because orange is the color of the Dutch royal family. / ⑪ However, / others believe / the real reason is a more practical one— / orange carrots are simply sweeter and bigger / than purple ones. /

① The graph above shows / the share of the urban population by continent / in 1950 and 2020. /

② For each continent, / the share of the urban population in 2020 was larger / than that in 1950. /

③ From 1950 to 2020, / the share of the urban population in Africa increased / from 14.3% to 43.5%. /

④ The share of the urban population in Asia was the second lowest / in 1950 / but not in 2020. /

⑤ In 1950, / the share of the urban population in Europe was larger / than that in Latin America and

the Caribbean, / whereas the reverse was true / in 2020. / ⑥ Among the five continents, / Northern

America was ranked / in the first position / for the share of the urban population / in both 1950 and

2020. /

1 굴려야 사는 곤충

① Sometimes you have to eat / things you don't like. / ② But instead of complaining, / just be

grateful / you're not a dung beetle. / ③ They eat nothing but animal waste! /

④ Dung beetles are common / across every continent / except Antarctica. / ⑤ There are

thousands of different species, / but they can all be divided into three main groups: / rollers,

tunnelers, and dwellers. / ⑥ These terms describe / how these beetles use the dung / they find. /

⑦ Rollers turn bits of dung into balls / and bury them away from the dung pile. / ⑧ The balls are

then eaten / or used as a nest. / ⑨ Tunnelers dig underneath the pile / to bury their treasures. /

⑩ And dwellers simply live in dung piles. /

⑪ So what sort of dung / do these beetles prefer? / ⑫ Different species have different tastes. /

⑬ For example, / most dung beetles prefer the dung of plant-eaters, / but some specifically seek out

that of meat-eaters. / ⑭ No matter what type of dung it is, / there is a dung beetle / that likes feeding

on it. /

⑮ It might be hard to believe, / but dung beetles make an important contribution to the

environment / they live in. / ⑯ By eating and burying other animals' waste, / they return nutrients

to the soil. / ⑰ So, / while you might not want to join them for a meal, / you can still appreciate / the

work / they do. /

① How many eyes / do green iguanas have? / ② That might seem like a simple question. /

③ But, surprisingly, / the answer is three! / ④ Their third eye is located / in the center of their

forehead. /

⑤ Called a parietal eye, / it is not the same as their other two eyes. / ⑥ It has a lens and a retina /

like normal eyes, / but they are not fully formed. / ⑦ However, / this third eye can still see / to some

extent. / ⑧ It is able to detect / movement and changes in light. / ⑨ Because of this, / iguanas can

use it / to sense predators. / ⑩ Since it is on top of their head, / it is especially useful / for escaping

birds of prey, / such as eagles and hawks. / ⑪ Iguanas aren't the only animals / with a parietal eye. /

⑫ Some other lizard species, / as well as certain frogs and fish, / also have one. / ⑬ Scientists believe /

that millions of years ago / many animals had / a third, fully functional eye. / ⑭ Over time, /

however, / it slowly disappeared in most species, / remaining as a parietal eye / in only a few— /

including the green iguana. /

3 순한 거인과 바다의 사냥꾼, 승자는?

① In a rare event, / scientists were able to film a group of orcas / hunting a whale shark, / the largest fish species. / ② Whale sharks can grow up to eighteen meters long, / as long as a bowling lane. / ③ These giants are not top predators, / eating only small shrimp, fish, and plankton / with their meter-wide mouths. / ④ Despite their gentle nature, / they should not be misunderstood as easy prey. / ⑤ Whale sharks have very thick skin, / especially on their backs, / making it difficult for predators to bite them. / ⑥ The scientists finally have proof / that can solve the mystery / of how orcas can hunt this massive fish. /

⑦ The orcas first collide with the whale shark. / ⑧ Then the orcas work together / to flip the startled fish upside down. / ⑨ Once its unprotected belly is exposed, / the whale shark is left vulnerable. / ⑩ The orcas can then attack, / causing the hunted fish to die. / ⑪ Uncertain when their next meal will be, / orcas prioritize the most nutritious parts, / including the organs and the fish's enormous fatty liver. / ⑫ The scientists' lucky encounter / helped them learn about orcas' remarkable intelligence and teamwork. / ⑬ However, / it came at the expense of the whale shark. /

① Even the most respectable of all musical institutions, the symphony orchestra, / carries inside

its DNA / the legacy of the hunt. / ② The various instruments in the orchestra / can be traced back /

to this most basic of survival methods— / their earliest forms were made / either from the animal

(horn, skin, gut, bone) / or the weapons / used in bringing the animal down (stick, bow). / ③ Are

we wrong / to hear this history / in the music itself, / in the aggression and breathtaking intensity of

those monumental symphonies / that remain the core repertoire / of the world's leading orchestras? /

④ Listening to Beethoven, Brahms, Mahler, Bruckner, Berlioz, Tchaikovsky, Shostakovich, and other

great composers, / I can easily imagine bands of men / starting to chase animals, / using sound as a

source and symbol of dominance, / an expression of the will to predatory power. /

1 썩은 토마토의 색다른 용도

① Before watching a movie, / you might wonder / if it is going to be good or not. / ② So you

check many sources / to find out / what other people think about the movie. / ③ Rotten Tomatoes, /

an American review website, / is one source / that collects other people's opinions / in a unique

way. /

④ Rotten Tomatoes gathers the opinions of hundreds of critics / and divides those opinions /

into positive and negative reviews. / ⑤ It then gives each movie a score / based on the percentage

of positive reviews / it received. / ⑥ They call this the Tomatometer score. / ⑦ A good movie's

Tomatometer score is / 60% or above. / ⑧ And it is marked with a fresh red tomato. / ⑨ When less

than 60% of a movie's reviews are positive, / it is considered bad. / ⑩ And it is marked with a rotten

green tomato. /

⑪ Why do they use tomatoes? / ⑫ In the past, / angry audience members would throw rotten

tomatoes at performers / during terrible stage shows. / ⑬ So try using the website / to choose a

movie with a fresh red tomato. / ⑭ With the help of the Tomatometer score, / you can avoid seeing

an awful movie. /

2 두 마녀의 숨겨진 이야기

WICKED

① Do you think / you know the whole story about *The Wizard of Oz*? / ② Think again! /

Introduction

③ One of the best musicals of all time, / *Wicked*, has been amazing audiences / since opening in 2003. / ④ It tells the story of the two witches / from the famous movie *The Wizard of Oz*. / ⑤ *Wicked* has won many awards so far, / including a Grammy Award and several Tony Awards. /

Summary

⑥ *Wicked* is about the relationship / between Elphaba and Glinda. / ⑦ The green-skinned Elphaba becomes the Wicked Witch of the West, / and the pretty Glinda becomes the Good Witch of the North. / ⑧ The two first meet at university / and dislike each other. / ⑨ But they eventually become friends. / ⑩ One day / they visit the ruler of Oz, the Wizard. / ⑪ Elphaba discovers / he is an evil man and not a good ruler. / ⑫ Scared of her revealing his secret, / the Wizard tells everyone / that Elphaba is a "wicked witch." / ⑬ The people of Oz listen to him / and call her the Wicked Witch of the West. / ⑭ *Wicked*'s entertaining story includes / references to some well-known scenes / from the movie *The Wizard of Oz*. /

⑮ **Price** $104 ~ $284 /

⑯ **Location** The Gershwin Theatre in New York /

⑰ **Running Time** 2 hours and 45 minutes (plus a 15-minute intermission) /

⑱ **Rules for Children** All children require a ticket. / ⑲ Children under the age of five / cannot attend. /

3 물감이 춤추는 순간

① The American painter Jackson Pollock / was one of the greatest abstract artists of the 20th century. / ② He is known for his unique style of painting, / which is called the drip technique. /

③ Unlike most painters, / Pollock laid his canvases flat / on the floor, / then dripped paint onto them / in interesting patterns. /

④ Pollock was a genius, / but anyone can paint / using his style. / ⑤ To get started, / you'll need several colors of paint, some paintbrushes, a canvas, / and a large cloth to protect your floor. /

⑥ Next, / choose a place to paint. / ⑦ You'll need enough space / to lay your canvas down / and move around it. / ⑧ Once you're ready, / pick a color for the background of your painting / and use it to cover your canvas. / ⑨ After it dries, / dip one of your brushes / in another color / and wave it over the canvas. / ⑩ This will cause the paint to drip in patterns. / ⑪ You can also use plastic squeeze bottles / to do this— / the kind restaurants use for ketchup and other sauces. / ⑫ Once the paint dries, / repeat the process over and over / until you're satisfied. /

⑬ When you're painting, / try not to think too much / about what you're doing. / ⑭ Pollock believed / that you can express your unconscious feelings / using this style. / ⑮ So relax and follow your instincts; / you may be surprised by / what you create. /

① In 1942, / Pablo Picasso was looking through / a pile of junk. / ② He saw an old bicycle seat /

lying next to some rusty handlebars. / ③ Suddenly, / he imagined them / rearranged in the shape of

a bull's head. / ④ Once the idea came to him, / all he had to do was / join the two objects together. /

⑤ He called it *Tête de taureau*, / which simply means "bull's head" / in French. / ⑥ (Picasso was

deeply interested in African art, / and its bold shapes and abstract forms / influenced many of his

works.) / ⑦ It might sound strange, / but this type of art has been around / since the early 20th

century. / ⑧ It's called "found art." / ⑨ While most art is about making beauty, / found art is about

seeing the beauty / in existing objects. / ⑩ Looking at *Tête de taureau*, / you might think, / "That's

simple! / I could have done that." / ⑪ But here's the point— / you didn't! / ⑫ Picasso was the only

person / who saw the possibility of a bull's head / in a couple of pieces of junk. / ⑬ This imaginative

creativity is / what makes *Tête de taureau* such a special work of art. /

1 유령 부대를 아시나요?

① Did you know / that a ghost army existed / in Europe / during WWII? / ② The Ghost

Army was a special unit / that America created / to get the better of the Nazi army. / ③ The Ghost

Army was actually made up of 1100 men, / who were artists, sound specialists, and radio experts. /

④ Their purpose was not to fight. / ⑤ Instead, / the Ghost Army's mission was / to fool the enemy /

so that they would believe / that America had a larger and more powerful army / than it really had. /

⑥ To accomplish this, / they deceived the enemy / with special effects. / ⑦ Artists made fake tanks /

out of painted rubber. / ⑧ They were inflatables, / so the army could set up many of them / in a few

hours. / ⑨ Radio experts sent fake messages / over the airwaves. / ⑩ Sound specialists blasted the

noises of vehicles and soldiers / out of powerful speakers. / ⑪ The Ghost Army was often placed /

near the front lines of battle / where it confused the enemy. / ⑫ The members of the Ghost Army

were forced / to keep their mission a secret / for national security reasons, / even after the war was

over. / ⑬ It was not until 1996 / that the world learned of this creative mission. /

2 함부로 쓸 수 없던 그 색깔

① Bright colors, / such as red and yellow, / are commonly used / in national flags across the

world. / ② But you'll rarely see the color purple / in any of the flags. / ③ Why don't countries use

purple / in their national flags? / ④ It is related to / how much purple dye used to cost. / ⑤ Until the

1800s, / purple dye only came / from a special type of snail in the Mediterranean. / ⑥ It took about

10,000 snails / to make just one gram of dye! / ⑦ This made purple dye difficult to produce / and

therefore extremely expensive. / ⑧ Only wealthy people, / like royalty, / could afford this dye. / ⑨ So

it was not used / for objects as common as national flags. / ⑩ However, / in 1856, / William Henry

Perkin discovered a way / to make purple dye artificially / without using snails. / ⑪ Because of this

discovery, / large amounts of purple dye could be made cheaply. / ⑫ And the color purple first

became popular / in the 1900s. / ⑬ However, / by that time, / most national flags had already been

created / without using purple in their designs. /

3 춤인가, 싸움인가

① If you see two people / standing face to face, / you might initially assume / they are fighting. /

② But on second glance, / it looks like they are dancing instead. / ③ Well, both of your assumptions

are correct, / because they are practicing capoeira. /

④ Capoeira is a Brazilian art form / traditionally performed by two people / that combines

fighting, dance, and acrobatics. / ⑤ Participants look like they are communicating / with their

movements, / which include kicks, spins, and flips. /

⑥ According to history, / capoeira was created in Brazil / about 500 years ago / by African

slaves. / ⑦ Taken from their homes / and forced to work on farms, / they started training / to

protect themselves. / ⑧ However, they had to keep their training a secret / from their owners, / so

they disguised it as a dance. / ⑨ They added their traditional music, singing, and rhythm, / and

continued to develop their art / until it became useful / not only for learning fighting skills / but also

for practicing self-defense. /

⑩ Today, / lots of people practice capoeira all over the world, / saying it gives them power and

flexibility. / ⑪ Moreover, it gives them more self-confidence, focus, and courage. /

① Perfume has always been an important part / of human culture. / ② These days, / of course, / we use perfume / to make ourselves smell nicer and feel more attractive. / ③ But this wasn't always what perfume was used for. /

④ The earliest known use of perfume was / in ancient Egypt. / ⑤ These perfumes were sticks / that were burned / to give off a pleasant smell. / ⑥ They were designed / to be used in religious rituals. / ⑦ It was thought / the nice smell would attract / the favor of the gods. / ⑧ The Egyptians believed / the gods would treat / those who smelled nice / more kindly than others. /

⑨ So / they used a lot of perfume / in their daily lives. / ⑩ Amazingly, / they even thought / that perfume would help them / after they died. / ⑪ According to evidence / found in ancient tombs, / they believed / that having lots of perfumes, / especially strong ones, / would increase their chances / of going to heaven. /

⑫ The ancient Egyptian pharaoh Tutankhamen's tomb provides / a good example of this. / ⑬ The tomb's discoverers found / jars of perfumes and oils / surrounding the body. / ⑭ Surprisingly, / their fragrances could still be smelled / nearly 3,300 years after the tomb was created. / ⑮ Those must have been strong perfumes / when they were put in the tomb! /

1 달리면 무지개가 된다!

① Are you interested in / running in a race? / ② Does that sound a little boring? / ③ How about

one / in which the runners are covered in / yellow, red, blue, and green / when they cross the finish

line? /

④ If that sounds more exciting, / you should sign up for the Color Run, / a race known as the

"Happiest 5k on the Planet." / ⑤ Taking part is quite simple. / ⑥ Just be sure to wear a white T-shirt. /

⑦ Then, / as you pass through / each zone of the five-kilometer race, / powder of a different color /

will be thrown on you. / ⑧ By the time you finish, / you will look like a rainbow! / ⑨ The race was

first run / in the American city of Phoenix / in January of 2012. / ⑩ Since then, / it has taken place /

in many other cities around the world, / including Seoul, South Korea. / ⑪ You don't have to run

like Usain Bolt— / no one will keep track of / how long it takes you to finish. / ⑫ The race brings

people together, / promoting health and happiness / in the community. / ⑬ At the end of the race, /

everyone gets to participate in the "finish festival," / a wild party with music, dancing, and more

colored powder! / ⑭ Does it sound like fun? / ⑮ Then find a white T-shirt / and get ready! /

2 휘게, 행복하게

① Denmark is considered / one of the happiest countries in the world. / ② One of the reasons

for this / is something called *hygge*. / ③ The word appeared / in Danish writing / for the first time /

during the 18th century, / and *hygge* soon became a big part of Danish culture. / ④ It is a difficult

word / to define / because it refers to a general feeling. / ⑤ The goal of a *hygge* lifestyle is / not to

seek out excitement, / but to enjoy life's quiet moments. /

⑥ Comfort is an important part of *hygge*. / ⑦ Denmark's winters are long and cold, / so people

like to stay inside their warm homes / and eat their favorite foods. / ⑧ Also, this lifestyle often

includes simple and relaxing activities. / ⑨ For instance, / taking a walk / is a perfect way / to spend

an afternoon. / ⑩ Although there's nothing wrong / with doing things alone, / it is best / to enjoy

hygge with good friends. / ⑪ If you want to live a *hygge* lifestyle, / take some time every day / to do

nothing but relax / and be happy. /

3 소원을 던져봐!

① At the start of every Lunar New Year, / many people visit Hong Kong's Tin Hau Temple. /

② According to legend, / a sick woman once experienced a miraculous recovery / after throwing

a piece of joss paper / into the branches of a tree there. / ③ Since then, / countless people have

journeyed to the temple / in hopes of having their wishes fulfilled. /

④ To make a wish, / people write their desire / on a piece of joss paper, / roll it up, / and secure

it with a piece of string. / ⑤ Once the wish is prepared, / they launch it into the trees, / attempting to

get it caught / on the highest branch. / ⑥ The higher / a wish lands, / the greater / the likelihood it

will be granted, / but wishes that fall back to the ground / signify that the person was overly greedy. /

⑦ In the past, / people would tie an orange / to their wishes / to make it easier / to throw them. /

⑧ Unfortunately, / the weight began damaging the trees. / ⑨ To protect them, / people switched to

plastic oranges / and threw them onto artificial trees instead. / ⑩ With these changes, / the tradition

has remained both environmentally friendly and / popular today. /

① Do you like food fights? / ② Then you should visit the northern Italian town of Ivrea. /

③ The people there / have a very strange tradition. / ④ Every February, / they throw rotten oranges /

at each other. / ⑤ It's part of a three-day festival / known as Battaglia delle Arance, / or "Battle of the

Oranges" in English. / ⑥ The origins of the festival / are from the 12th century. / ⑦ According to

legend, / an evil lord wanted to marry a miller's daughter, / but she resisted. / ⑧ The other villagers

came to her aid, / throwing rocks at the lord's castle. / ⑨ This fight is recreated annually, / with

oranges replacing the rocks. / ⑩ More than 50,000 crates of rotten oranges / are shipped to the town

from Sicily. / ⑪ People are then divided into different teams— / some are the lord's guards / and

others are villagers. / ⑫ The "guards" ride around / in horse-drawn carriages / and the "villagers"

are on foot. / ⑬ Then they all throw rotten oranges / at one another! / ⑭ Each day of the festival, /

different teams battle. / ⑮ It may sound dangerous, / but because the oranges are rotten, / they are

quite soft. / ⑯ The worst injury / anyone has ever suffered / was a black eye. /

1 소녀의 목소리, 세계를 바꾸다

① Malala Yousafzai was born / in a region of Pakistan / known as the Swat Valley. / ② As a

young girl, / Malala loved to read and learn. / ③ However, / Malala's education was threatened /

when a group named the Taliban / took over the Swat Valley. / ④ In 2009, the Taliban set up a new

government / that did not allow girls / to go to school. / ⑤ But 12-year-old Malala stood up to the

Taliban. / ⑥ She wrote a letter / to the BBC / that explained this unfair situation in her region. /

⑦ The BBC reported Malala's story, / and the world learned of the Taliban's actions. /

⑧ The Taliban heard about Malala's actions, / and they sent men / to shoot her. / ⑨ But

Malala survived the Taliban's attack. / ⑩ After that, / she began to speak out to the world / about

the importance of education. / ⑪ She gave a powerful speech / at the United Nations (U.N.)

headquarters / about the need for girls' education. / ⑫ In 2013, / the U.N. named July 12—her

birthday—Malala Day / in her honor. / ⑬ One year later, / Malala became the youngest person / in

history / to win the Nobel Peace Prize. / ⑭ Malala has let nothing stop her, / and she continues to

promote girls' education / as a U.N. Messenger of Peace. /

2 팀워크의 함정

① In 1913, Max Ringelmann, a French agricultural engineer, / conducted an experiment / to understand / how people work in groups. / ② He asked participants to pull a rope, / first individually / and then as a group. / ③ When people pulled the rope alone, / they utilized considerable effort. / ④ But when people pulled the rope in a group, / they used less effort. / ⑤ This phenomenon is known as "the Ringelmann effect." / ⑥ The Ringelmann effect describes / how individual productivity decreases / as the size of a group increases. /

⑦ How does the Ringelmann effect work? / ⑧ The main idea is / that as team size grows, / individual effort within the team becomes less noticeable, / which reduces participant motivation. / ⑨ Additionally, the team shares the achievement, / so personal effort is not as highly valued, / leading members to contribute less and produce a poor result. /

⑩ Fortunately, there's a way / to overcome the Ringelmann effect. / ⑪ Each team member should be assigned / a specific task that reflects their skills and strengths. / ⑫ Then they should be given / constructive feedback / to improve the quality of their work. / ⑬ Understanding this psychological effect / enhances team efficiency / and produces more successful outcomes. /

3 숫자로 편견을 넘어서다

① The first astronauts landed on the moon / in 1969. / ② Although the astronauts themselves

quickly became famous, / many of the other people involved in the project / remained unknown. /

③ One of these people was Katherine Johnson. /

④ Johnson had a great talent for mathematics. / ⑤ Even at a young age, / she stood out in her

classes. / ⑥ When she was just 10, / she began attending high school. / ⑦ After graduating from

college, / she joined NASA's West Area Computing Unit. / ⑧ It was a group of African American

women / who solved complicated math problems / for the program's engineers. / ⑨ Unfortunately, /

working for NASA at that time was difficult / for people who weren't white men. / ⑩ Because she

was African American, / she was required to work and eat separately / from her white coworkers. /

⑪ And because she was a woman, / she was not allowed / to attend meetings with male engineers

and scientists. / ⑫ She couldn't even put her name / on the reports she worked on. /

⑬ Despite all of this, / Johnson's brilliant math skills helped her play an important role at NASA. /

⑭ She performed difficult calculations for Apollo 11, / which was the first manned mission to the

Moon. / ⑮ Due to her amazing work, / she was awarded the Presidential Medal of Freedom in 2015. /

⑯ Today / she is considered a role model / for both women and African Americans. /

① Let's take a selfie! / ② What pose / will you make? / ③ The V-sign, / or the peace sign, / is one of the most common hand gestures / in selfies. / ④ However, / cybersecurity experts warn / people against using it. / ⑤ Due to the high-quality images / taken from our smartphones, / hackers are now capable of / extracting fingerprints from photos. ⑥ Although close-up photos of people's fingertips / are an obvious source, / fingerprints can surprisingly be extracted / from photos / taken from a distance of up to three meters. / ⑦ That means / a hacker only needs a photo from social media / to steal personal data. / ⑧ Sensitive data on a smartphone / that is unlocked by fingerprints, / such as banking applications, / would be at risk. / ⑨ However, / stealing fingerprints / is not simple. / ⑩ Specialized software would be needed / to analyze images of fingertips. / ⑪ Some even use AI / to make clear fingerprints / as though someone were pressing their finger / on the phone sensor. / ⑫ This kind of software / is not widely available, / so it's not easy / for hackers to get. / ⑬ Even so, / people should be cautious of / sharing high-quality photos of themselves / online. / ⑭ It would be wise / to make small changes, / such as turning your hand around / while making a V-sign. /

1 달의 특별한 변신

① If you have ever seen a full moon / that seemed brighter and larger than normal, / you probably saw a supermoon. / ② But what causes a supermoon? / ③ The Moon goes through phases. /

④ These occur / because the Moon orbits the Earth. / ⑤ As a result, / we can sometimes see the whole Moon / and other times see only part of it. / ⑥ We see a full moon / when the Sun and the Moon are / on opposite sides of the Earth. / ⑦ However, / the Moon doesn't move / around the Earth / in a perfect circle— / the shape is / more like an oval. / ⑧ This means / that the Moon's distance from the Earth / is constantly changing. / ⑨ If there is a full moon / when the Moon is / as close to the Earth as possible, / it is called a supermoon. / ⑩ A supermoon can appear / to be 14 percent bigger and 30 percent brighter / than a normal full moon. / ⑪ Only about one / out of every 14 full moons / is a supermoon. / ⑫ So, if you have a chance / to see one, / don't miss it! /

2 군중 속의 온기

① Being in a big crowd of people / is often uncomfortable and inconvenient. / ② But Swedish

engineers have found a way / to use crowds / for a good purpose. / ③ They have invented a way / to

recycle people's body heat / for wintertime heating. / ④ In Sweden, / more than 200,000 people / use

Stockholm's main train station / every day. / ⑤ The station's ventilation system / captures body heat /

and moves it / to large underground tanks of water. / ⑥ The heat in this water / can then be used / as

a heat source. /

⑦ A similar system is used / in the Mall of America in Minnesota. / ⑧ The mall recycles body

heat from shoppers / and uses it to help heat water / that keeps the huge building warm. / ⑨ After

being stored in large underground tanks, / the heated water is pumped through pipes / to a new

office building nearby. / ⑩ There, it is reused / by the building's main heating system. / ⑪ This

reduces / the cost of heating the office building / by 20 percent. /

⑫ Energy is expensive / in places that have cold climates. / ⑬ This system can help people / save

money and energy. /

3 달걀 속 숨겨진 과학

① Have you ever sliced open a hard-boiled egg / and discovered a dark gray ring around the

yolk? / ② You might have assumed / that it was spoiled. / ③ But you don't have to throw it away, / it

is perfectly safe to consume. / ④ What makes this color change occur? /

⑤ The gray ring is the result of a chemical reaction / between sulfur and iron. / ⑥ Egg whites

are composed / of proteins, / which are connected by sulfur bonds. / ⑦ Egg yolks, on the other hand,

contain / many vitamins and minerals, including iron. / ⑧ When an egg is boiled, / the heat causes /

the sulfur bonds in the egg white to break. / ⑨ If the egg is exposed / to a high temperature for an

extended period, / the sulfur reacts / with the iron in the yolk, / which turns the egg a greenish-gray

color. /

⑩ Although the color is harmless, / you can prevent your eggs from turning gray. / ⑪ The key

factor / to maintaining a bright yellow yolk / is temperature control. / ⑫ The longer the egg remains

hot, / the more likely it is to turn gray. / ⑬ Avoid overcooking your eggs / and immediately run them

under cold water / once they're finished cooking. /

① Corn may seem like an ordinary vegetable, / but some corn has a secret superpower: /

② It can pop! / ③ Have you ever wondered / why corn does this? / ④ Popcorn is actually made

from / a special variety of corn. / ⑤ If you use other varieties, / they won't pop. / ⑥ The popcorn

variety is special / because its kernels have a hard outer layer / that water and other materials can't

pass through. / ⑦ There is a little water / inside each kernel, / and when the kernels are heated up, /

this water eventually turns into steam. / ⑧ However, / due to the hard outer layer, / the steam can't

escape, / which results in a build-up of pressure. / ⑨ Finally, / when the temperature and pressure

get to a certain point, / the kernels explode with a popping sound, / turning themselves inside out. /

⑩ Scientists used to think / that the popping sound came from the cracking of the kernels, / but

it has been found / that it's actually caused / by the sudden release of the steam. / ⑪ If you want to

hear popcorn pop for yourself, / try making some at home. / ⑫ It will be the most delicious science

experiment / you ever try! /

Photo Credits

대한민국 고등 어휘서의 기준

빈출 어휘 학습으로 수능 1등급 완성

*워크북 / 미니북 별책 제공

시리즈 구성

초등	중등
초등 기본	중등 기본
초등 필수	중등 필수
	중등 고난도
	중등 숙어

고등	어원편
고등 기본	어원편 중등
수능 필수	어원편 고등
수능 고난도	

1 새 교육과정 반영 및 주요 기출 어휘 수록

개정 교육과정 고등 어휘, 최신 모의고사 및 수능 빈출 어휘 수록으로 기본 어휘부터 고난도 어휘까지 학습 가능

2 풍부한 유·반의어, 파생어, 기출 예문 수록

각 어휘별 다양한 유·반의어, 파생어, 최신 기출 예문을 통해 어휘력 확장 & 내신 및 수능 완벽 대비

3 다양한 부가자료 및 디지털 서비스

반복·누적 테스트를 포함한 워크북과 휴대가 편리한 미니북, 효율적 학습을 위한 디지털 서비스 제공

BOOK LIST

BOOK LIST

도/서/목/록

어휘 · 문법 · 구문

능률 VOCA

대한민국 어휘서의 표준

초등 기본 | 초등 필수
중등 기본 | 중등 필수 | 중등 고난도 | 중등 숙어
고등 기본 | 수능 필수 | 수능 고난도
어원편 중등 | 어원편 고등

GRAMMAR ZONE

대한민국 영문법 교재의 표준

중등 기본 | 중등 필수 |
고등 기본 | 고등 필수 | Complete

필히 통하는 시리즈

시험에 필히 통하는 고등 영문법과 서술형

필히 통하는 고등 영문법 기본편 | 실력편
필히 통하는 고등 서술형 기본편 | 실전편

문마고

문제로 마스터하는 고등 영문법

천문장

구문이 독해로 연결되는 해석 공식

입문 | 기본 | 완성

Reading TUTOR 리딩튜터

Challenger

1

정답 및 해설

NE 능률

Reading TUTOR 리딩튜터

Challenger 1

정답 및 해설

Psychology

 **SECTION 01** 정답 **1** ⑤ **2** ③ **3** ⑤ **4** desire **5** unfinished, completed, psychological tension

본책 pp. 8-9

문제 해설

1 완료되지 않은 일로 인해 사람들은 정신적 긴장을 느끼고, 그에 대해 불안해하며 종결하려는 욕구에 의해 동기부여를 받게 되어 미완성된 과업에 대해 생각할 가능성이 높아진다는 내용이므로, 제목으로는 ⑤ '왜 어떤 기억들은 머리 속에 남는가'가 알맞다.
① 종업원들은 어떻게 기억력을 훈련하는가
② 시험이 기억에 대해서 우리에게 무엇을 가르쳐 주는가
③ 왜 우리는 그렇게 빨리 잊어버리는가
④ 불안과 기억: 복잡한 관계

2 사례를 통해 자이가르닉 효과의 개념에 대해 처음 소개하는 (B)가 가장 먼저 오고, 심리학자 자이가르닉이 그 효과를 발견하게 된 배경을 설명하는 (C)가 온 뒤, 그 배경으로 정립한 이론의 심리적 요인을 설명하는 (A)가 오는 것이 적절하다.

3 감각동사 feel은 보어로 형용사를 취하므로, ⓔ emptily를 empty로 바꿔야 한다.

4 '무언가를 갖거나 하고 싶은 강한 감정'이라는 의미를 가진 단어는 '욕구, 갈망'의 의미인 desire이다.

5 자이가르닉 효과에 따르면, 사람들은 완료된 과업보다 미완성된 과업에 대해 더 많이 생각한다. 이것은 완성되지 않은 것들이 정신적인 긴장을 유발하기 때문인데, 이것은 사람들이 그것들에 대해 계속 걱정하게 한다.

본문 직독 직해

(B) ① Salespeople can't stop thinking / about the deal they are working on / until they have closed it. /
판매 사원은 생각하는 것을 멈출 수 없다 / 진행 중인 계약에 대해 / 그들이 그것을 체결할 때까지
② Fishermen can never forget the one / that got away. / ③ Do you know why? / ④ According to Russian
어부는 물고기를 절대 잊을 수 없다 / 도망쳐버린 / 왜 그런지 아는가 / 러시아 심리학자인
psychologist Bluma Zeigarnik, / people are more likely to think about unfinished tasks / than completed
블루마 자이가르닉에 따르면 / 사람들은 미완성된 과업에 대해 생각할 가능성이 더 크다 / 완료된 과업보다
ones. / ⑤ This is called the Zeigarnik effect. /
이것은 자이가르닉 효과라고 불린다
(C) ⑥ Surprisingly, / she didn't first notice it / in a scientific laboratory or an interview, / but in a restaurant. /
놀랍게도 / 그녀는 이것을 처음 알아낸 것이 아니다 / 과학 실험실이나 인터뷰에서 / 그게 아니라 식당에서였다
⑦ She noted / that the waiter could remember a large number of items / ordered by his customers. /
그녀는 주목했다 / 종업원이 다수의 음식을 기억할 수 있다는 것에 / 손님들이 주문한
⑧ However, / the moment he had delivered the meals to the customers, / he would forget what he had
그러나 / 종업원은 손님들에게 음식을 전달하자마자 / 자신이 그들에게 무엇을 제공했는지 잊는 것이었다
served them. /
(A) ⑨ From this experience, / Zeigarnik theorized / that an unfinished task creates psychological tension. /
이 경험으로부터 / 자이가르닉은 이론화했다 / 미완성된 과업이 정신적인 긴장을 만든다는 것을
⑩ That means / people remain anxious about an unfinished task / and try to complete it / as soon as
그것은 의미한다 / 사람들이 미완성된 과업에 대해 계속 불안해하고 / 그것을 끝내려고 노력한다는 것을 / 가능한 한 빨리
possible. / ⑪ In other words, / people are motivated / by the desire to get closure. /
다시 말해서 / 사람들은 동기부여를 받는다 / 종결하려는 욕구에 의해
⑫ Think about the Zeigarnik effect / the next time you study for an exam. / ⑬ Before the exam, / your head
자이가르닉 효과에 대해 생각해 보라 / 다음번에 당신이 시험 공부를 할 때 / 시험 전에 / 당신의 머리는

2

will be filled with knowledge and details. / ⑭ But once the exam is over, / it will probably feel completely
지식과 세부 정보로 가득할 것이다   그러나 시험이 끝나면   아마도 머리가 완전히 빈 것처럼 느껴질 것이다
empty! /

본문 해석　　(B) 판매 사원은 진행 중인 계약을 체결할 때까지 그것에 대해 생각하는 것을 멈출 수 없다. 어부는 도망쳐버린 물고기를 절대 잊을 수 없다. 왜 그런지 아는가? 러시아 심리학자인 블루마 자이가르닉에 따르면, 사람들은 완료된 과업보다 미완성된 과업에 대해 생각할 가능성이 더 크다. 이것은 자이가르닉 효과라고 불린다.

　　(C) 놀랍게도, 그녀는 이것을 과학 실험실이나 인터뷰에서가 아니라 식당에서 처음 알아냈다. 그녀는 종업원이 손님들이 주문한 다수의 음식을 기억할 수 있다는 것에 주목했다. 그러나, 종업원은 손님들에게 음식을 전달하자마자 자신이 무엇을 제공했는지 잊는 것이었다.

　　(A) 이 경험으로부터, 자이가르닉은 미완성된 과업이 정신적인 긴장을 만든다는 것을 이론화했다. 그것은 사람들이 미완성된 과업에 대해 계속 불안해하고 가능한 한 빨리 그것을 끝내려고 노력한다는 뜻이다. 다시 말해서, 사람들은 종결하려는 욕구에 의해 동기부여를 받는다.

　　다음번에 당신이 시험 공부를 할 때 자이가르닉 효과에 대해 생각해 보라. 시험 전에, 당신의 머리는 지식과 세부 정보로 가득할 것이다. 그러나 시험이 끝나면, 아마도 머리가 완전히 빈 것처럼 느껴질 것이다!

구문 해설　① Salespeople can't **stop thinking** about the deal [(that[which]) they are working on] … .
　　→ stop v-ing: ~하는 것을 멈추다 *cf.* stop to-v: ~하기 위해 멈추다(to-v는 to부정사의 부사적 용법 (목적))
　　→ [ ]는 선행사 the deal을 수식하는 목적격 관계대명사절로, 관계대명사 that[which]가 생략되었다.
　④ …, people **are more likely to think** about unfinished tasks than completed *ones*.
　　→ be (more) likely to-v: (더) ~할 것 같다, (더) ~할 가능성이 있다
　　→ ones는 앞에 나온 tasks를 대신하는 대명사이다.
　⑦ She noted [that the waiter could remember a large number of items {ordered by his customers}].
　　→ [ ]는 noted의 목적어 역할을 하는 명사절이다.
　　→ { }는 a large number of items를 수식하는 과거분사구이다.
　⑧ However, **the moment (that) he had delivered** the meals to the customers, … .
　　→ the moment (that)+주어+동사: ~가 …하자마자, ~가 …하는 순간
　⑪ In other words, people are motivated by the desire [to get closure].
　　→ [ ]는 the desire를 수식하는 형용사적 용법의 to부정사구이다.

 **SECTION 01 2** 정답 **1** ⑤　**2** ③　**3** ④　**4** memories, smell　　　　　　本책 pp. 10-11

문제 해설　**1**　(A) 「allow+목적어+목적격 보어(to-v)」의 수동형이며, allow는 목적격 보어로 to부정사를 취하므로 to smell이 적절하다.
　　　(B) nothing을 뒤에서 수식하는 형용사적 용법의 to부정사가 와야하므로 to smell이 적절하다.
　　　(C) 앞에 있는 the part of the brain을 선행사로 하여 수식하는 주격 관계대명사절을 이끌고 있으므로 that이 적절하다. what은 선행사를 포함하는 관계대명사이다.
　2　후각과는 달리 청각이나 촉각을 이용한 실험에서는 동일한 결과가 나오지 않았으므로, 빈칸에는 역접의 연결사 ③ however가 적절하다.
　3　헤르츠 박사가 수행한 실험에서 청각과 촉각은 후각과 같은 결과를 보이지 않았다고 했으므로 ④는 글의 내용과 일

3

치하지 않는다.

4 냄새는 <u>기억</u>에 영향을 주므로, 사람들은 어떤 냄새를 <u>맡았을</u> 때 잊었던 것들을 기억해 낼 수 있다.

본문
직독 직해

① Have you ever smelled something / that took you back to a specific time or place? / ② That's exactly /
무언가를 냄새 맡아 본 적이 있는가   당신에게 특정한 시간이나 장소를 기억하게 하는   그것은 바로

what happens in Marcel Proust's novel *In Search of Lost Time*. / ③ Because of the smell of a madeleine /
마르셀 프루스트의 소설「잃어버린 시간을 찾아서」에서 일어난 일이다   마들렌 냄새 때문에

dipped in tea, / a character suddenly remembers / being at his aunt's house as a child. / ④ When
차에 적신   등장인물은 갑자기 기억해 낸다   어린아이였을 때 숙모네 집에 있던 것을

you suddenly remember something clearly / because of a scent, / you are experiencing the "Proust
갑자기 무언가를 명확하게 기억할 때   향기 때문에   당신은 '프루스트 현상'을 겪고 있는 것이다

phenomenon." /

⑤ The power of the Proust phenomenon / has been demonstrated in scientific experiments. /
프루스트 현상의 영향력은   과학적인 실험에서 입증되었다

⑥ Researcher Dr. Rachel Herz showed participants some images / with accompanying scents. / ⑦ Later /
연구원 레이첼 헤르츠 박사는 참가자들에게 그림 몇 장을 보여 주었다   덧붙인 향과 함께   그 후에

she asked them / to recall the pictures / they saw. / ⑧ When participants were allowed / to smell the scents
그녀는 그들에게 요청했다   그림을 기억해 내도록   그들이 본   참가자들이 허락되었을 때   그 향을 다시 맡도록

again, / they were better able to remember the pictures / than when they were given nothing to smell. /
그들은 그림들을 더 잘 기억해 낼 수 있었다   냄새 맡을 것이 아무것도 주어지지 않았을 때보다

⑨ Dr. Herz then conducted this experiment / using hearing and touch / in addition to smell. / ⑩ These
그러고 나서 헤르츠 박사는 이 실험을 수행했다   청각과 촉각을 이용해서도   후각에 더하여

senses, however, / did not produce the same results. / ⑪ This suggests / that the sense of smell must be
그러나 이 감각들은   같은 결과를 만들어 내지 못했다   이것은 나타낸다   후각이 분명히 연관되어 있음을

linked / to the part of the brain / that controls memories. /
뇌의 부분과   기억을 통제하는

본문 해석

당신에게 특정한 시간이나 장소를 기억나게 하는 무언가를 냄새 맡아 본 적이 있는가? 그것은 바로 마르셀 프루스트의 소설「잃어버린 시간을 찾아서」에서 일어난 일이다. 차에 적신 마들렌 냄새 때문에, 등장인물은 어린아이였을 때 숙모네 집에 있던 것을 갑자기 기억해 낸다. 향기 때문에 갑자기 무언가를 명확하게 기억할 때, 당신은 '프루스트 현상'을 겪고 있는 것이다.

프루스트 현상의 영향력은 과학적인 실험에서 입증되었다. 연구원 레이첼 헤르츠 박사는 참가자들에게 그림 몇 장을 덧붙인 향과 함께 보여 주었다. 그 후에 그녀는 참가자들에게 그들이 본 그림을 기억해 내도록 요청했다. 참가자들이 그 향을 다시 맡도록 허락되었을 때, 그들은 냄새 맡을 것이 아무것도 주어지지 않았을 때보다 그림들을 더 잘 기억해 낼 수 있었다. 그러고 나서 헤르츠 박사는 후각에 더하여 청각과 촉각을 이용해서도 이 실험을 수행했다. <u>그러나</u> 이 감각들은 같은 결과를 만들어 내지 못했다. 이것은 후각이 기억을 통제하는 뇌의 부분과 분명히 연관되어 있음을 나타낸다.

구문 해설

① **Have** you **ever smelled** <u>something</u> [that took you back to a specific time or place]?
→ Have … ever smelled는 〈경험〉을 나타내는 현재완료이다.
→ [ ]는 선행사 something을 수식하는 주격 관계대명사절이다.

② That's exactly **what** happens in Marcel Proust's novel *In Search of Lost Time*.
→ what은 '~하는 것'이라는 뜻으로 선행사를 포함하는 관계대명사이다.

③ Because of the smell of <u>a madeleine</u> [dipped in tea], a character suddenly **remembers being** at his aunt's house as a child.
→ [ ]는 a madeleine을 수식하는 과거분사구이다.
→ remember v-ing: (과거에) ~한 것을 기억하다 *cf.* remember to-v: (앞으로) ~할 것을 기억하다

⑦ Later she **asked them to recall** <u>the pictures</u> [(that[which]) they saw].
→ ask+목적어+to-v: (목적어)에게 ~하는 것을 요청하다

4

→ [ ]는 선행사 the pictures를 수식하는 목적격 관계대명사절로, 관계대명사 that[which]가 생략되었다.

⑪ This suggests [that the sense of smell must be linked to the part of <u>the brain</u> {that controls memories}].

→ [ ]는 suggests의 목적어 역할을 하는 명사절이다.

→ { }는 선행사 the brain을 수식하는 주격 관계대명사절이다.

 SECTION 01 **3** 정답 **1** ③   **2** ③   **3** (1) T (2) F (3) T   **4** No matter where, what   본책 pp. 12-13

문제 해설

1 익명의 질문자가 겪은 청소년기의 자기 중심성과 관련된 실제 사례와, 상담자가 그에 대한 설명을 해주는 글이므로, 주제로는 ③ '청소년 발달 과정에서의 자기 중심성의 영향'이 적절하다.

① 또래 압력이 청소년에게 미치는 영향
② 학교에서 당황스러운 순간을 대처하는 방법
④ 청소년 발달 과정에서의 자존감의 역할
⑤ 자기 중심성이 어떻게 사회적 관계를 파괴할 수 있는가

2 (A) 문맥상 외모를 '판단한다'는 내용이 자연스러우므로 judging이 알맞다. prejudge는 '조급한 판단을 내리다'의 의미이다.

(B) 뒤에서 대부분의 사람들이 12세에서 15세 사이에 이것을 겪는다고 했으므로, '정상적인' 단계라는 의미의 normal이 알맞다. abnormal은 '비정상의'라는 의미이다.

(C) 뒤에서 it(청소년기 자기 중심성)을 묘사한 내용이 서술되므로 describe가 적절하다. designate는 '지정하다, 지명하다'의 의미이다.

3 (1) 대부분의 십 대 청소년이 겪는 과정이다. (문장 ⑦)

(2) 나이가 들면서 증세가 사라진다고 했으므로 글의 내용과 일치하지 않는다. (문장 ⑧)

(3) 가상의 청중이 자신을 지켜보고 있는 것 같은 느낌이다. (문장 ⑨)

4 '어디에[서] ~하더라도'라는 뜻의 복합 관계부사 wherever는 no matter where로 바꿔 쓸 수 있고, '무엇을 ~하더라도'라는 뜻의 복합 관계대명사 whatever는 no matter what으로 바꿔 쓸 수 있다.

그들이 <u>어디를</u> 가거나 <u>무엇을</u> 하더라도, 이 청중이 그들의 모든 움직임을 지켜보고 있는 것 같다.

본문
직독 직해

Dear Britney,
브리트니에게

① I'm a 13-year-old boy, / and I'm afraid / there's something wrong with me. / ② I constantly feel
저는 13세 남자아이인데   걱정이 돼요   제게 무슨 문제가 있는지   저는 계속 느껴져요

like / people are staring at me, / judging the way I look. / ③ Every day, / I find myself changing outfits
사람들이 저를 쳐다보고 있다고   제가 어떤 모습인지 판단하며   매일   저는 자꾸만 옷을 바꿔 입어요

repeatedly / before I go out, / and last week I tripped and fell / in the school cafeteria, / which everyone
외출하기 전에   그리고 지난주에 저는 발을 헛디뎌서 넘어졌어요   학교 식당에서   그리고 그것을 모두가

saw! / ④ Even though only a few people laughed, / now I feel sick / whenever I think about it. /
봤죠   비록 소수의 몇 명만 웃었지만   저는 지금도 기분이 안 좋아요   그 일을 생각할 때마다

⑤ What's wrong with me? /   - Anonymous
제가 뭐가 잘못된 건가요?   -익명

Dear Anonymous,
익명의 분께

⑥ I have some good news for you: / there's absolutely nothing wrong with you. / ⑦ What you have / is
당신께 좋은 소식이 있어요   당신에게는 전혀 문제가 없다는 거예요   당신이 겪고 있는 것은

called "adolescent egocentrism," / which is a normal stage / in adolescent development that most people
'청소년 자기 중심성'이라고 불리는 것인데   그것은 정상적인 단계랍니다   청소년 발달에 있어서 대부분의 사람들이 경험하는

본문 해석　　　브리트니에게,

저는 13세 남자아이인데, 제게 무슨 문제가 있는지 걱정이 돼요. 저는 사람들이 제가 어떤 모습인지 판단하며 항상 저를 쳐다보고 있는 것처럼 계속 느껴져요. 매일 외출하기 전에, 저는 자꾸만 옷을 바꿔 입어요. 그리고 지난주에는 학교 식당에서 발을 헛디뎌서 넘어졌는데, 그것을 모두가 봤죠! 비록 소수의 몇 명만 웃었지만, 저는 지금도 그 일을 생각할 때마다 기분이 안 좋아요. 제가 뭐가 잘못된 건가요?　　　　　　　　　　　　　　　　　　- 익명

익명의 분께,

당신께 좋은 소식이 있어요. 당신에게는 전혀 문제가 없다는 거예요. 당신이 겪고 있는 것은 '청소년 자기 중심성'이라고 불리는 것인데, 그것은 청소년 발달에 있어서 대부분의 사람들이 12세에서 15세 사이에 경험하는 정상적인 단계랍니다. 유감스럽게도, 그건 당신이 조절할 수 있는 것이 아니에요. 나이가 들면서 그것은 서서히 사라질 뿐입니다. 십 대들이 전형적으로 그것을 가상의 청중에 의해 항상 자신이 지켜봐지는 것과 같은 느낌이라고 묘사합니다. 그들이 어디를 가거나 무엇을 하더라도, 이 청중이 자신의 모든 움직임을 지켜보고 있는 것 같죠. 이처럼 느끼는 게 당신뿐이 아니며, 그리고 나이가 들면서 이 감정은 당신을 점점 덜 괴롭힐 거예요, 그러니 걱정하지 마세요!　　　　　　　- 브리트니

구문 해설　　① I'm a 13-year-old boy, and I'm afraid there's **something wrong** with me.

→ something 또는 nothing, anything처럼 -thing으로 끝나는 부정대명사는 형용사가 뒤에서 수식한다.

② I constantly feel like people are staring at me, [judging **the way** {I look}].

→ [ ]는 〈동시동작〉을 나타내는 분사구문이다.

→ { }는 선행사 the way를 수식하는 관계부사절이며, 선행사 the way는 관계부사 how로 바꿔 쓸 수 있다.

⑦ **What** you have is called "adolescent egocentrism," [which is a normal stage in adolescent development {that most people experience between the ages of 12 and 15}].

→ What은 선행사를 포함하는 관계대명사로, 문장에서 주어의 역할을 하는 명사절(What you have)을 이끈다.

→ [ ]는 선행사 "adolescent egocentrism"을 부연 설명하는 계속적 용법의 주격 관계대명사절이다.

→ { }는 a normal stage를 수식하는 목적격 관계대명사절이다.

⑧ Unfortunately, it isn't something [(that) you can control]; ... .

→ [ ]는 선행사 something을 수식하는 목적격 관계대명사절로, 관계대명사 that이 생략되었다.

⑪ You're not the only one [who feels this way], ...

→ [ ]는 선행사 the only one을 수식하는 주격 관계대명사절이다.

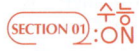 정답 **1** ③　**2** ⑤　**3** ③　**4** ①　**5** change, process, information　　　　　　　본책 pp. 14-15

문제 해설　　**1**　사람들이 모든 변화를 인식하지는 못한다는 사실과 그 이유를 설명하는 글이므로, 제목으로는 ③ '변화: 우리는 왜

그것들을 항상 알아채지 못하는가'가 알맞다.

오답 풀이

① 뇌는 무엇에 집중할지 어떻게 결정하는가

→ 뇌가 모든 정보를 처리할 수 없기 때문에 선택적으로 정보에 집중한다는 점은 언급되었지만, 뇌가 무엇에 집중할지를 결정하는 방법에 대해서는 언급되지 않았다.

② 당신 주변의 사물들을 보는 새로운 방법들

→ 글은 우리가 변화를 인식하지 못하는 현상에 대해 설명하고 있으며, 사물을 바라보는 새로운 시각이나 방법에 대한 내용은 다루고 있지 않다.

④ 집중하는 것은 당신이 생각하는 것보다 더 쉽다

→ 우리가 모든 것에 집중할 수 없기 때문에 변화 또한 자주 놓친다는 내용이므로, 집중이 쉽다는 내용은 글의 주제와 무관하다.

⑤ 낯선 사람을 돕는 일의 뜻밖의 결과

→ 낯선 사람이 길을 묻는 실험을 하긴 하지만, 이는 변화에 대한 인식을 실패하는 현상을 보여 주기 위한 실험일 뿐, 낯선 사람을 돕는 일이나 그것의 결과를 다루고 있지 않다.

2 As a result로 시작하는 주어진 문장은 결과적으로 많은 정보가 스쳐 지나간다는 내용이므로, 그 이유에 해당하는 내용 다음에 나와야 한다. 따라서 뇌가 감지하는 정보를 다 처리할 수 없기 때문에 집중할 대상을 선택한다는 내용 다음인 ⑤에 들어가는 것이 가장 적절하다.

3 the part는 '놀라운' 감정을 유발하는 주체이므로 ⓒ amazed는 능동의 의미인 현재분사 amazing이 되어야 한다.

4 '감지하다'의 의미인 detects와 반대 의미를 가진 단어는 ① overlooks(못 보고 지나치다)이다.

② 알아채다   ③ 발견하다   ④ 인지하다, 알아보다   ⑤ 확인하다

5 뇌는 그것이 감지하는 모든 정보를 처리할 수는 없기 때문에 사람들이 모든 변화를 알아채지는 않는다.

본문
직독 직해

① While walking down the street, / a woman is approached by a stranger. / ② He asks for directions, / and
(길을 걷고 있는데) (한 여성에게 낯선 사람이 다가간다) (그가 길을 묻자)

they start to have a conversation. / ③ Suddenly, / two men carrying a large piece of wood / walk between
(그들은 대화를 시작한다) (갑자기) (커다란 나무 토막을 운반하는 두 남성이) (그들 사이를 지나간다)

them. / ④ During the interruption, / the stranger walks away / and is replaced by a different man. / ⑤ After
(중단된 동안에) (그 낯선 사람은 가버리고) (그는 다른 남성으로 교체된다)

the wood is gone, / he continues the conversation. / ⑥ What just happened? / ⑦ Well, / the two men were
(나무가 지나간 뒤) (그는 대화를 계속한다) (방금 무슨 일이 있었는가?) (자) (두 남자는)

conducting a scientific experiment. / ⑧ And here's the amazing part— / the woman didn't even notice /
(과학 실험을 하는 중이었다) (그리고 놀라운 점은) (여성이 알아채지 못했다는 것이다)

that the person she was talking to / had changed! / ⑨ This phenomenon is known as "change blindness." /
(자신이 대화하고 있던 사람이) (바뀌었다는 것을) (이 현상은 '변화맹'이라고 알려져 있다)

⑩ In certain situations, / people don't notice changes, / however large they are. / ⑪ The reason is / that
(특정 상황에서) (사람들은 변화를 알아채지 못한다) (그것이 아무리 크다고 하더라도) (그 이유는)

it is impossible / for the brain to process / every single piece of information / it detects. / ⑫ Therefore, / it
(불가능하기 때문이다) (뇌가 처리하는 것이) (모든 정보를) (그것이 감지하는) (따라서)

must choose what to focus on. / ⑬ As a result, / a lot of information gets passed by. / ⑭ In other words, /
(그것은 무엇에 집중할지 선택해야만 한다) (결과적으로) (많은 정보가 스쳐 지나간다) (다시 말해서)

when changes occur in things / we aren't focusing on, / we tend not to notice them! /
(변화가 생길 때) (우리가 집중하지 않고 있는 것에) (우리는 그것들을 알아채지 못하는 경향이 있다)

본문 해석
　　길을 걷고 있는데, 한 여성에게 낯선 사람이 다가간다. 그가 길을 묻자, 그들은 대화를 시작한다. 갑자기, 커다란 나무 토막을 운반하는 두 남성이 그들 사이를 지나간다. 중단된 동안에, 그 낯선 사람은 가버리고 그는 다른 남성으로 교체된다. 나무가 지나간 뒤, 그는 대화를 계속한다. 방금 무슨 일이 있었는가? 자, 두 남자는 과학 실험을 하는 중이었다. 그리고

놀라운 점은, 여성이 자신이 대화하고 있던 사람이 바뀌었다는 것을 알아채지 못했다는 것이다! 이 현상은 '변화맹'이라고 알려져 있다. 특정 상황에서, 사람들은 변화가 아무리 크다고 하더라도 그것을 알아채지 못한다. 그 이유는 뇌가 감지하는 모든 정보를 처리하기는 불가능하기 때문이다. 따라서, 그것은 무엇에 집중할지 선택해야만 한다. 결과적으로, 많은 정보가 스쳐 지나간다. 다시 말해서, 우리가 집중하지 않고 있는 것들에 변화가 생길 때, 우리는 그것들을 알아채지 못하는 경향이 있다!

구문 해설

③ Suddenly, <u>two men</u> [carrying a large piece of wood] walk between them.
→ [ ]는 two men을 뒤에서 수식하는 현재분사구이다.

⑧ …—the woman didn't even notice [that <u>the person</u> {(that[who(m)])} she was talking to} **had changed**]!
→ [ ]는 didn't notice의 목적어 역할을 하는 명사절이다.
→ { }는 선행사 the person을 수식하는 목적격 관계대명사절로, 관계대명사 that[who(m)]가 생략되었다.
→ had changed는 주절의 과거 시점보다 더 이전에 일어난 일을 나타내는 과거완료이다.

⑩ In certain situations, people don't notice changes, [however large they are].
→ [ ]는 '아무리 ~할지라도'의 의미를 나타내는 복합 관계부사절이다.

⑪ … **it** is impossible **for the brain to process** <u>every single piece of information</u> [(that) it detects].
→ it은 가주어, to process가 진주어, for the brain은 to부정사의 의미상의 주어이다.
→ [ ]는 선행사 every single piece of information을 수식하는 목적격 관계대명사절로, 관계대명사 that이 생략되었다.

REVIEW TEST SECTION 01

정답 **1** 1) ⓒ 2) ⓐ 3) ⓑ **2** 1) completed 2) motivate **3** ③ **4** ③ **5** ②
6 hearing and touch **7** they are being observed by an imaginary audience

본책 pp. 16-17

문제 해설

1 1) 익명의 – ⓒ 알려지지 않은 신원을 가진
2) 심리학자 – ⓐ 정신 상태에 대한 과학의 전문가
3) 기억해 내다 – ⓑ 정보를 마음속에 불러 오다

2 1) 당신은 장학금 프로그램을 위한 신청을 <u>완료했나요</u>?
2) 성공에 대해 생각하는 것은 당신이 더 열심히 일하도록 <u>동기를 부여할</u> 것이다.

3 미완성된 과업에 대해 더 걱정하고 정신적 긴장을 유지하는 자이가르닉 효과를 사례를 통해 설명하는 내용이므로, 주제로는 ③ '자이가르닉 효과를 이해하기'가 적절하다.
① 성공적인 영업자들의 비밀
② 식당 직원들의 기억력 기술
④ 과업 완성의 심리학
⑤ 기억력과 집중력을 향상하는 방법

4 식당에서 직원이 다량의 주문을 기억하고 있다가도, 그것들이 손님에게 제공되고 나면 곧 잊어버린다는 내용으로 이어지고 있으므로 역접을 나타내는 접속사 ③ However가 적절하다.

5 주어진 문장은 어떤 과정 후에 사람들에게 그들이 본 그림을 기억해 내도록 요청했다는 내용으로, 글에 언급된 박사가 실험 참가자들에게 향과 함께 그림을 보여 주었다는 문장과 참가자들이 향을 맡았을 때 그림을 더 잘 기억해 냈다는 결과를 나타내는 문장 사이인 ②에 들어가는 것이 적절하다.

6 후각뿐 아니라 '청각과 촉각'을 이용하여 실험해 보았으나, 이 감각들은 같은 결과를 만들어 내지 못했다는 내용으로 이어지므로 These senses가 가리키는 말은 hearing and touch이다.

7 주어 they 다음에 현재진행형 수동태 「be being p.p.」가 되도록 are being observed를 이어서 쓰고, 「by+행위자」가 이어지도록 by an imaginary audience를 붙여서 쓴다.

Health & Medicine

SECTION 02 **1** **정답 1** ③ **2** ② **3** that prevents viruses from entering your body **4** (1) F (2) T (3) F   **본책 pp. 20-21**

문제 해설

1 재채기를 참지 말아야 하는 이유에 관해 서술한 글이므로, 제목으로는 ③ '재채기하고 싶은 욕구를 참지 마라'가 알맞다.
① 당신을 재채기하게 하는 바이러스들   ② 재채기를 멈추는 비결
④ 재채기를 멈출 수 없는 남자   ⑤ 재채기: 심각한 병의 신호

2 (A) 뒤에 주어와 동사가 있는 완전한 절이 오며 장소를 나타내는 선행사 certain places가 있으므로 관계부사 where가 와야 한다.
(B) 문맥상 '~하려고 애쓰다'의 의미가 적절하므로, to stop이 와야 한다. 「try v-ing」는 '시험 삼아 ~하다'의 의미이다.
(C) 공기가 '빠져나오게 되는' 대상이므로 수동태인 is forced가 와야 한다.

3 재채기는 바이러스가 몸 안으로 들어가는 것을 막는 과정의 일부이다.

4 (1) 의사들에 따르면, 재채기를 참는 것은 완전히 안전하다. → 의사들은 재채기를 참는 것이 위험할 수 있다고 경고한다고 했다. (문장 ③)
(2) 코로 무언가가 들어오면, 뇌가 신호를 받는다. (문장 ⑨)
(3) 재채기를 하기 전에 가슴 근육이 이완된다. → 재채기를 하기 전에는 가슴 근육이 강력하게 수축하고, 목(근육)이 빠르게 이완된다. (문장 ⑩)

본문
직독 직해

① There are certain places / where sneezing may not feel appropriate. / ② Perhaps you are studying in the
특정 장소들이 있다   재채기하는 것이 적절하지 않게 느껴지는   당신은 도서관에서 공부하거나

library / or watching a serious movie in the theater / when you suddenly need to sneeze, / but you want to
         극장에서 진지한 영화를 보고 있을지도 모른다   갑자기 재채기해야 할 때   그러나 당신은

avoid disturbing other people, / so you attempt to hold it in. / ③ Unfortunately, / doctors warn / that this
다른 사람들을 방해하고 싶지 않을 것이다   그래서 당신은 그것을 참으려고 한다   안타깝게도   의사들은 경고한다   이것이

might be dangerous. / ④ Recently, / a man seriously injured his throat / while trying to stop a sneeze. /
위험할 수 있다고   최근에   한 남자가 목을 심각하게 다쳤다   재채기를 멈추려고 애쓰다가

⑤ His neck became so swollen / that he could barely speak, / and it was so painful / that he required
그의 목은 너무 부어서   그는 거의 말할 수 없었고   너무 고통스러워서   그는 의학

medical treatment. / ⑥ Something as simple as holding his sneeze / led to a long recovery.
치료가 필요했다   재채기를 참는 것처럼 단순한 것이   오랜 회복 기간으로 이어졌다

⑦ And there's another reason / why you shouldn't hold in a sneeze. / ⑧ It is part of a process / that
그리고 또 다른 이유가 있다   당신이 재채기를 참지 말아야 하는   그것은 과정의 일부이다

prevents viruses from entering your body. / ⑨ If foreign material enters your nose, / a message is sent to
바이러스가 몸 안으로 들어가는 것을 막는   이물질이 코에 들어오면   뇌에 메시지가 전달되고

본문 해석

재채기하는 것이 적절하지 않게 느껴지는 특정 장소들이 있다. 갑자기 재채기해야 할 때, 당신은 도서관에서 공부하거나 극장에서 진지한 영화를 보고 있을지도 모른다. 그러나 당신은 다른 사람들을 방해하고 싶지 않아서, 당신은 그것을 참으려고 한다. 안타깝게도, 의사들은 이것이 위험할 수 있다고 경고한다. 최근에, 한 남자가 재채기를 멈추려고 애쓰다가 목을 심각하게 다쳤다. 그의 목은 너무 부어서 그는 거의 말할 수 없었고, 너무 고통스러워서 의학 치료가 필요했다. 재채기를 참는 것처럼 단순한 것이 오랜 회복 기간으로 이어졌다.

그리고 당신이 재채기를 참지 말아야 하는 또 다른 이유가 있다. 그것은 바이러스가 몸 안으로 들어가는 것을 막는 과정의 일부이다. 이물질이 코에 들어오면, 뇌에 메시지가 전달되고, 당신의 뇌는 눈과 입과 목을 닫도록 신호를 보낸다. 그 뒤에, 당신의 가슴 근육이 강하게 수축하고, 목(근육)이 빠르게 이완된다. 그 결과, 잠재적인 바이러스나 해로운 입자들을 배출하면서 공기가 코와 입을 통해 밖으로 빠져나간다. 따라서 다음에 재채기가 나올 것 같은 느낌이 들 때, 그것을 해라. 단지 다른 사람들에게 바이러스를 퍼뜨리는 것을 막기 위해 입을 가리는 것을 기억해라.

구문 해설

④ Recently, a man seriously injured his throat [while trying to stop a sneeze].
→ [ ]는 접속사 while을 생략하지 않은 분사구문이다. 분사의 의미상의 주어 a man과 분사가 능동 관계이므로 현재분사 trying이 쓰인다.

⑤ His neck became **so** swollen **that** he could barely speak, … .
→ so＋형용사[부사]＋that＋주어＋동사: 너무 ~해서 …하다 (결과)

⑥ Something **as simple as** holding his sneeze led to a long recovery.
→ as＋형용사의 원급＋as: ~만큼 …한
→ holding his sneeze는 전치사 as의 목적어로 쓰인 동명사구이다.

⑦ And there's another reason [why you shouldn't hold in a sneeze].
→ [ ]는 이유를 나타내는 선행사 another reason을 수식하는 관계부사절이다.

⑧ It is part of a process [that **prevents** viruses **from entering** your body].
→ [ ]는 선행사 a process를 수식하는 주격 관계대명사절이다.
→ prevent A from v-ing: A가 ~하는 것을 막다

 SECTION 02 **2** 정답 1 ① 2 ⑤ 3 ⑤ 4 ①   본책 pp. 22-23

문제 해설

1 차가운 음식을 먹으면 느껴지는 두통인 브레인 프리즈(뇌동결)가 생기는 원인과 증상에 대한 내용이므로, 주제로는
① '브레인 프리즈(뇌동결)의 원인과 영향'이 적절하다.
② 통증 감지에서 신경의 역할   ③ 차가운 음식을 먹는 것이 왜 위험한가
④ 다양한 유형의 두통과 그 증상   ⑤ 온도 관련 통증을 예방하는 방법

2 a nerve가 '확장하는' 주체이기 때문에 분사와의 관계가 능동이므로 ⓔ extended는 현재분사 extending이 되어야 한다.

3 브레인 프리즈를 느끼는 상황을 언급하는 (C)가 먼저 오고, 혀를 입천장에 대는 해결책을 제시하는 (B)가 이어진 후, 따뜻한 물을 마시는 추가적인 방법을 소개하는 (A)가 마지막에 오는 순서가 자연스럽다.

4 차가운 물질이 혈관을 수축시키고 이후 급격히 팽창하여 뇌에 통증 신호를 보낼 때 발생하는 브레인 프리즈에 대해 설명하는 내용이므로, (A)와 (B)에는 각각 constrict와 expand가 들어가는 것이 적절하다.

브레인 프리즈(뇌동결)는 차가운 물질이 혈관을 <u>수축시킨</u> 후 급격히 <u>팽창하여</u> 뇌에 통증 신호를 보낼 때 발생한다.

② 느슨하게 하다 ······ 줄어들다, 수축하다

③ 팽팽해지다 ······ 줄어들다

④ 압축하다 ······ 좁아지다

⑤ 넓어지다 ······ 짧게 하다, 단축하다

본문 직독 직해

① On a burning hot day, / nothing beats the relief of something icy cold. / ② Perhaps some ice cream? /
타는 듯한 더운 날   얼음처럼 차가운 것의 안도감을 능가하는 것은 없다   아이스크림은 어떨까

③ It's such a cooling refreshment / until a headache hits you. /
그것은 정말 시원한 원기 회복이 될 것이다   두통이 오기 전까지는

④ Cold neuralgia, better known as *brain freeze*, / can affect the temples, forehead, or areas behind the
한랭 신경통은, 브레인 프리즈(뇌동결)로 더 알려졌는데   관자놀이, 이마, 또는 눈이나 코 뒤쪽 부위에 영향을 미칠 수 있다

eyes or nose. / ⑤ Despite lasting only a few minutes, / the sudden pain can stop you in your tracks, / and
                        몇 분 밖에 지속되지 않지만   그 갑작스러운 통증은 당신을 멈출 수 있다

that spoonful of ice cream / now seems like a regrettable decision. /
그리고 그 아이스크림 한 숟가락은   이제 후회되는 결정처럼 보인다

⑥ Among debated theories, / there is one / that seems to logically explain brain freeze. / ⑦ As your mouth
논쟁이 되는 이론 중   하나가 있다   브레인 프리즈를 논리적으로 설명하는 걸로 보이는   당신의 입속

undergoes a drop in temperature, / the blood vessels there reflexively constrict / to stabilize your core
온도가 떨어지면   그곳의 혈관은 반사적으로 수축한다   당신의 심부 체온을

temperature. / ⑧ Expanding immediately afterward, / the blood vessels allow the blood to rush back in. /
안정시키기 위해   이후 즉시 확장되고   혈관은 혈액이 다시 급히 돌아오도록 한다

⑨ The brain is then sent pain signals / from a nerve extending throughout your face. / ⑩ As a result, / you
그런 다음 뇌는 통증 신호를 받는다   얼굴 전체로 확장해 있는 신경으로부터   결과적으로   당신은

feel referred pain / —when the cause of pain occurs in one place, / in this case, your mouth, / but is felt
연관통을 느낀다   통증의 원인이 한 곳에서 발생하면   이 경우 당신의 입에서   그러나 다른

somewhere else, / higher up in the head. /
곳에서 느껴진다   머리 위쪽에서

⑪ If you ever experience brain freeze, / don't worry. / ⑫ Once the cold food is removed from your mouth, /
만약 당신이 언젠가 브레인 프리즈를 경험하게 된다면   걱정하지 마라   차가운 음식이 당신의 입에서 없어지면

press your tongue against the roof of your mouth. / ⑬ Drinking warm water helps too. /
입천장에 혀를 대고 눌러라   따뜻한 물을 마시는 것도 도움이 된다

본문 해석

타는 듯한 더운 날, 얼음처럼 차가운 것의 안도감을 능가하는 것은 없다. 아이스크림은 어떨까? 그것은 두통이 오기 전까지는 정말 시원한 원기 회복이 될 것이다.

한랭 신경통은, 브레인 프리즈(뇌동결)로 더 알려졌는데, 관자놀이, 이마, 또는 눈이나 코 뒤쪽 부위에 영향을 미칠 수 있다. 몇 분 밖에 지속되지 않지만, 그 갑작스러운 통증은 당신을 멈출 수 있고, 그 아이스크림 한 숟가락은 이제 후회되는 결정처럼 보인다.

논쟁이 되는 이론 중, 브레인 프리즈를 논리적으로 설명하는 걸로 보이는 이론이 있다. 당신의 입속 온도가 떨어지면, 그곳의 혈관은 당신의 심부 체온을 안정시키기 위해 반사적으로 수축한다. 이후 즉시 확장되고, 혈관은 혈액이 다시 급히 돌아오도록 한다. 그런 다음 뇌는 얼굴 전체로 확장해 있는 신경으로부터 통증 신호를 받는다. 결과적으로, 통증의 원인이 한 곳에서 발생하면, 이 경우에는 입이며, (통증은) 머리 위쪽의 다른 곳에서 느껴지는 연관통을 느낀다.

(C) 만약 당신이 언젠가 브레인 프리즈를 경험하게 된다면, 걱정하지 마라. (B) 차가운 음식이 당신의 입에서 없어지

면, 입천장에 혀를 대고 눌러라. (A) 따뜻한 물을 마시는 것도 도움이 된다.

구문 해설

① On a burning hot day, nothing beats the relief of **something icy cold**.
→ something 또는 nothing, anything처럼 -thing으로 끝나는 부정대명사는 형용사가 뒤에서 수식한다.

④ Cold neuralgia, [better known as *brain freeze*], can affect the temples, forehead, or areas behind the eyes or nose.
→ [ ]는 삽입어구로 쓰인 과거분사구로 Cold neuralgia를 부연 설명한다.

⑥ Among debated theories, there is **one** [that seems to logically explain brain freeze].
→ one이 가리키는 것은 앞에 나온 명사 theories 중 하나인 a theory로, 반복 사용을 피하기 위해 쓴 부정대명사이다.
→ [ ]는 선행사 one을 수식하는 주격 관계대명사절이다.

⑧ [Expanding immediately afterward], the blood vessels allow the blood to rush back in.
→ [ ]는 〈시간〉을 나타내는 분사구문이다. 분사의 의미상 주어 the blood vessels와 분사가 능동의 관계이므로 현재분사 Expanding을 쓴다.

⑨ The brain **is** then **sent** pain signals from a nerve [extending throughout your face].
→ 「send+간접 목적어+직접 목적어」 구문에서 간접 목적어 The brain을 주어로 하여 쓴 수동태 문장이며, 직접 목적어 pain signals가 수동태 동사 is … sent 뒤에 쓰였다.
→ [ ]는 a nerve를 수식하는 현재분사구이다.

SECTION 02 **3** 정답 1 ② 2 ④ 3 ② 4 poison, digest　　　　　　　　　본책 pp. 24-25

문제 해설

1 초콜릿의 종류와 먹은 양에 따라 야기되는 증상의 심각성이 다름을 설명하고 있으므로, 빈칸에는 ② '먹은 양'이 들어가는 것이 가장 적절하다.
① 개의 종류　　　　　　　　　　　③ 개의 크기
④ 개가 가지고 있는 모든 질병　　　⑤ 먹은 시기

2 (A) 초콜릿에 함유된 테오브로민이 개에게 유해하다고 했으므로, '해로운'이라는 의미의 harmful이 적절하다. helpful은 '도움이 되는'의 의미이다.
(B) 개가 많은 양의 초콜릿을 먹었을 때 나타나는 증상의 예가 나열되고 있으므로, '포함하다'의 의미인 include가 적절하다. exclude는 '제외하다'의 의미이다.
(C) 개를 토하게 함으로써 테오브로민 중독이 '치료될' 수 있다는 것이 문맥상 적절하므로, treated가 적절하다. trick은 '속이다'의 의미이다.

3 개의 체내에 테오브로민이 쌓이면 해롭지만, 그것이 사람에게는 어떠한 영향을 주는지는 언급되지 않았으므로 테오브로민이 사람에게도 해로운 물질인지는 글에서 추론할 수 없다.
①은 문장 ③에, ③은 문장 ④에, ④는 문장 ⑤에, ⑤는 문장 ⑨에 언급되어 있다.

4 개는 인간이 할 수 있는 것처럼 그것을 <u>소화시킬</u> 수 없기 때문에, 초콜릿에 든 테오브로민은 개를 <u>독살할</u> 수 있다.

본문
직독 직해

① You may love chocolate, / but don't feed it to your dog— / you may poison your pet! / ② How serious
당신은 초콜릿을 무척 좋아할지도 모르지만　　당신의 개에게 그것을 먹이지는 마라　　당신은 당신의 반려동물을 독살할지도 모른다　　그 위험이 얼마나

the danger is / depends on the type of chocolate / and the amount eaten. /
심각한지는　　　　초콜릿의 종류에 달려있다　　　　그리고 먹은 양에

③ Chocolate contains a chemical / called theobromine, / which is similar to caffeine / and is toxic to dogs. /
초콜릿은 화학물질을 함유하고 있다　　　테오브로민이라고 불리는　　　이것은 카페인과 비슷하고　　　개에게 유해하다

④ Unlike humans, / dogs cannot digest theobromine effectively, / so it can accumulate in the body / and
사람과 달리　　　개는 테오브로민을 효과적으로 소화시킬 수 없으므로　　　그것이 체내에 쌓일 수 있고

become harmful. /
해롭게 될 수 있다

⑤ Theobromine levels differ / depending on the type of chocolate. / ⑥ Cocoa, cooking chocolate, and
테오브로민 수치는 달라진다　　　초콜릿의 종류에 따라　　　코코아, 요리용 초콜릿, 그리고

dark chocolate are / all high in theobromine, / but milk chocolate and white chocolate are not. / ⑦ A small
다크 초콜릿은　　　모두 테오브로민 수치가 높지만　　　밀크 초콜릿과 화이트 초콜릿은 그렇지 않다

amount of chocolate / may give your dog an upset stomach / and cause vomiting. / ⑧ Larger amounts can
적은 양의 초콜릿은　　　개에게 배탈을 일으키고　　　구토를 유발할 수 있다　　　더 많은 양은

have more serious effects. / ⑨ These include shaking, internal bleeding, / and, in extreme cases, / even
더 심각한 결과를 낳는다　　　여기에는 몸을 떠는 것, 내출혈이 포함된다　　　그리고 극단적인 경우에는

heart attacks. /
심장마비까지

⑩ Theobromine poisoning can be treated / by getting the dog to vomit. / ⑪ So if your dog has eaten too
테오브로민 중독은 치료될 수 있다　　　개를 토하게 함으로써　　　그러니 당신의 개가 너무 많은

much chocolate, / take it to the vet / right away. /
초콜릿을 먹었다면　　　수의사에게 데려가라　　　곧바로

본문 해석　　　당신은 초콜릿을 무척 좋아할지도 모르지만, 당신의 개에게 그것을 먹이지는 마라. 당신은 당신의 반려동물을 독살할지도 모른다! 그 위험이 얼마나 심각한지는 초콜릿의 종류와 먹은 양에 달려 있다.

초콜릿은 테오브로민이라고 불리는 화학물질을 함유하고 있는데, 이것은 카페인과 비슷하고 개에게 유해하다. 사람과 달리, 개는 테오브로민을 효과적으로 소화시킬 수 없으므로, 그것이 체내에 쌓이면 해롭게 될 수 있다.

테오브로민 수치는 초콜릿의 종류에 따라 달라진다. 코코아, 요리용 초콜릿, 그리고 다크 초콜릿은 모두 테오브로민 수치가 높지만, 밀크 초콜릿과 화이트 초콜릿은 그렇지 않다. 적은 양의 초콜릿은 개에게 배탈을 일으키고 구토를 유발할 수 있다. 더 많은 양은 더 심각한 결과를 낳는다. 여기에는 몸을 떠는 것, 내출혈, 그리고 극단적인 경우에는 심장마비까지 포함된다.

테오브로민 중독은 개를 토하게 함으로써 치료될 수 있다. 그러니 당신의 개가 너무 많은 초콜릿을 먹었다면 곧바로 수의사에게 데려가라.

구문 해설　　② [How serious the danger is] **depends on** the type of chocolate ... .
　　　→ [ ]는 「의문사＋주어＋동사」 구조의 간접 의문문으로 문장의 주어 역할을 하고 단수 취급하므로 단수동사 depends on이 쓰였다.

③ Chocolate contains a <u>chemical</u> [called theobromine], [which is similar to caffeine ...].
　　　→ 첫 번째 [ ]는 a chemical을 수식하는 과거분사구이다.
　　　→ 두 번째 [ ]는 a chemical called theobromine을 부연 설명하는 계속적 용법의 주격 관계대명사절이다.

⑦ A small amount of chocolate may **give your dog an upset stomach** ... .
　　　→ give＋간접 목적어＋직접 목적어: ~에게 …을 주다

⑩ Theobromine poisoning can be treated by **getting the dog to vomit**.
　　　→ get＋목적어＋to-v: (목적어)가 ~하도록 하다

문제 해설

1 뷔페에서 다양한 음식을 보면 모두 먹어 보길 원하게 되는데 이는 체중이 느는 요인이 되며, 쥐를 통한 연구에서와 같이 인간도 다양한 음식이 있으면 평소보다 더 먹게 된다고 했으므로, 글의 요지로는 ③이 가장 적절하다.

오답 풀이

① 다양한 음식은 과식의 원인이 된다고 했으므로 글의 내용과 상반된다.

② 실험 결과가 왜곡되는 경우는 언급되지 않았다.

④ 영양가가 많은 음식에 대한 내용은 언급되지 않았다.

⑤ 다이어트와 운동에 대한 내용은 언급되지 않았다.

2 (A) 명사구 meal size를 앞에서 수식하는 형용사가 필요하므로 usual이 알맞다.

(B) 전치사 in 다음에는 명사가 필요하고, 뒤에 weight라는 목적어가 이어지므로 동명사인 gaining이 알맞다.

(C) 주격 관계대명사절 that normally ... food가 수식하는 Rats가 문장의 주어이고, 접속사 and 앞에 쓰인 동사 eat과 병렬 연결되는 동사 자리이므로 become이 알맞다.

3 present는 '주다'의 뜻이므로 '제공하다'의 의미의 ② offered로 바꿔 쓸 수 있다.

① 숨기다　③ 무시하다　④ 만들다　⑤ 참석하다

4 다양한 매력적인 음식이 주어졌을 때, 쥐와 사람 둘 다 과식하는 경향이 있고, 그것은 체중 증가로 이어진다.

본문 직독 직해

① Think of / a buffet table at a party, / or perhaps at a hotel / you've visited. / ② You see platter after platter /
생각해 보라　파티의 뷔페 테이블을　혹은 아마도 호텔의　여러분이 방문해 보았던　여러분은 계속 이어지는 접시들을 본다

of different foods. / ③ You don't eat many of these foods / at home, / and you want to try them all. / ④ But
다양한 음식이 담긴　여러분은 이러한 음식 중 많은 것을 먹지 않는다　집에서는　그래서 여러분은 그것들을 모두 먹어 보기를 원한다　그러나

trying them all might mean / eating more than your usual meal size. / ⑤ The availability of different types
그것들을 모두 먹어 보는 것은 의미할 수 있다　여러분의 평상시 식사량보다 더 먹는 것을　다양한 종류의 음식에 대한 이용 가능성은

of food is / one factor in gaining weight. / ⑥ Scientists have seen this behavior / in studies with rats: /
체중이 느는 한 가지 요인이다　과학자들은 이러한 행동을 보아 왔다　쥐를 통한 연구에서

⑦ Rats that normally maintain a steady body weight / when eating one type of food / eat huge amounts
보통 한결같은 체중을 유지하는 쥐들이　한 종류의 음식을 먹을 때　대단히 많은 양을 먹고

and become obese / when they are presented with a variety of high-calorie foods, / such as chocolate
뚱뚱해진다　다양한 열량이 높은 음식이 주어졌을 때　초콜릿 바,

bars, crackers, and potato chips. / ⑧ The same is true of humans. / ⑨ We eat much more / when a variety
크래커, 감자 칩과 같은　인간도 마찬가지이다　우리는 훨씬 더 많이 먹는다　다양한

of good-tasting foods are available / than when only one or two types of food are available. /
맛있는 음식을 먹을 수 있을 때　단지 한 가지 또는 두 가지 음식을 먹을 수 있을 때보다

본문 해석

　　파티나, 아마도 여러분이 방문해 보았던 호텔의 뷔페 테이블을 생각해 보라. 여러분은 다양한 음식이 담긴 계속 이어지는 접시들을 본다. 여러분은 이러한 음식 중 많은 것을 집에서는 먹지 않기에 그것들을 모두 먹어 보기를 원한다. 그러나 그것들을 모두 먹어 보는 것은 여러분의 평상시 식사량보다 많이 먹는 것을 의미할 수 있다. 다양한 종류의 음식을 맛볼 수 있다는 것은 체중이 느는 한 가지 요인이다. 과학자들은 쥐를 통한 연구에서 이러한 행동을 봐 왔는데, 보통 한 종류의 음식을 먹을 때 한결같은 체중을 유지하는 쥐들이 초콜릿 바, 크래커, 감자 칩과 같은 다양한 열량이 높은 음식이 주어졌을 때 대단히 많은 양을 먹고 뚱뚱해진다. 인간도 마찬가지이다. 우리는 단지 한 가지 또는 두 가지 음식을 먹을 수 있을 때보다 다양한 맛있는 음식을 먹을 수 있을 때 훨씬 더 많이 먹는다.

구문 해설

① Think of a buffet table at a party, or perhaps at a hotel [(that[which]) you've visited].

　→ [ ]는 a hotel를 수식하는 목적격 관계대명사절이며, 관계대명사 that[which]가 생략되었다.

④ But **trying them all** might mean *eating more than your usual meal size*.

14

→ trying … all은 주어로 쓰인 동명사구이며, eating … size는 동사 might mean의 목적어로 쓰인 동명사구이다.

⑦ Rats [that normally maintain a steady body weight {when eating one type of food}] **eat** huge amounts and **become** obese [when they are presented with a variety of high-calorie foods, …].

→ 첫 번째 [ ]는 Rats를 수식하는 주격 관계대명사절이다.

→ { }는 접속사 when을 생략하지 않은 분사구문으로 주어인 Rats와 분사가 능동 관계이므로 현재분사 eating이 쓰였다.

→ 동사 eat과 become은 접속사 and로 병렬 연결되었다.

→ 두 번째 [ ]는 '~할 때'의 의미인 접속사 when이 이끄는 시간의 부사절이다.

⑨ We eat **much** *more* [when a variety of goodtasting foods are available] *than* [when only one or two types of food are available].

→ much는 '훨씬'의 의미로 비교급 more를 강조하는 부사이다.

→「more A than B」구문에서 A와 B자리에 각각 접속사 when이 이끄는 부사절이 쓰였다.

REVIEW TEST SECTION 02　**정답 1** 1) ⓑ　2) ⓒ　3) ⓐ　**2** 1) depends on　2) hold in　**3** ④　**4** a message is sent to your brain　**5** ②　**6** ②　**7** ③　본책 pp. 28-29

문제 해설

1　1) 방해하다 – ⓑ 누군가가 무언가를 하고 있을 때 방해하다

2) (음식을) 소화하다 – ⓒ 음식이 흡수될 수 있도록 분해하다

3) 줄어들다 – ⓐ 크기나 양이 작아지다

2　1) depend on: ~에 달려 있다

2) hold in: ~을 참다

3　결과를 나타내는 연결사 As a reult로 시작하는 주어진 문장은 잠재적인 바이러스나 해로운 입자들을 코와 입을 통해 밖으로 배출하기 위해 재채기를 하게 된다는 내용으로, 재채기하기 전 몸속에서 일어나는 과정을 설명하는 문장 뒤인 ④에 들어가는 것이 가장 적절하다.

4　주어인 a message 다음에 '전달된다'라는 수동의 의미를 나타내는 동사 is sent를 쓰고, 그 다음으로 your brain 앞에 전치사 to를 써서 배열한다.

5　뇌의 온도가 급격히 떨어지는 것이 아니라 '입속' 온도가 급격히 떨어지면 혈관이 축소했다가 팽창하며 혈류가 몰리게 되어 얼굴의 신경이 뇌에 통증 신호를 보낸다고 했으므로 ②는 글의 내용과 일치하지 않는다.

6　브레인 프리즈가 일어나는 과정을 설명하는 부분으로, 혈관의 수축과 팽창 작용으로 인해 어떻게 뇌가 통증 신호를 받게 되는지에 대한 내용으로 이어지고 있으므로 결과를 나타내는 연결사 ② As a result(결과적으로)가 적절하다.

7　개에게 초콜릿이 안 좋은 이유에 관해 다루고 있으므로, 제목으로는 ③ '왜 초콜릿이 개에게 위험한가'가 알맞다.

① 왜 개가 초콜릿을 좋아하는가

② 개가 아플 때 해야 할 일

④ 초콜릿 간식으로 개를 훈련하는 것

⑤ 초콜릿이 개를 활발하게 만드는 이유

Economy

 **정답 1** ① **2** ④ **3** ④ **4** ⓐ too scary to be enjoyable ⓑ when to give up

본책 pp. 32-33

문제 해설

1 프로젝트 실패에도 불구하고 기존에 쏟아부은 투자 비용 때문에 계속 진행한 결과, 결국 재정난을 겪은 콩코드의 사례를 설명하고 있으므로, 제목으로는 ① '그만두는 것이 최선의 결정일 때'가 알맞다.

② 중요한 곳에 돈 투자하기   ③ 세상을 변화시킨 초음속 제트기

④ 수익보다 더 중요한 투자   ⑤ 콩코드 오류: 너무 쉽게 포기하는 것

2 (A) 영화가 너무 무서워서 즐길 수 없음에도 불구하고, 계속해서 영화를 보는 것은 '비논리적인' 행위이므로 irrational이 알맞다. reasonable은 '합리적인'의 의미이다.

(B) 콩코드를 생산하는 데 비용이 많이 들었으며 주문이 많지 않았음에도 프랑스와 영국 정부는 프로젝트에 계속 돈을 쏟아부었다는 내용이 언급되어 문맥상 전설적인 재정적 '재앙'이라는 말이 어울리므로 disaster가 알맞다. triumph는 '승리, 대성공'이라는 뜻이다.

(C) 콩코드 오류를 피하기 위해서 이미 이루어진 투자는 무시하라고 했기 때문에 '미래' 비용과 잠재 이윤만 고려하면 되므로, future가 알맞다. past는 '과거의'의 의미이다.

3 재정 문제가 있는데도 프로젝트에 이미 투자를 많이 해서 계속 그 일을 진행했다는 내용이 빈칸 뒤에 나왔으므로, 빈칸에는 ④ '초기 투자를 낭비하다'가 들어가는 것이 가장 적절하다.

① 다른 사람들과 함께 일하다   ② 새로운 것에 대해 배우다

③ 더 많은 시간이나 돈을 쓰다   ⑤ 우리의 평상시의 일상을 바꾸다

4 ⓐ '너무 ~해서 …할 수 없다'의 의미인 「too + 형용사 + to-v」의 형태로 쓴다.

ⓑ '언제 ~할지'의 의미인 「when to-v」의 형태로 쓴다.

본문
직독 직해

① Watching a movie at the theater, / you soon realize / it's too scary to be enjoyable. / ② But you keep
극장에서 영화를 보면서   당신은 곧 깨닫게 된다   영화가 너무 무서워서 즐길 수 없다는 것을   그러나 당신은 계속해서

watching it / because you already paid for the ticket / and can't get a refund. / ③ This irrational behavior
영화를 본다   이미 표 값을 지불했기 때문에   그리고 환불받을 수 없기 때문에   이러한 비논리적인 행동은

can be explained / by the Concorde fallacy. /
설명될 수 있다   콩코드 오류로

④ The Concorde fallacy is the idea / that we often keep doing things / simply because we don't want to
콩코드 오류는 개념이다   우리가 종종 계속해서 뭔가를 한다는   단순히 우리가 초기 투자를

waste our initial investment. / ⑤ Its name comes from a supersonic jet / made by France and Britain. /
낭비하고 싶지 않기 때문에   그 이름은 초음속 제트기에서 비롯된 것이다   프랑스와 영국이 만든

⑥ Though it was fast and safe, / the Concorde was costly / to produce / and there weren't many orders. /
비록 그것은 빠르고 안전했지만   콩코드는 비용이 많이 들었다   생산하는 데   그리고 주문이 많지 않았다

⑦ However, / the French and British governments continued to pour money into the project. / ⑧ They
그러나   프랑스와 영국 정부는 프로젝트에 계속 돈을 쏟아부었다

didn't want to give up / because they felt they had already invested too much. / ⑨ By the time the last
그들은 포기하고 싶지 않았다   자신들이 이미 너무 많이 투자했다고 생각했기 때문에   2003년에 마지막

Concorde flew in 2003, / the project had become a legendary financial disaster. /
콩코드가 비행할 무렵   그 프로젝트는 전설적인 재정적 재앙이 되어 있었다

⑩ There is, however, a lesson / to be learned from it: / It isn't easy / to admit mistakes, / but a wise person
그러나 교훈이 있다   그것으로부터 배울   쉽지 않다   실수를 인정하기는   하지만 현명한 사람들은

knows / when to give up. / ⑪ To avoid the Concorde fallacy, / consider only future costs and potential
알고 있다   언제 포기해야 할지   콩코드 오류를 피하기 위해서   미래 비용과 잠재 이윤만 고려하라
profits, / ignoring any investments / that have already been made. /
         투자를 무시하고   이미 이루어진

본문 해석

극장에서 영화를 보면서, 당신은 곧 영화가 너무 무서워서 즐길 수 없다는 것을 깨닫게 된다. 그러나 이미 표 값을 지불했고 환불받을 수 없으므로 당신은 계속해서 영화를 본다. 이러한 비논리적인 행동은 콩코드 오류로 설명될 수 있다.

콩코드 오류는 단순히 초기 투자를 낭비하고 싶지 않아서 우리가 종종 계속해서 뭔가를 한다는 개념이다. 그 이름은 프랑스와 영국이 만든 초음속 제트기에서 비롯된 것이다. 비록 그것은 빠르고 안전했지만, 콩코드는 생산하는 데 비용이 많이 들었으며 주문이 많지 않았다. 그러나, 프랑스와 영국 정부는 프로젝트에 계속 돈을 쏟아부었다. 그들은 자신들이 이미 너무 많이 투자했다고 생각했기 때문에 포기하고 싶지 않았다. 2003년에 마지막 콩코드가 비행할 무렵, 그 프로젝트는 전설적인 재정적 재앙이 되어 있었다.

그러나, 그것으로부터 배울 교훈은 있다. 실수를 인정하기는 쉽지 않지만, 현명한 사람은 언제 포기해야 할지 알고 있다. 콩코드 오류를 피하기 위해서, 이미 이루어진 투자를 무시하고 미래 비용과 잠재 이윤만 고려하라.

구문 해설

① [Watching a movie at the theater], you soon realize [(that) it's too scary to be enjoyable].
→ 첫 번째 [ ]는 〈동시동작〉을 나타내는 분사구문이다.
→ 두 번째 [ ]는 동사 realize의 목적어 역할을 하는 명사절로, 접속사 that이 생략되어 있다.

④ The Concorde fallacy is the idea [that we often **keep doing** things …].
→ [ ]는 the idea의 구체적인 내용을 설명하는 동격의 명사절이다.
→ keep v-ing: 계속해서 ~하다

⑥ **Though** it was fast and safe, the Concorde was costly *to produce* and there weren't many orders.
→ Though는 '(비록) ~이긴 하지만'의 의미로 양보의 부사절을 이끄는 접속사이다.
→ to produce는 형용사 costly를 수식하는 부사적 용법의 to부정사이다.

⑧ They didn't want to give up because they felt [(that) they **had** already **invested** too much].
→ [ ]는 동사 felt의 목적어 역할을 하는 명사절로, 접속사 that이 생략되어 있다.
→ 그들이 투자를 많이 한 것은 그 사실을 인지한 과거 시점(felt)보다 더 이전에 일어난 일이므로 과거완료 had invested가 쓰였다.

⑪ **To avoid** the Concorde fallacy, consider only future costs and potential profits, [ignoring any investments {that *have* already *been made*}].
→ To avoid는 〈목적〉을 나타내는 부사적 용법의 to부정사이다.
→ [ ]는 〈동시동작〉을 나타내는 분사구문이다.
→ { }는 선행사 any investments를 수식하는 주격 관계대명사절이다.
→ have … been made는 '~되었다[되어 왔다]'의 의미를 나타내는 현재완료 수동태(have[has] been p.p.)이다.

SECTION 03 **2** 정답 1 ③   2 ③   3 ④   4 ①   본책 pp. 34-35

문제 해설

1 인플루언서 마케팅의 개념, 효과, 그리고 소비자 행동에 미치는 영향 등을 설명한 글이므로, 제목으로는 ③ '인플루언서 마케팅의 힘'이 알맞다.
① 디지털 광고의 역사   ② 소셜 미디어가 쇼핑 습관에 어떻게 영향을 미치는가
④ 소셜 미디어 인플루언서의 부상과 몰락   ⑤ 왜 전통적인 마케팅이 여전히 중요한가

2 뒤에 명사구 social proof가 왔으므로 ⓒ because는 전치사 역할을 하는 because of가 되어야 한다.

3 '독점적인, 전용의'의 의미의 exclusive와 반대의 뜻을 가진 말은 '공통의, 공동의'의 의미인 ④ common이다.
① 사적인   ② 드문   ③ 유일(무이)한   ⑤ 금전적 가치가 있는

4 브랜드와 인플루언서의 협력을 언급하고, 브랜드가 인플루언서 마케팅을 강력한 도구로 활용해 소비자 행동을 형성하고 매출을 증가시키고 있다고 했으므로, (A)와 (B)에는 각각 drive와 boost가 들어가는 것이 적절하다.

인플루언서 마케팅은 브랜드가 인플루언서와의 협업을 통해 소비자 행동을 <u>유도하고</u> 매출을 <u>증가시킬</u> 수 있도록 해 준다.
② 영향을 주다 …… 재검토하다
③ 촉진[고취]하다 …… 예측하다
④ 통제하다 …… ~을 내리다[낮추다]
⑤ 영향을 미치다 …… 줄이다

본문
직독 직해

① Influencer marketing is / one of the most popular approaches / in digital advertising. / ② Brands work
인플루언서 마케팅은   가장 인기 있는 접근 방식 중 하나다   디지털 광고에서   브랜드는

with popular influencers / to promote their products and services. / ③ Between 2019 and 2024, / the
인기 있는 인플루언서와 협력한다   제품과 서비스를 홍보하기 위해   2019년부터 2024년까지

market size on social media platforms / has more than tripled. / ④ In 2024, / the influencer marketing
소셜 미디어 플랫폼의 시장 규모는   3배 이상 증가했다   2024년에는   인플루언서 마케팅 경제 규모는

economy / was valued at $24 billion. /
240억 달러의 가치로 평가됐다

⑤ Influencers can influence their large following / and affect their behavior. / ⑥ This plays a significant role /
인플루언서는 큰 팔로워 집단에게 영향을 미친다   그리고 그들의 행동에 영향을 줄 수 있다   이는 중요한 역할을 한다

in driving consumer purchasing behavior. / ⑦ According to a recent study, / 74 percent of consumers have
소비자의 구매 행동을 유도하는 데   최근 연구에 따르면   소비자의 74%가 제품을 구매한 적이 있다

bought a product / recommended by an influencer. /
인플루언서가 추천한

⑧ Influencer marketing also works / because of social proof. / ⑨ This concept describes / that people
인플루언서 마케팅은 또한 효과적이다   사회적 증거 때문에   이 개념은 설명한다   사람들이

naturally follow others' behaviors. / ⑩ So when followers see an influencer promoting a product, / they
자연스럽게 다른 사람의 행동을 따른다는 것을   따라서 팔로워들은 인플루언서가 제품을 홍보하는 것을 보면

are more likely to want it as well. / ⑪ They want to act quickly / to avoid FOMO, the fear of missing out. /
자신도 그 제품을 원하게 될 가능성이 높다   그들은 빠르게 행동하려 한다   놓치는 것에 대한 두려움인 FOMO를 피하기 위해

⑫ Brands and influencers further control / these patterns in behavior / by making products seem exclusive
브랜드와 인플루언서는 더욱 조정한다   이러한 행동 양식을   제품을 독점적이고 한시적인 것처럼 보이게 만듦으로써

and time-limited. /

⑬ In this age of technology, / brands use influencer marketing as a powerful tool, / shaping consumer
이 기술의 시대에서   브랜드는 인플루언서 마케팅을 강력한 도구로 활용한다   소비자 행동을 형성하고

behavior and increasing sales. / ⑭ As social media continues to be used, / influencer marketing will remain
매출을 증가시키면서   소셜 미디어가 계속해서 활용됨에 따라   인플루언서 마케팅은 핵심 역할을

a key player / in digital advertising. /
계속할 것이다   디지털 광고에서

본문 해석

인플루언서 마케팅은 디지털 광고에서 가장 인기 있는 접근 방식 중 하나다. 브랜드는 제품과 서비스를 홍보하기 위해 인기 있는 인플루언서와 협력한다. 2019년부터 2024년까지, 소셜 미디어 플랫폼의 시장 규모는 3배 이상 증가했다. 2024년에는 인플루언서 마케팅 경제 규모가 240억 달러의 가치로 평가됐다.

인플루언서는 큰 팔로워 집단에게 영향을 미치고 그들의 행동에 영향을 줄 수 있다. 이는 소비자의 구매 행동을 유도하는 데 중요한 역할을 한다. 최근 연구에 따르면, 소비자의 74%가 인플루언서가 추천한 제품을 구매한 적이 있다.

인플루언서 마케팅은 사회적 증거 때문에 또한 효과적이다. 이 개념은 사람들이 자연스럽게 다른 사람의 행동을 따른다는 것을 설명한다. 따라서 팔로워들은 인플루언서가 제품을 홍보하는 것을 보면, 자신도 그 제품을 원하게 될 가능성

이 높다. 그들은 놓치는 것에 대한 두려움, FOMO를 피하기 위해 빠르게 행동하려 한다. 브랜드와 인플루언서는 제품을 독점적이고 한시적인 것처럼 보이게 만듦으로써 이러한 행동 양식을 더욱 조정한다.

　　이 기술의 시대에서, 브랜드는 인플루언서 마케팅을 강력한 도구로 활용해 소비자 행동을 형성하고 매출을 증가시키고 있다. 소셜 미디어가 계속해서 활용됨에 따라, 인플루언서 마케팅은 디지털 광고의 핵심 역할을 계속할 것이다.

구문 해설

① Influencer marketing is **one of the most popular approaches** in digital advertising.
　→ one of the + 최상급 + 복수명사: 가장 ~한 것들 중 하나

⑦ According to a recent study, 74 percent of consumers **have bought** a product [recommended by an influencer].
　→ have bought는 〈경험〉을 나타내는 현재완료이다.
　→ [ ]는 a product를 수식하는 과거분사구이다.

⑨ This concept describes [that people naturally follow others' behaviors].
　→ [ ]는 describes의 목적어 역할을 하는 명사절이다.

⑩ So when followers **see an influencer promoting** a product, they *are* more *likely to want* it as well.
　→ 「see(지각동사) + 목적어 + 현재분사[동사원형]」는 '(목적어)가 ~하는 것을 보다'의 의미이다.
　→ be likely to-v: ~할 것 같다, ~할 가능성이 있다

⑪ They want to act quickly **to avoid** FOMO, [the fear of missing out].
　→ to avoid는 〈목적〉을 나타내는 부사적 용법의 to부정사이다.
　→ [ ]는 앞에 나온 FOMO의 구체적인 내용을 설명하는 동격의 명사구이다.

⑫ Brands and influencers further control these patterns in behavior by **making products** *seem* exclusive *and time-limited*.
　→ make(사역동사) + 목적어 + 동사원형: (목적어)가 ~하게 하다
　→ seem + 형용사: ~하게 보이다

⑬ In this age of technology, brands use influencer marketing as a powerful tool, [**shaping** consumer behavior and **increasing** sales].
　→ [ ]는 〈연속동작〉을 나타내는 분사구문으로 분사의 의미상의 주어 influencer marketing과 분사가 능동의 관계이므로 현재분사가 쓰였다. 현재분사 shaping과 increasing이 접속사 and로 병렬 연결되어 있다.

 **3**　**정답 1** ②, ⑤　**2** ⑤　**3** strategy　**4** ③　**5** (1) product　(2) back　(3) cheaply　　　본책 pp. 36-37

문제 해설

1　②는 저렴한 상품으로 고객을 끄는 경우이며, ⑤는 세트의 한 구성 품목만을 무료로 주고 나머지 비싼 품목을 사게 하는 경우이므로 특가품의 사례에 해당한다.

2　빈칸 다음 문장에서 특가품은 보통 매장의 뒤쪽에 놓여져서 고객들이 정가 상품들을 먼저 지나치도록 한다고 했으므로, 빈칸에는 ⑤ '배치'가 들어가는 것이 가장 적절하다.
　① 가격　② 디자인　③ 양　④ 다양성

3　'한 상황에서 목표를 달성하기 위한 구체적인 방법 또는 계획'의 의미를 가진 단어는 strategy(계획[전략])이다.

4　stick to는 '~을 고수하다, 지키다'의 의미로 '~을 따르다'의 의미인 ③ follow로 바꿔 쓸 수 있다.
　① ~을 가져오다　② ~을 잊다　④ ~을 외우다　⑤ ~을 창조하다

	특가품: 이윤을 위해 판매되는 것이 아닌 (1) 상품
전략	1. 특가품은 매장의 (2) 뒤쪽에 배치된다.
	2. 기업들은 세트의 한 구성 품목만을 아주 (3) 싸게 판다.

본문
직독 직해

① Imagine this— / you hear about an amazing discount / and think you will save lots of money. / ② But by
이것을 상상해 보라   당신은 놀랄 만한 할인에 대해 듣다   그리고 당신이 많은 돈을 절약할 거라고 생각한다

the time you've finished shopping, / you've actually bought far more / than you had originally wanted! /
그러나 쇼핑을 끝냈을 때쯤   당신은 훨씬 더 많은 것을 샀다   실제로 원래 원했던 것보다

③ This is the power of "loss leaders." /
이것이 '특가품'의 힘이다

④ A loss leader is a product / sold at very little profit or even at a loss. / ⑤ Its purpose is / to attract more
특가품은 상품이다   이익을 아주 적게 남기거나 심지어 손해를 보면서 판매되는   그것의 목적은   더 많은 고객을

customers to a store / so that they end up spending more / on other products. /
상점으로 끌어들이는 것이다   그들이 더 많은 돈을 쓰게 하도록   다른 상품에

⑥ One strategy / that companies use / has to do with product placement. / ⑦ Loss leaders are usually put /
한 가지 전략은   기업들이 사용하는   상품 배치와 관계있다   특가품은 주로 놓인다

at the back of the store, / so customers have to pass / the regularly priced products first. / ⑧ Another
매장 뒤쪽에   그래서 고객들은 지나가야 한다   정가 상품을 먼저   또 다른

strategy involves / selling just one component of a set / very cheaply. / ⑨ For example, / razor handles are
전략은 관계있다   세트의 한 구성 품목만을 파는 것과   아주 싸게   예를 들어   종종 면도기 손잡이가

often given away / for free / so that customers are locked into buying / expensive refill blades. /
주어진다   무료로   고객들이 사게 되도록   비싼 리필용 면도날을

⑩ While loss leaders can trick customers, / wise shoppers can use them / to their advantage. / ⑪ If loss
특가품이 고객을 속일 수는 있지만   현명한 구매자들은 그것들을 이용할 수 있다   자신에게 이롭게

leader items are all they need, / they should prepare their shopping list / in advance / and stick to it. /
그들이 필요로 하는 것이 특가 품목뿐이라면   그들은 쇼핑 목록을 준비해야 한다   미리   그리고 그것을 고수해야 한다

⑫ By doing so, / consumers can save a lot of money. /
그렇게 함으로써   소비자들은 많은 돈을 절약할 수 있다

본문 해석

이것을 상상해 보라. 당신은 놀랄 만한 할인에 대해 듣고 자신이 많은 돈을 절약할 거라고 생각한다. 그러나 쇼핑을 끝냈을 때쯤, 당신은 실제로는 원래 원했던 것보다 훨씬 더 많은 것을 샀다! 이것이 '특가품'의 힘이다.

특가품은 이익을 아주 적게 남기거나 심지어 손해를 보면서 판매되는 상품이다. 그것의 목적은 더 많은 고객을 상점으로 끌어들여 그들이 다른 상품에 더 많은 돈을 쓰게 하는 것이다.

기업들이 사용하는 한 가지 전략은 상품 배치와 관계있다. 특가품은 주로 매장 뒤쪽에 놓여서, 고객들은 정가 상품을 먼저 지나가야 한다. 또 다른 전략은 세트의 한 구성 품목만을 아주 싸게 파는 것과 관계있다. 예를 들어, 종종 면도기 손잡이가 무료로 주어져, 고객들이 비싼 리필용 면도날을 사게 된다.

특가품이 고객을 속일 수는 있지만, 현명한 구매자들은 그것들을 자신에게 이롭게 이용할 수 있다. 자신이 필요로 하는 것이 특가 품목뿐이라면, 그들은 미리 쇼핑 목록을 준비하고 그것을 고수해야 한다. 그렇게 함으로써, 소비자들은 많은 돈을 절약할 수 있다.

구문 해설

② But by the time you've **finished** shopping, you've actually **bought** far more than you **had** originally **wanted**!
→ 실제로 사길 원했던 시점이 쇼핑을 끝낸 시점('ve finished)과 실제로 산 시점('ve bought)보다 이전이므로 대과거를 나타내는 과거완료 had wanted가 쓰였다.

④ A loss leader is a product [sold at very little profit or even at a loss].
→ [ ]는 a product를 수식하는 과거분사구이다.

⑤ Its purpose is [to attract more customers to a store **so that they** *end up* spending more …].
→ [ ]는 주격 보어 역할을 하는 명사적 용법의 to부정사구이다.

→ so that+주어+동사: ~가 …하도록

→ end up v-ing: 결국 ~하게 되다

⑥ One strategy [that companies use] has to do with product placement.

→ [ ]는 선행사 One strategy를 수식하는 목적격 관계대명사절이다.

⑩ **While** loss leaders can trick customers, wise shoppers can use them to their advantage.

→ While은 '~이긴 하지만'이라는 뜻으로 쓰인 접속사이다.

⑪ If loss leader items are all [(that) they need], they **should prepare** their shopping list in advance and **stick to** it.

→ [ ]는 all을 수식하는 목적격 관계대명사절로, 관계대명사 that이 생략되었다.

→ 동사 should prepare와 (should) stick to가 접속사 and로 병렬 연결되었다.

 **정답 1** ⑤ **2** ③ **3** ⑤ **4** middle, avoid extremes   본책 pp. 38-39

문제 해설

1 기업들은 소비자들이 중간 가격의 제품을 구매하도록 만드는 것이 목표라고 하였으므로, ⑤는 글의 내용과 일치하지 않는다.

오답 풀이

① 문장 ④에서 알 수 있다.

② 문장 ⑥에서 알 수 있다.

③ 문장 ⑧, ⑨, ⑩에서 알 수 있다.

④ 문장 ⑪, ⑫에서 알 수 있다.

2 사람들은 대개 극단을 피하는데 비싼 물건의 경우 돈 낭비라고 생각한다고 했으므로, 문맥상 싼 물건의 경우 품질이 '좋지 못한' 것을 걱정한다는 내용이 적절하다. 따라서 '좋은'이라는 의미의 ⓒ good를 '좋지 못한'의 의미인 poor 등으로 고쳐야 한다.

3 (A) 〈연속동작〉를 나타내는 분사구문으로, 분사의 의미상의 주어 a girl과 분사가 능동 관계이므로 현재분사 choosing이 알맞다.

(B) more expensive items 이하는 동사 think의 목적어로 쓰인 명사절로, 명사절을 이끄는 접속사 that이 알맞다.

(C) 사역동사 make는 목적격 보어로 동사원형을 취하므로 buy가 알맞다.

4 대부분의 사람이 극단을 피하기 때문에 기업에서는 소비자들이 중간에 있는 옵션을 선택하기를 기대한다.

본문 직독 직해

① A woman wants to buy a new phone, / but there are many models / to choose from. / ② Some are
한 여성이 새 휴대전화를 사길 원한다   그러나 모델이 많다   고를 수 있는   일부는

expensive and have many features, / while others are quite cheap / but have few features. / ③ Confused, /
비싸고 많은 기능이 있다   반면에 다른 것들은 상당히 저렴하다   그러나 기능이 거의 없다   혼란스러워하며

she finally just picks one right in the middle / that's not too cheap and / not too expensive. / ④ This
그녀는 결국 딱 중간 모델을 고른다   너무 싸지도 않고   비싸지도 않은   이러한

type of situation is a common experience of modern consumers. / ⑤ There is actually a name for it—the
유형의 상황은 현대 소비자들이 흔히 경험하는 일이다   실제로 그것을 가리키는 이름이 있는데,

Goldilocks effect. / ⑥ It comes from the old fairytale, / "Goldilocks and the Three Bears." / ⑦ In the story, /
바로 골디락스 효과이다   그것은 오래된 동화에서 유래된 것이다   '골디락스와 곰 세 마리'라는   이 이야기에서

a girl named Goldilocks / makes a series of choices, / always choosing the option in the middle. /
골디락스라는 소녀는   일련의 선택을 하는데   항상 중간에 있는 옵션을 선택한다

21

⑧ This is natural psychological behavior, / since people usually avoid extremes. / ⑨ They think / that more
이것은 자연스러운 심리적 행동이다   사람들은 대개 극단을 피하기 때문에   그들은 생각한다

expensive items are a waste of money. / ⑩ However, / they worry / that cheaper items are of poor quality. /
더 비싼 물건이 돈 낭비라고   그러나   그들은 걱정한다   더 싼 물건은 품질이 좋지 못하다고

⑪ Many companies take advantage of the Goldilocks effect. / ⑫ They'll often release / a luxury version and
많은 기업들이 골디락스 효과를 이용한다   그들은 종종 출시한다   고급 버전과

a low-budget version / of one of their items. / ⑬ But their real goal is / to make consumers buy the one in
저예산 버전을   그들의 상품 중 하나에   그러나 그들의 진정한 목표는   소비자들이 중간 것을 구매하도록 하는 데 있다

the middle. / ⑭ It may sound like a simple strategy, / but it is very effective! /
                그것은 단순한 전략처럼 들릴지도 모른다   하지만 매우 효과적이다

본문 해석   한 여성이 새 휴대전화를 사길 원하지만, 고를 수 있는 모델이 많다. 일부는 비싸고 많은 기능이 있고, 반면 다른 것들은 상당히 저렴하지만 기능이 거의 없다. 혼란스러워하며 그녀는 결국 너무 싸지도 비싸지도 않은 딱 중간 모델을 고른다. 이러한 유형의 상황은 현대 소비자들이 흔히 경험하는 일이다. 실제로 그것을 가리키는 이름이 있는데, 바로 골디락스 효과이다. 그것은 '골디락스와 곰 세 마리'라는 오래된 동화에서 유래된 것이다. 이 이야기에서 골디락스라는 소녀는 일련의 선택을 하는데 항상 중간에 있는 옵션을 선택한다. 사람들은 대개 극단을 피하기 때문에 이것은 자연스러운 심리적 행동이다. 그들은 더 비싼 물건이 돈 낭비라고 생각한다. 그러나 그들은 더 싼 물건은 품질이 좋지 못하다고(←좋다고) 걱정한다. 많은 기업들이 골디락스 효과를 이용한다. 그들은 종종 그들의 상품 중 하나에 고급 버전과 저예산 버전을 출시한다. 그러나 그들의 진정한 목표는 소비자들이 중간 것을 구매하도록 하는 데 있다. 그것은 단순한 전략처럼 들릴지도 모르지만, 매우 효과적이다!

구문 해설   ① A woman wants to buy a new phone, but there are <u>many models</u> [to choose from].
→ [ ]는 many models를 수식하는 형용사적 용법의 to부정사구로, many models는 to부정사구에 쓰인 전치사 from의 목적어이다.

② Some are expensive and have many features, **while** others are quite cheap but have *few* features.
→ while은 '~하는 반면'이라는 뜻의 대조를 나타내는 부사절을 이끄는 접속사이다.
→ few는 '거의 없는'의 의미로, 셀 수 있는 명사 앞에 쓰인다.

③ **Confused**, she finally just picks <u>one right in the middle</u> [that's not too cheap and not too expensive].
→ Confused는 분사구문으로, 분사의 의미상 주어 she와 분사가 수동 관계이므로 수동형 분사구문이 쓰인다.
→ [ ]는 선행사 one right in the middle을 수식하는 주격 관계대명사절이다.

⑦ ..., <u>a girl</u> [named Goldilocks] makes a series of choices, [always choosing the option …].
→ 첫 번째 [ ]는 a girl을 수식하는 과거분사구이다.
→ 두 번째 [ ]는 〈연속동작〉을 나타내는 분사구문이다.

⑬ But their real goal is [to **make consumers buy** the one in the middle].
→ [ ]는 주격 보어 역할을 하는 명사적 용법의 to부정사구이다.
→ make(사역동사)+목적어+동사원형: (목적어)가 ~하게 하다

REVIEW TEST SECTION 03   **정답 1** 1) ⓑ 2) ⓐ 3) ⓒ   **2** 1) save 2) release   **3** comes from a supersonic jet made   본책 pp. 40-41
by France and Britain   **4** ⑤   **5** ②   **6** 1) F 2) T 3) F   **7** ⓐ loss leaders ⓑ their
shopping list

문제 해설   **1**   1) 구성 요소 - ⓑ 큰 완전체나 집단의 한 부분
2) 금융[재정]의 - ⓐ 돈과 관련 있는

3) 처음의, 초기의 – ⓒ 초반에 발생하는

2 1) 우리는 에너지를 <u>절약하기</u> 위해 할 수 있는 일을 해야 한다.

2) 그 인기 있는 음악 그룹은 다음 달에 최신 앨범을 <u>공개할</u> 것이다.

3 동사 comes from 뒤에 목적어 a supersonic jet을 쓰고, 목적어를 뒤에서 수식하는 과거분사구 made by France and Britain을 이어서 쓴다.

4 앞 문장에서 초기에 많은 투자 비용이 들었다고 계속 진행하다가 더 큰 손실을 본 초음속 제트기 프로젝트에서도 배울 수 있는 교훈이 있다고 했으므로, 빈칸에는 ⑤ '실수를 인정하기는 쉽지 않지만, 현명한 사람은 언제 포기해야 할지 알고 있다.'가 들어가는 것이 가장 적절하다.

① 성공은 절대 포기하지 않는 사람에게 항상 찾아온다.

② 위대한 성과는 장기적인 헌신과 인내를 필요로 한다.

③ 돈이 결코 목표 추구를 멈춰야 할 이유가 되어서는 안 된다.

④ 당신의 꿈을 믿는다면, 어떤 일이 있어도 계속 나아가야 한다.

5 인플루언서 마케팅의 개념, 효과, 그리고 소비자 행동에 미치는 영향 등을 설명한 글이므로, 글의 요지로는 ②가 적절하다.

6 1) 특가품은 항상 가게에 높은 수익을 가져다주는 상품이다. → 특가품은 이익을 아주 적게 남기거나 심지어 손해를 보면서 판매되는 상품이라고 했다. (1번째 줄)

2) 특가품은 주로 매장 뒤쪽에 놓여, 고객이 먼저 다른 상품들을 보도록 한다. (3~5번째 줄)

3) 특가품 전략은 고객이 할인 상품만 사도록 보장한다. → 고객이 할인 상품을 사며 다른 정가 상품도 사게 하려는 전략이라고 했다. (1~2번째 줄)

7 특가품이 고객을 속이려는 의도로 제공되더라도, 현명한 구매자들은 오히려 그 특가품을 잘 이용하고, 쇼핑 목록을 미리 준비한 후 그에 맞춰 특가품을 구매함으로써 많은 돈을 절약할 수 있다는 내용이 이어지므로 them과 it이 가리키는 말은 각각 loss leaders와 their shopping list이다.

SECTION
04

Environment & Geography

SECTION 04 **1** 정답 **1** ④ **2** ① **3** ⑤ **4** ① **5** beaches, harm the environment 본책 pp. 44-45

문제 해설 **1** 조개껍데기가 해변 생태계에서 수행하는 기능과 사람들이 조개껍데기를 가져갈 경우 생길 수 있는 환경적 영향에 관한 글이므로, 주제로는 ④ '조개껍데기를 수집하는 것이 왜 해변 생태계에 해를 끼치는가'가 적절하다.

① 관광 해변을 즐기는 가장 좋은 방법

② 사람들이 해변에서 시간을 보내는 것을 즐기는 이유

③ 다양한 해변에서 조개류 수집을 시작하는 방법

⑤ 소라게 및 기타 해변 생물의 서식지

2 ②, ③, ④, ⑤는 조개껍데기 (sea)shells를 가리키고, ①은 해변을 방문한 사람들 many people을 가리킨다.

3 조개껍데기가 해양 생태계의 다양성 연구에 사용된다는 내용은 언급되지 않았다.
①은 문장 ⑤에, ②는 문장 ⑥에, ③과 ④는 문장 ⑦에 언급되어 있다.

4 lead to는 '(결과적으로) ~로 이어지다, ~을 초래하다'의 뜻이므로 '~을 야기하다'의 의미인 ① cause로 바꿔 쓸 수 있다.
② 예방하다　③ 설명하다　④ 뒤바꾸다　⑤ 촉진하다

5 조개껍데기는 <u>해변</u>에서 많은 중요한 역할을 하므로, 그것들을 수집하는 것은 <u>환경을 훼손할</u> 수 있다.

본문
직독 직해

① A day at the beach is a special and memorable occasion, / and many people might want something /
해변에서의 하루는 특별하고 기억에 남는 때이며　　　　많은 사람들이 무언가를 원할지도 모른다

to remind them of their visit. / ② Why not pick up some seashells and take them home? / ③ Think again, /
자신들의 방문을 생각나게 해줄　조개껍데기를 조금 주워서 집으로 가져가는 건 어떤가　　다시 생각해 봐라

because this action may have consequences. / ④ Shells fulfill several crucial functions / on beaches, / so
왜냐하면 이 행동은 결과가 따르기 때문이다　조개껍데기들은 몇 가지 중요한 기능을 수행하기 때문에　해변에서

taking them can harm the environment. /
따라서 그것들을 가져가는 것은 환경을 훼손할 수 있다

⑤ Firstly, / they protect beach grass / and keep sand from blowing away. / ⑥ They also serve as essential
우선　조개껍데기들은 해변의 풀을 보호하고　모래가 날아가는 것을 막아 준다　　그것들은 또한 필수적인 서식처의

habitats / for hermit crabs / and hiding places / for small fish. / ⑦ Additionally, / ocean birds can use them /
역할을 한다　소라게들의　그리고 은신처의 역할을　작은 물고기들의　게다가　바닷새들이 그것들을 사용할 수 있고

to build nests, / and old shells break down / and provide nutrients for organisms living in the sand. /
둥지를 짓는 데　오래된 조개껍데기들은 분해되어　모래에 살고 있는 유기체들에게 영양분을 제공한다

⑧ Think of how many people visit beaches each year, / and how many shells would go missing / if
매년 얼마나 많은 사람들이 해변을 방문하는지 생각해 봐라　그리고 얼마나 많은 조개껍데기가 사라질지

everyone took just one. / ⑨ Researchers studied a popular tourist beach / in Spain / and found that the
모두 한 개씩 가져간다면　연구원들은 한 인기 있는 관광 해변을 연구했는데　스페인의　조개껍데기의 수가

number of shells had decreased / by 60% since 1978, / which will likely lead to a serious decline / in the
감소했음을 알아냈다　1978년 이래로 60%만큼　이는 심각한 쇠퇴를 초래할 수 있다

health of the beach. / ⑩ So if you're interested in taking home / a permanent memory of your day at a
해변 건강의　그러니 집으로 가져가고 싶다면　아름다운 해변에서 당신의 하루의 영구적인 기억을

beautiful beach, / take a photograph instead. /
대신에 사진을 찍어라

본문 해석
　　해변에서의 하루는 특별하고 기억에 남는 일이며, 많은 사람들이 자신들의 방문을 생각나게 해줄 무언가를 원할지도 모른다. 조개껍데기를 조금 주워서 집으로 가져가는 건 어떤가? 다시 생각해 봐라, 왜냐하면 이 행동은 결과가 따르기 때문이다. 조개껍데기들은 해변에서 몇 가지 중요한 기능을 수행하기 때문에, 그것들을 가져가는 것은 환경을 훼손할 수 있다.
　　우선, 조개껍데기들은 해변의 풀을 보호하고 모래가 날아가는 것을 막아 준다. 그것들은 또한 소라게들의 필수적인 서식처가 되고 작은 물고기들의 은신처로서의 역할을 한다. 게다가, 바닷새들이 둥지를 짓는 데 그것들을 사용할 수 있고, 오래된 조개껍데기들은 분해되어 모래에 살고 있는 유기체들에게 영양분을 제공한다.
　　매년 얼마나 많은 사람들이 해변을 방문하는지, 그리고 모두 한 개씩 가져간다면 얼마나 많은 조개껍데기가 사라질지 생각해 봐라. 연구원들은 스페인의 한 인기 있는 관광 해변을 연구했는데, 조개껍데기의 수가 1978년 이래로 60% 감소했음을 알아냈고, 이는 해변 건강의 심각한 쇠퇴를 초래할 수 있다. 그러니 아름다운 해변에서 당신의 하루의 영구적인 기억을 집으로 가져가고 싶다면, 대신에 사진을 찍어라.

구문 해설
① ..., and many people might want <u>something</u> **to remind** them of their visit.
→ to remind는 something을 수식하는 형용사적 용법의 to부정사이다.

④ ..., so [taking them] can harm the environment.
→ [ ]는 접속사 so로 연결된 절의 주어로 쓰인 동명사구이다.

⑤ Firstly, they **protect** beach grass and *keep sand from blowing* away.

→ 동사 protect와 keep이 접속사 and로 병렬 연결되었다.

→ keep+목적어+from v-ing: (목적어)가 ~하는 것을 막다

⑦ Additionally, [ocean birds can use them to build nests], and [old shells **break down** and **provide** nutrients for <u>organisms</u> {living in the sand}].

→ 첫 번째 [ ]와 두 번째 [ ]는 접속사 and로 연결된 두 개의 절이다.

→ and 다음 절의 동사 break down과 provide가 접속사 and로 병렬 연결되어 있다.

→ { }는 organisms를 수식하는 현재분사구이다.

⑧ Think of [how many people visit beaches every year], and [how many shells **would go** missing **if** everyone **took** just one].

→ 첫 번째와 두 번째 [ ]는 Think of의 목적어가 되는 간접 의문문으로 「의문사+주어+동사」의 어순으로 쓴다.

→ 두 번째 [ ]는 「if+주어+동사의 과거형, 주어+would+동사원형」의 가정법 과거 구문에서 주절이 if절 앞에 간접 의문문 형태로 쓰였다.

⑨ … and found [that the number of shells had decreased by 60% since 1978], **which** will likely lead to a serious decline in the health of the beach.

→ [ ]는 접속사 that이 이끄는 명사절로 동사 found의 목적어 역할을 한다.

→ which 이하는 앞 절 전체를 선행사로 하여 이를 부연 설명하는 계속적 용법의 주격 관계대명사이다.

⑩ So if you're interested in [taking home a <u>permanent memory</u> {of your day at a beautiful beach}], … .

→ [ ]는 전치사 in의 목적어로 쓰인 동명사구이다.

→ { }는 a permanent memory를 수식하는 전치사구이다.

SECTION 04 **2** 정답 **1** ③ **2** ③ **3** ② **4** river, freeze

본책 pp. 46-47

문제 해설

1 추위가 휴대 전화 작동을 방해한다고 했으므로 ③은 글의 내용과 일치하지 않는다.

2 (A) 「so+형용사[부사]+that+주어+동사」(너무 ~해서 …하다) 구문이므로 that이 적절하다.

(B) 「prevent A from v-ing」(A가 ~하는 것을 막다) 구문이므로 동명사 working이 적절하다.

(C) 오이먀콘의 주민들이 과거부터 현재까지 혹독한 환경에 '적응해 온' 것이므로 〈계속〉을 나타내는 현재완료 has adapted가 적절하다.

3 lasts는 '지속되다'의 의미이므로 '계속되다'라는 뜻의 ② continues가 의미상 가장 유사하다.

① 사라지다 ③ 견디다 ④ 시작하다 ⑤ 돌아오다

4 문장 ⑤, ⑥에서 오이먀콘 마을 이름의 의미와 그 유래를 설명하고 있다.

오이먀콘이라는 이름은 어디에서 유래하는가?

→ 그것은 근처에 있는 <u>강</u>에서 유래하는데 그 강은 <u>얼지</u> 않는다.

본문
직독 직해

① Is it too cold to go out? / ② A visit to the Russian village of Oymyakon / might change your ideas
너무 추워서 밖에 나갈 수 없는가   러시아의 마을 오이먀콘으로의 방문은   추위에 대한 당신의 생각을
about the cold. / ③ That's because / Oymyakon, "the Pole of Cold," / is the coldest village on earth! /
바꿀지도 모른다   그것은   '한극(寒極)'인 오이먀콘이   지구상에서 가장 추운 마을이기 때문이다
④ Oymyakon's coldest recorded temperature was -71.2℃. / ⑤ Interestingly, / the meaning of the village's
오이먀콘의 기록된 최저 기온은 섭씨 영하 71.2도였다   흥미롭게도   마을 이름의 뜻은
name / is "unfrozen patch of water." / ⑥ It is named after the nearby river, / which does not freeze. /
'물의 얼지 않는 부분'이다   이 이름은 근처의 강에서 따왔는데   이 강은 얼지 않는다

⑦ In December, / the daylight lasts / only three hours / per day, / and the town remains about -45℃ /
12월에는 일광 시간이 계속되며 오직 세 시간만 하루에 마을은 대략 영하 45도를 유지한다

on average. / ⑧ It's so cold / that water freezes immediately / upon touching the air. / ⑨ There are other
평균적으로 날씨가 너무 추워서 물은 즉시 얼어 버린다 공기에 닿자마자 다른 문제들도 있는데

issues: / Batteries lose their power very quickly, / pen ink freezes, / and people cannot wear glasses /
배터리가 매우 빨리 방전되고 펜의 잉크는 얼어 버리며 사람들은 안경을 쓸 수 없다

because they will freeze! / ⑩ Cars are often left running / because it's hard / to restart the engines /
얼어 버리기 때문에 차는 종종 시동을 건 채로 두는데 어렵기 때문이다 엔진의 시동을 다시 거는 것이

in freezing weather. / ⑪ Communication is also difficult / because the cold prevents cell phones from
매우 추운 날씨에서는 의사소통도 어렵다 추위로 인해 휴대 전화가 작동되지 않아서

working. /

⑫ At home, / Oymyakon's villagers lead simple lives / without the conveniences / people enjoy in most
가정에서 오이먀콘의 주민들은 소박한 삶을 살고 있다 편의 시설 없이 대부분의 현대 도시에서

modern cities. / ⑬ They have to burn wood or coal for warmth, / and they can only buy basic goods / from
사람들이 누리는 그들은 온기를 위해 나무나 석탄을 때야 하고 기본 물품을 살 수밖에 없다

the one and only store in town. / ⑭ Nevertheless, / Oymyakon's community of hunters, reindeer farmers,
마을의 단 하나뿐인 가게에서 그럼에도 불구하고 오이먀콘의 사냥꾼, 순록 농장주, 어부들은

and fishermen / has adapted to the harsh environment / and remains happy / despite the town's extreme
혹독한 환경에 적응해 왔으며 여전히 행복하게 지낸다 마을의 극심한 환경에도 불구하고

conditions. /

본문 해석   너무 추워서 밖에 나갈 수 없는가? 러시아의 마을 오이먀콘으로의 방문은 추위에 대한 당신의 생각을 바꿀지도 모른다. 그것은 '한극(寒極)'인 오이먀콘이 지구상에서 가장 추운 마을이기 때문이다! 오이먀콘의 기록된 최저 기온은 섭씨 영하 71.2도였다. 흥미롭게도, 마을 이름의 뜻은 '물의 얼지 않는 부분'이다. 이 이름은 근처의 강에서 따왔는데, 이 강은 얼지 않는다.

12월에는 일광 시간이 하루에 오직 세 시간 계속될 뿐이며, 마을은 평균적으로 대략 영하 45도를 유지한다. 날씨가 너무 추워서, 물은 공기에 닿자마자 즉시 얼어 버린다. 다른 문제들도 있는데, 배터리가 매우 빨리 방전되고, 펜의 잉크는 얼어 버리며, 사람들은 안경이 얼어 버리기 때문에 쓸 수 없다! 차는 종종 시동을 건 채로 두는데, 매우 추운 날씨에서는 엔진의 시동을 다시 거는 것이 어렵기 때문이다. 또한, 추위로 인해 휴대 전화가 작동되지 않아서 의사소통도 어렵다.

가정에서, 오이먀콘의 주민들은 대부분의 현대 도시에서 사람들이 누리는 편의 시설 없이 소박한 삶을 살고 있다. 그들은 온기를 위해 나무나 석탄을 때야 하고, 마을의 단 하나뿐인 가게에서 기본 물품을 살 수밖에 없다. 그럼에도 불구하고, 오이먀콘의 사냥꾼, 순록 농장주, 어부들은 혹독한 환경에 적응해 왔으며, 마을의 극심한 환경에도 불구하고 여전히 행복하게 지낸다.

구문 해설   ① Is it **too** cold **to go** out?
→ too + 형용사[부사] + to-v: 너무 ~해서 …할 수 없다

② A visit [to the Russian village of Oymyakon] might change your ideas about the cold.
→ [ ]는 주어인 a visit을 수식하는 전치사구이다.

⑥ It is named after the nearby river, [which does not freeze].
→ [ ]는 선행사 the nearby river를 부연 설명하는 계속적 용법의 주격 관계대명사절이다.

⑧ It's **so cold that water freezes** immediately upon [touching the air].
→ so + 형용사 + that + 주어 + 동사: 너무 ~해서 …하다
→ [ ]는 전치사 upon의 목적어로 쓰인 동명사구이다.

⑩ **Cars are often left running**, as *it's* quite hard *to restart* … .
→ '(목적어)를 ~한 채로 두다'라는 뜻의 「leave + 목적어 + v-ing」 구문이 사용된 People often leave cars running 의 수동태가 쓰였다.

26

→ it은 가주어이고, to restart 이하가 진주어이다.

⑫ At home, Oymyakon's villagers lead simple lives without <u>the conveniences</u> [(that[which]) people enjoy in most modern cities].

→ [ ]는 선행사 the conveniences를 수식하는 목적격 관계대명사절로, 관계대명사 that[which]가 생략되었다.

⑭ ..., and fishermen **has adapted** to the harsh environment and *remains* *happy* despite the town's extreme conditions.

→ 동사 has adapted와 remains가 접속사 and로 병렬 연결되어 있다.

→ remain + 형용사: (계속) ~한 상태이다

3 정답 **1** ②   **2** ④   **3** (1) T (2) F (3) T   **4** the color of the Dutch royal family

본책 pp. 48-49

문제 해설

1 17세기 이전에는 대부분의 당근이 보라색이었다는 사실과 오늘날의 당근이 어떤 과정을 통해 주황색이 되었는지를 설명하는 글이므로, 제목으로는 ② '당근의 색은 어떻게 변했는가'가 알맞다.

① 당근 재배 비법
③ 다양한 색, 다양한 맛
④ 왜 당근이 완벽한 식품인가
⑤ 왜 네덜란드 사람들이 당근을 즐겨 먹는가

2 주어진 문장의 These mutations는 '이러한 변종들'이라는 뜻이며 ④ 앞 문장에 나온 적은 수의 노란색 또는 흰색 당근을 가리키므로, 주어진 문장은 ④에 들어가는 것이 적절하다.

3 (1) 16세기 후반이 되어서 네덜란드 농부들이 품종 간 교배를 통해 당근을 만들어냈다고 했다. (문장 ④)
(2) 16세기 이전 대부분의 당근은 보라색이었지만, 적은 수의 노란색 당근 또는 흰색 당근도 있었다고 했다. (문장 ⑤~⑥)
(3) 오늘날의 주황색 당근은 여러 종들의 교배종이라고 했다. (문장 ⑧)

4 주황색이 <u>네덜란드 왕실의 색깔</u>이기 때문에, 네덜란드 사람들은 주황색 당근을 더 좋아했을 것이다.

본문 직독 직해

① What color are carrots? / ② Ask ten people / and they'll all most likely give you the same answer: /
당근은 무슨 색인가   열 명에게 물어보라   그러면 그들은 아마 모두 똑같은 대답을 할 것이다

orange. / ③ But if you had asked people the same question / before the 17th century, / they probably
주황색이라는   그러나 당신이 사람들에게 같은 질문을 했다면   17세기 이전에   그들은 아마도

would have said "purple." /
'보라색'이라고 했을 것이다

④ This is because / modern carrots were not cultivated / until the late 16th century, / when Dutch farmers
이것은   오늘날의 당근이 비로소 재배되었기 때문인데   16세기 후반이 되어서야   그때 네덜란드 농부들이

created them / through cross-breeding. / ⑤ Before that time, / most carrots were purple. / ⑥ There were
그것들을 만들어냈다   품종 간 교배를 통해   그 시기 이전에는   대부분의 당근이 보라색이었다   적은 수가 있었다

a few, / however, / that were yellow or white. / ⑦ <u>These mutations lacked the purple pigment</u> / found in
하지만   노란색 또는 흰색이었던   이 변종들은 보라색 색소가 없었다   다른

other carrots. / ⑧ Modern-day orange carrots are / a cross of these two types of mutations, / along with
당근에서 발견되는   오늘날의 주황색 당근은   이 두 가지 종류의 변종들의 교배종이다

some species of wild carrots. /
몇 가지 야생 당근 종과 더불어

⑨ No one is sure exactly / why orange carrots became so much more popular / than traditional purple
아무도 정확히 모른다   왜 주황색 당근이 훨씬 더 인기 있게 되었는지   전통적인 보라색 당근보다

ones. / ⑩ Some believe / that people in the Netherlands preferred them / because orange is the color of
일부 사람들은 믿는다   네덜란드 사람들이 그것들을 선호했다고   주황색이 네덜란드 왕실의 색깔이기 때문에

the Dutch royal family. / ⑪ However, / others believe / the real reason is a more practical one— / orange
그러나   다른 사람들은 믿는다   진짜 이유는 좀 더 실용적인 것이라고

carrots are simply sweeter and bigger / than purple ones. /
단순히 주황색 당근이 더 달고 더 크기 때문이라는 것이다   보라색 당근보다

본문 해석

당근은 무슨 색인가? 열 명에게 물어보라. 그러면 그들은 아마 주황색이라는 모두 똑같은 대답을 할 것이다. 그러나 당신이 17세기 이전에 사람들에게 같은 질문을 했다면, 그들은 아마도 '보라색'이라고 했을 것이다.

이것은 오늘날의 당근이 16세기 후반이 되어서야 비로소 재배되었기 때문인데, 그때 네덜란드 농부들이 품종 간 교배를 통해 그것들을 만들어냈다. 그 시기 이전에는 대부분의 당근이 보라색이었다. 하지만 적은 수의 노란색 또는 흰색이었던 당근이 있었다. 이 변종들은 다른 당근에서 발견되는 보라색 색소가 없었다. 오늘날의 주황색 당근은 몇 가지 야생 당근 종과 더불어 이 두 가지 종류의 변종들의 교배종이다.

아무도 왜 주황색 당근이 전통적인 보라색 당근보다 훨씬 더 인기 있게 되었는지 정확히 모른다. 일부 사람들은 주황색이 네덜란드 왕실의 색깔이기 때문에 네덜란드 사람들이 그것들을 선호했다고 믿는다. 그러나, 다른 사람들은 진짜 이유는 좀 더 실용적인 것이라고 믿는데, 단순히 주황색 당근이 보라색 당근보다 더 달고 더 크기 때문이라는 것이다.

구문 해설

② Ask ten people **and** they'll all most likely *give you the same answer*: orange.
→ and는 명령문 다음에 이어질 때 '그러면'의 의미로 쓰인다.
→ give + 간접 목적어(you) + 직접 목적어(the same answer): ~에게 …을 주다

③ But **if** you **had asked** people the same question before the 17th century, they probably **would have said** "purple."
→ 「if + 주어 + had p.p., 주어 + 조동사의 과거형 + have p.p.」는 '만약 ~했다면 …했을 텐데'라는 의미의 가정법 과거완료로, 과거 사실의 반대를 가정한다.

④ … modern carrots were **not** cultivated **until** the late 16th century, [when Dutch farmers created them through cross-breeding].
→ not … until ~: ~이 되어서야 비로소 …하다
→ [ ]는 선행사 the late 16th century를 부연 설명하는 계속적 용법의 관계부사절이다.

⑥ There were a few, however, [that were yellow or white].
→ [ ]는 a few를 수식하는 주격 관계대명사절이며, however가 삽입되어 콤마 뒤에 쓰였다.

⑦ These mutations lacked the purple pigment [found in other carrots].
→ [ ]는 the purple pigment를 수식하는 과거분사구이다.

⑨ No one is sure exactly [why orange carrots became so **much** more popular than traditional purple ones].
→ [ ]는 간접 의문문으로 「의문사 + 주어 + 동사」의 어순으로 쓴다. sure, certain, aware 등의 형용사 다음에는 의문사절이나 that이 이끄는 명사절이 올 수 있다.
→ much는 '훨씬'의 의미로 비교급을 강조하는 부사이다. 이외에도 비교급 강조 부사로 even, a lot, far 등이 있다.

⑪ However, others believe [(that) the real reason is a more practical **one**]—orange carrots are simply sweeter and bigger than purple *ones*.
→ [ ]는 believe의 목적어 역할을 하는 명사절이며 접속사 that이 생략되었다.
→ one은 앞에서 언급된 reason을 대신하는 부정대명사이다.
→ ones는 앞에 나온 carrots을 대신하는 부정대명사이다.

SECTION 04 수능:ON **정답 1** ③ **2** ③ **3** (1) T (2) F **4** 2020년의 라틴 아메리카와 카리브해 지역의 도시 인구 점유율이 유럽의 도시 인구 점유율보다 컸다   본책 pp. 50-51

문제 해설

1 아시아의 도시 인구 점유율은 1950년과 2020년에 모두 다섯 개의 대륙 중 두 번째로 낮았으므로, ③ '아시아의 도시 인구 점유율은 1950년에는 두 번째로 낮았지만, 2020년에는 그렇지 않았다.'는 도표의 내용과 일치하지 않는다.

① 다섯 개의 대륙 모두 2020년의 도시 인구 점유율이 1950년의 도시 인구 점유율보다 높은 수치를 기록했다.

② 아프리카의 도시 인구 점유율은 1950년에 14.3%, 2020년에 43.5%였다.

④ 1950년에는 유럽의 도시 인구 점유율이 51.7%로 라틴 아메리카와 카리브해의 도시 인구 점유율인 41.3%보다 컸지만, 2020년에는 라틴 아메리카와 카리브해의 도시 인구 점유율이 81.2%까지 올라가면서 74.9%인 유럽의 수치보다 더 커졌다.

⑤ 북아메리카의 도시 인구 점유율은 1950년에 63.9%, 2020년에 83.6%로 두 해에 모두 다섯 개 대륙 중 가장 높은 수치를 기록했다.

2 밑줄 친 share는 '점유율'의 의미로 사용되었으므로 영영풀이로 적절한 것은 ③ '전체 중 특정 부분에 의해 나타내지는 비율'이다.

① 무언가를 나누고 분배하는 행위   ② 무언가의 크기를 줄이는 과정

④ 무언가의 총량   ⑤ 주어진 인구의 평균 나이

3 (1) 아프리카의 도시 인구 점유율은 1950년과 2020년 둘다 나열된 대륙 중 가장 낮았다. → 각각 14.3%와 43.5%로 다섯 개 대륙 중 도시 인구 점유율이 가장 낮았다.

(2) 그래프는 50년에 걸친 각 대륙의 도시 인구 점유율 변화를 보여 준다. → 1950과 2020년을 비교하고 있으므로 70년의 변화를 보여 주고 있다.

4 앞에서 1950년 유럽의 도시 인구 점유율이 라틴 아메리카와 카리브해 지역의 점유율보다 컸다고 언급하고, 그것의 반대 상황을 언급하고 있으므로 2020년에는 라틴 아메리카와 카리브해 지역의 도시 인구 점유율이 유럽의 도시 인구 점유율보다 컸다는 의미이다.

본문
직독 직해

① The graph above shows / the share of the urban population by continent / in 1950 and 2020. / ② For
위 그래프는 보여 준다   대륙별 도시 인구 점유율을   1950년과 2020년의

each continent, / the share of the urban population in 2020 was larger / than that in 1950. / ③ From 1950
각 대륙에서   2020년의 도시 인구 점유율이 더 컸다   1950년의 그것보다   1950년부터

to 2020, / the share of the urban population in Africa increased / from 14.3% to 43.5%. / ④ The share of
2020년까지   아프리카의 도시 인구 점유율은 증가했다   14.3%에서 43.5%로

the urban population in Asia was the second lowest / in 1950 / but not in 2020. / ⑤ In 1950, / the share
아시아의 도시 인구 점유율은 두 번째로 낮았다   1950년에는   하지만 2020년에는 그렇지 않았다   1950년에는

of the urban population in Europe was larger / than that in Latin America and the Caribbean, / whereas
유럽의 도시 인구 점유율이 더 컸다   라틴 아메리카와 카리브해 지역의 그것보다

the reverse was true / in 2020. / ⑥ Among the five continents, / Northern America was ranked / in the first
반면에 그 반대가 사실이었다   2020년에는   다섯 개 대륙 중   북아메리카는 차지했다   1위를

position / for the share of the urban population / in both 1950 and 2020.
도시 인구 점유율에서   1950년과 2020년에 모두

본문 해석

위 그래프는 1950년과 2020년의 대륙별 도시 인구 점유율을 보여 준다. 각 대륙에서, 2020년의 도시 인구 점유율이 1950년의 그것보다 더 컸다. 1950년부터 2020년까지 아프리카의 도시 인구 점유율은 14.3%에서 43.5%로 증가했다. 아시아의 도시 인구 점유율은 1950년에는 두 번째로 낮았지만, 2020년에는 그렇지 않았다. 1950년에는 유럽의 도시 인구 점유율이 라틴 아메리카와 카리브해 지역의 그것보다 더 컸지만, 2020년에는 그 반대가 사실이었다. 다섯 개 대륙 중, 북아메리카는 도시 인구 점유율에서 1950년과 2020년 모두 1위를 차지했다.

구문 해설

② For each continent, the share [of the urban population in 2020] was larger than **that** in 1950.

→ [ ]는 주어인 the share을 수식하는 전치사구이다.

→ that은 the share of the urban population을 가리키는 지시대명사이다.

③ **From** 1950 **to** 2020, the share [of the urban population in Africa] increased **from** 14.3% **to** 43.5%.

→ from A to B: A에서 B까지

→ [ ]는 주어인 the share를 수식하는 전치사구이다.

④ The share [of the urban population in Asia] was **the second lowest** in 1950 but not in 2020.

→ [ ]는 주어인 The share을 수식하는 전치사구이다.

→ the＋서수＋최상급: ~ 번째로 가장 ⋯한

⑤ ..., **whereas** the reverse was true in 2020.

→ whereas는 '반면에'의 의미로 쓰인 부사절을 이끄는 접속사이다.

 **REVIEW TEST** SECTION 04   정답 **1** 1) ⑤ 2) ③ **2** 1) reminds, of 2) lead to   **3** ④   **4** Think of how many people   본책 pp. 52-53
visit beaches   **5** ③   **6** immediatly   **7** purple, cross-breeding

문제 해설   **1**   1) 법은 기업이 과도한 오염을 야기하는 것을 <u>막는다</u>.

① 다하다, 수행하다   ② 적응하다   ③ 재배하다   ④ 제공하다

2) 그 마을은 기와 지붕의 <u>전통</u> 가옥으로 유명하다.

① 필수적인   ② 영구적인   ④ 극도의, 극심한   ⑤ 중대한, 결정적인

2   1) remind A of B: A에게 B를 생각나게 하다

2) lead to: (결과적으로) ~로 이어지다, ~을 초래하다

3   조개껍데기가 해변의 풀, 소라게, 작은 물고기 등을 보호한다고는 했지만, 바다거북이의 알을 보호한다고는 하지 않
았으므로 ④는 글의 내용과 일치하지 않는다.

4   동사 Think of의 목적어로 간접 의문문을 「의문사＋주어＋동사」의 어순으로 쓴다.

5   오이먀콘 마을을 소개하는 (B)가 가장 먼저 오고, 오이먀콘이라는 이름의 유래와 마을의 특징을 설명하는 (C)가 온
뒤, 그 밖의 다른 문제들을 설명하는 (A)가 오는 것이 적절하다.

6   '지체 없이; 바로'라는 의미를 가진 단어는 immediately(즉시)이다

7   17세기 이전에는 대부분의 당근이 <u>보라색</u>이었지만, 현대의 주황색 당근은 16세기 후반에 네덜란드 농부들에 의해
<u>품종 간 교배</u>를 통해 개발되었다.

SECTION 05

Nature

SECTION 05 **1**   정답 **1** ②   **2** ③   **3** It might be hard to believe   **4** ④   본책 pp. 56-57

문제 해설   **1**   다른 동물의 배설물을 먹거나 땅에 묻어둠으로써 토양에 영양분을 되돌려주는 쇠똥구리에 대한 글이므로, 제목으로
는 ② '쇠똥구리: 자연의 청소부'가 알맞다.

① 멸종 위기에 처한 곤충 종(種)   ③ 동물 배설물에 의해 야기되는 문제점

④ 쇠똥구리들은 어떻게 먹이를 찾는가   ⑤ 다양한 쇠똥구리들이 어떻게 이름을 갖게 되었는가

2   (A) 동사 describe의 목적어 역할을 하는 간접 의문문을 이끌며, 뒤에 완전한 문장이 이어지므로 의문사 how가 들어가야 알맞다.

     (B) 앞에 나온 명사 the dung을 대신하는 지시대명사가 필요한데, dung은 셀 수 없는 명사이므로 단수인 that이 와야 한다. those는 앞에 언급된 명사가 복수일 때 쓴다.

     (C) 전치사 By의 목적어 역할을 하는 동명사 eating과 병렬 구조를 이루는 burying이 알맞다.

3   It은 가주어이고, to believe가 진주어임에 유의하여 It might be hard to believe라고 배열하는 것이 적절하다.

4   쇠똥구리가 동물의 배설물만을 먹는 이유는 언급되지 않았으므로, 정답은 ④ '왜 동물의 배설물만 먹는가?'이다.

     ① 세계의 어느 지역에 서식하는가?   ② 주요 집단들의 이름은 무엇인가?

     ③ 굴리기 집단은 동물의 배설물을 어떻게 사용하는가?   ⑤ 대부분 어떤 종류의 동물 배설물을 좋아하는가?

본문
직독 직해

① Sometimes you have to eat / things you don't like. / ② But instead of complaining, / just be grateful
때때로 당신은 먹어야 한다   당신이 좋아하지 않는 것을   그러나 불평하는 대신에   감사하라
you're not a dung beetle. / ③ They eat nothing but animal waste! /
당신이 쇠똥구리가 아니라는 것에   그것들은 오직 동물의 배설물만을 먹는다
④ Dung beetles are common / across every continent / except Antarctica. / ⑤ There are thousands of
쇠똥구리는 흔하다   모든 대륙에서   남극 대륙을 제외한   수천 가지의 다양한 종이 있다
different species, / but they can all be divided into three main groups: / rollers, tunnelers, and dwellers. /
   그러나 그것들은 모두 세 개의 주요 집단으로 나눠질 수 있다   굴리기 집단, 굴 파기 집단, 거주 집단이라는
⑥ These terms describe / how these beetles use the dung / they find. / ⑦ Rollers turn bits of dung
이 용어들은 묘사한다   이 쇠똥구리들이 똥을 어떻게 사용하는지를   그들이 발견한   굴리기 집단은 똥 조각들을
into balls / and bury them away from the dung pile. / ⑧ The balls are then eaten / or used as a nest. /
공 모양으로 만든다   그리고 똥 더미로부터 떨어진 곳에 묻어 둔다   그리고 똥 조각으로 만든 공들은 먹거나   보금자리로 사용된다
⑨ Tunnelers dig underneath the pile / to bury their treasures. / ⑩ And dwellers simply live in dung piles. /
굴 파기 집단은 똥 더미 아래를 판다   보물을 묻어 두기 위해   그리고 거주 집단은 단순히 똥 더미에서 산다
⑪ So what sort of dung / do these beetles prefer? / ⑫ Different species have different tastes. / ⑬ For
그렇다면 어떤 종류의 똥을   이 쇠똥구리들은 선호할까   서로 다른 종은 서로 다른 취향을 가진다
example, / most dung beetles prefer the dung of plant-eaters, / but some specifically seek out that of
예를 들어   대부분의 쇠똥구리는 초식동물의 똥을 선호한다   하지만 일부는 특별히 육식동물의 똥을 찾기도 한다
meat-eaters. / ⑭ No matter what type of dung it is, / there is a dung beetle / that likes feeding on it. /
   그것이 어떤 종류의 똥일지라도   쇠똥구리가 있다   그것을 먹고 살기를 좋아하는
⑮ It might be hard to believe, / but dung beetles make an important contribution to the environment /
믿기 어려울지도 모른다   그러나 쇠똥구리들은 환경에 중요한 기여를 한다
they live in. / ⑯ By eating and burying other animals' waste, / they return nutrients to the soil. / ⑰ So,
자신들이 살고 있는   다른 동물들의 배설물을 먹거나 묻어 둠으로써   그들은 토양에 영양분을 되돌려 준다   그러니
while you might not want to join them for a meal, / you can still appreciate / the work / they do. /
그것들과 함께 식사를 하고 싶진 않겠지만   당신은 감사할 수는 있을 것이다   일에 대해   그것들이 하는

본문 해석   때때로 당신은 당신이 좋아하지 않는 것을 먹어야 한다. 그러나 불평하는 대신에, 당신이 쇠똥구리가 아니라는 것에 감사하라. 그것들은 오직 동물의 배설물만을 먹는다!

     쇠똥구리는 남극 대륙을 제외한 모든 대륙에서 흔하다. 수천 가지의 다양한 종이 있지만, 그것들은 모두 굴리기 집단, 굴 파기 집단, 거주 집단이라는 세 개의 주요 집단으로 나눠질 수 있다. 이 용어들은 이 쇠똥구리들이 그들이 발견한 똥을 어떻게 사용하는지를 묘사한다. 굴리기 집단은 똥 조각들을 공 모양으로 만들어 똥 더미로부터 떨어진 곳에 묻어 둔다. 그리고 똥 조각으로 만든 공들은 먹거나 보금자리로 쓴다. 굴 파기 집단은 보물을 묻어 두기 위해 똥 더미 아래를 판다. 그리고 거주 집단은 단순히 똥 더미에서 산다.

     그렇다면 이 쇠똥구리들은 어떤 종류의 똥을 선호할까? 서로 다른 종은 서로 다른 취향을 가진다. 예를 들어, 대부분의 쇠똥구리는 초식동물의 똥을 선호하지만, 일부는 특별히 육식동물의 똥을 찾기도 한다. 그것이 어떤 종류의 똥일지라도, 그것을 먹고 살기를 좋아하는 쇠똥구리가 있다.

     믿기 어려울지도 모르겠지만, 쇠똥구리들은 자신들이 살고 있는 환경에 중요한 기여를 한다. 다른 동물들의 배설물

을 먹거나 묻어 둠으로써, 그들은 토양에 영양분을 되돌려 준다. 그러니, 그것들과 함께 식사를 하고 싶진 않겠지만, 당신은 그것들이 하는 일에 대해 감사할 수는 있을 것이다.

구문 해설

① Sometimes you have to eat things [(that) you don't like].
   → [ ]는 선행사 things를 수식하는 목적격 관계대명사절로, 관계대명사 that이 생략되었다.

② ..., just be grateful [(that) you're not a dung beetle].
   → [ ]는 감정의 이유를 나타내는 명사절로, 접속사 that이 생략되었다.

⑤ ..., but they **can** all **be divided** into three main groups: ... .
   → can be p.p.: ~될 수 있다 (조동사의 수동태)

⑥ These terms describe [how these beetles use the dung {(that[which]) they find}].
   → [ ]는 describe의 목적어가 되는 간접 의문문으로 「의문사+주어+동사」의 어순이다.
   → { }는 선행사 the dung을 수식하는 목적격 관계대명사절로, 관계대명사 that[which]가 생략되었다.

⑧ The balls **are** then **eaten** or **used** as a nest.
   → 수동태 동사 are eaten과 (are) used가 접속사 and로 병렬 연결되었다.

⑭ **No matter what** type of dung it is, there is a dung beetle [that likes feeding on it].
   → no matter what: 어떤 ~일지라도 (= whatever)
   → [ ]는 선행사 a dung beetle을 수식하는 주격 관계대명사절이다.

⑮ ..., but dung beetles **make an** important **contribution to** the environment [(that[which]) they live in].
   → make a contribution to ...: ~에 기여하다[공헌하다]
   → [ ]는 선행사 the environment를 수식하는 목적격 관계대명사절로, 관계대명사 that[which]가 생략되었다.

⑰ So, **while** you might not want to join them for a meal, you can still appreciate the work [(that[which]) they do].
   → while은 '~이긴 하지만'의 의미로 쓰인 부사절을 이끄는 접속사이다.
   → [ ]는 선행사 the work를 수식하는 목적격 관계대명사절로 관계대명사 that[which]가 생략되었다.

SECTION 05 2 정답 **1** ② **2** ③ **3** ② **4** (1) T (2) F (3) F (4) T **5** movement and changes in light   본책 pp. 58-59

문제 해설

1 움직임과 빛의 변화를 감지할 수 있는 이구아나의 두정안은 맹금류를 피하는 데 유용하다는 내용의 글이므로, 제목으로는 ② '숨겨진 시력: 어떻게 이구아나가 위험을 감지하는가'가 알맞다.
   ① 이구아나의 진화적인 눈에 대한 탐구
   ③ 이구아나가 명확히 볼 수 있게 해주는 추가적인 눈
   ④ 이구아나는 어떻게 먹이를 사냥하는 데 눈을 사용하는가
   ⑤ 사회적 행동에서 두정안의 역할

2 역접의 연결사인 However로 시작하는 주어진 문장은 이구아나의 제3의 눈이 어느 정도 볼 수 있다는 내용인데, 이는 제3의 눈의 수정체와 망막이 완전히 형성된 것이 아니라는 내용과 상반되므로, ③에 들어가는 것이 가장 적절하다.

3 (A) 제3의 눈이 머리 위에 있기 때문에 맹금류를 피하는 데 유용하다는 내용이 되어야 자연스러우므로, 이유를 나타내는 접속사 Since가 들어가야 한다.
   (B) 과거에는 많은 동물들에게 제3의 눈이 있었다는 빈칸 앞 문장의 내용과, 시간이 지나면서 대부분의 종에서 제3의 눈이 사라졌다는 뒤 문장의 내용은 상반되므로, 역접의 연결사인 however가 알맞다.

4 (1) 이구아나의 이마의 중앙에 위치해 있다. (문장 ④)

(2) 다른 두 개의 눈과 똑같은 기능을 가지고 있다. → 다른 두 개의 눈과 다르다고 했다. (문장 ⑤)

(3) 망막이 완전히 발달했다. → 망막을 가지고 있지만 완전히 형성되진 않았다고 했다. (문장 ⑥)

(4) 이구아나가 천적을 피하도록 도와준다. (문장 ⑨~⑩)

5 그것은 움직임과 빛의 변화를 알아차리는 두정안의 능력을 가리킨다.

본문
직독 직해

① How many eyes / do green iguanas have? / ② That might seem like a simple question. / ③ But,
　　몇 개의 눈을　　　　　녹색 이구아나는 가지는가　　　　　　그것은 간단한 질문처럼 보일지도 모른다　　　　그러나

surprisingly, / the answer is three! / ④ Their third eye is located / in the center of their forehead. /
놀랍게도　　　　정답은 세 개이다　　　　그들의 제3의 눈은 위치한다　　　　　이마의 중앙에

⑤ Called a parietal eye, / it is not the same as their other two eyes. / ⑥ It has a lens and a retina / like
두정안이라고 불리는　　　　　이것은 이구아나의 다른 두 개의 눈과 똑같지는 않다　　　그것은 수정체와 망막을 가지고 있지만

normal eyes, / but they are not fully formed. / ⑦ However, / this third eye can still see / to some extent. /
보통의 눈처럼　　　　그것들은 완전히 형성된 것은 아니다　　　그러나　　이 제3의 눈은 그래도 볼 수 있다　　어느 정도는

⑧ It is able to detect / movement and changes in light. / ⑨ Because of this, / iguanas can use it / to sense
그것은 감지할 수 있다　　　　움직임과 빛의 변화를　　　　이 때문에　　이구아나는 그것을 사용할 수 있다　　포식자를

predators. / ⑩ Since it is on top of their head, / it is especially useful / for escaping birds of prey, / such as
감지하는 데　　　이것은 머리 위에 위치해 있기 때문에　　　특히 유용하다　　　맹금류를 피하는 데

eagles and hawks. / ⑪ Iguanas aren't the only animals / with a parietal eye. / ⑫ Some other lizard species, /
독수리와 매 같은　　　이구아나가 유일한 동물은 아니다　　　두정안을 가진　　　일부 다른 도마뱀 종들과

as well as certain frogs and fish, / also have one. / ⑬ Scientists believe / that millions of years ago / many
특정 개구리와 물고기도　　　이것을 가지고 있다　　과학자들은 믿는다　　　수백만 년 전에는　　　많은

animals had / a third, fully functional eye. / ⑭ Over time, / however, / it slowly disappeared in most
동물들이 가지고 있었다고　완전하게 기능하는 제3의 눈을　　세월이 흐르면서　　그러나　　그것은 대부분의 종에서 서서히 사라졌고

species, / remaining as a parietal eye / in only a few— / including the green iguana. /
　　　　두정안으로 남게 되었다　　　　　소수에만　　　　　녹색 이구아나를 포함한

본문 해석　　　　녹색 이구아나는 눈이 몇 개인가? 그것은 간단한 질문처럼 보일지도 모른다. 그러나 놀랍게도, 정답은 세 개이다! 그들의 제3의 눈은 이마의 중앙에 위치한다.

　　　　두정안이라고 불리는 이것은 이구아나의 다른 두 개의 눈과 똑같지는 않다. 그것은 보통의 눈처럼 수정체와 망막을 가지고 있지만, 그것들은 완전히 형성된 것은 아니다. 그러나, 이 제3의 눈은 그래도 어느 정도는 볼 수 있다. 그것은 움직임과 빛의 변화를 감지할 수 있다. 이 때문에, 이구아나는 포식자를 감지하는 데 그것을 사용할 수 있다. 이것은 머리 위에 위치해 있기 때문에, 독수리와 매 같은 맹금류를 피하는 데 특히 유용하다. 이구아나가 두정안을 가진 유일한 동물은 아니다. 일부 다른 도마뱀 종들과 특정 개구리와 물고기도 이것을 가지고 있다. 과학자들은 수백만 년 전에는 많은 동물들이 완전하게 기능하는 제3의 눈을 가지고 있었다고 믿는다. 그러나, 세월이 흐르면서, 그것은 대부분의 종에서 서서히 사라졌고, 녹색 이구아나를 포함한 소수에만 두정안으로 남게 되었다.

구문 해설　⑤　[Called a parietal eye], it is not the same as their other two eyes.

→ [ ]는 수동형 분사구문으로, 분사의 의미상의 주어 it과 분사가 수동 관계이므로 과거분사 Called가 쓰였다.

⑪　Iguanas aren't the only animals [with a parietal eye].

→ [ ]는 the only animals를 수식하는 전치사구이다.

⑫　Some other lizard species, as well as certain frogs and fish, also have **one**.

→ one은 앞 문장에서 언급한 a parietal eye를 대신하는 부정대명사이다.

⑬　Scientists believe [that millions of years ago many animals had a third, fully functional eye].

→ [ ]는 believe의 목적어 역할을 하는 명사절이다.

⑭　…, it slowly disappeared in most species, [remaining as a parietal eye in only a few …].

→ [ ]는 〈연속동작〉을 나타내는 분사구문으로, 분사의 의미상의 주어 it(= a third, fully functional eye)과 분사가

능동 관계이므로 현재분사 remaining이 쓰였다.

 SECTION 05 **3** 정답 1 ⑤ 2 ② 3 ① 4 ②

본책 pp. 60-61

문제 해설 **1** 범고래 무리가 협력하여 고래상어를 사냥하는 방법에 대한 글이므로, 주제로는 ⑤ '어떻게 범고래들이 고래상어를 사냥하는가'가 적절하다.
① 범고래와 고래상어가 어떻게 다른가
② 왜 고래상어가 더 큰 동물을 사냥하지 않는가
③ 어떻게 범고래가 서로 소통하는가
④ 왜 고래상어 사냥이 위험한가

2 주어진 문장의 These giants는 ② 바로 앞 문장에 나온 '볼링 레인만큼 길게 자라는 고래상어'를 가리키고 ② 뒤에 순한 천성 때문에 그들이 쉬운 사냥감으로 오해를 받아서는 안된다는 내용이 나온다. 따라서 거대하지만 최상위 포식자는 아니라는 내용의 주어진 문장은 ②에 들어가는 것이 가장 적절하다.

3 (A) the orcas를 주어로 하는 문장의 동사가 필요하므로 work가 알맞다.
(B) 「leave+목적어+목적격 보어(형용사)」는 '(목적어)를 ~한 채로 두다'는 의미이며, 수동태로 쓰면 「be left+목적격 보어(형용사)」의 형태로 수동태 뒤에 형용사가 그대로 와야 하므로 vulnerable이 알맞다.
(C) help는 목적격 보어로 to부정사 또는 동사원형을 취하므로 learn이 적절하다.

4 가장 큰 어류는 고래상어라고 했으므로, 범고래가 가장 큰 어류라는 ②는 글의 내용과 일치하지 않는다.
① 고래상어는 최대 18미터까지 자랄 수 있으며 작은 해양 생물을 먹는다.
② 과학자들은 고래상어가 가장 큰 어류인 범고래에게 사냥 당하는 장면을 촬영했다.
③ 고래상어는 특히 등에 두꺼운 피부가 있다.
④ 범고래는 고래상어의 등을 뒤집어 배를 노출시킨다.
⑤ 범고래는 고래상어의 지방이 많은 간을 포함하여 영양가가 가장 높은 부위를 먹는다.

본문
직독 직해

① In a rare event, / scientists were able to film a group of orcas / hunting a whale shark, / the largest fish
드문 사례로   과학자들은 범고래 무리를 촬영할 수 있었다   고래상어를 사냥하는   가장 큰 어류인

species. / ② Whale sharks can grow up to eighteen meters long, / as long as a bowling lane. / ③ These
                고래상어는 18미터까지 자랄 수 있다   볼링 레인만큼 길게

giants are not top predators, / eating only small shrimp, fish, and plankton / with their meter-wide
이 거대한 생물은 최상위 포식자가 아니다   오직 작은 새우, 물고기, 그리고 플랑크톤만 먹는다   그들의 미터 너비의 입으로

mouths. / ④ Despite their gentle nature, / they should not be misunderstood as easy prey. / ⑤ Whale
                그들의 순한 천성에도 불구하고   그들은 쉬운 사냥감으로 오해를 받아서는 안된다

sharks have very thick skin, / especially on their backs, / making it difficult for predators to bite them. /
고래상어는 매우 두꺼운 피부를 가지고 있다   특히 그들의 등 쪽에   포식자들이 그들을 무는 것을 어렵게 만든다

⑥ The scientists finally have proof / that can solve the mystery / of how orcas can hunt this massive fish. /
과학자들은 마침내 증거를 확보했다   그 미스터리를 해결할 수 있는   범고래들이 어떻게 이 거대한 물고기를 사냥하는지에 대한

⑦ The orcas first collide with the whale shark. / ⑧ Then the orcas work together / to flip the startled fish
범고래들은 먼저 고래상어와 충돌한다   그리고 나서 범고래들은 협력한다   깜짝 놀란 물고기를

upside down. / ⑨ Once its unprotected belly is exposed, / the whale shark is left vulnerable. / ⑩ The
거꾸로 뒤집기 위해   보호되지 않은 배가 노출되면   고래상어는 취약한 상태에 놓이게 된다

orcas can then attack, / causing the hunted fish to die. / ⑪ Uncertain when their next meal will be, / orcas
그러면 범고래들은 공격할 수 있고   사냥당한 물고기가 죽게 된다   다음 식사가 언제일지 불확실해서

prioritize the most nutritious parts, / including the organs and the fish's enormous fatty liver. / ⑫ The
범고래들은 가장 영양분이 많은 부분을 우선한다   내장과 그 물고기의 거대하고 지방이 많은 간을 포함해서

scientists' lucky encounter / helped them learn about orcas' remarkable intelligence and teamwork. /
과학자들의 운 좋은 만남은   그들이 범고래들의 놀라운 지능과 팀워크를 배울 수 있게 도왔다
⑬ However, / it came at the expense of the whale shark. /
하지만   그것은 고래상어의 희생을 대가로 한 것이었다

본문 해석

드문 사례로, 과학자들은 가장 큰 어류인 고래상어를 사냥하는 범고래 무리를 촬영할 수 있었다. 고래상어는 볼링 레인만큼 길게, 18미터까지 자랄 수 있다. 이 거대한 생물은 최상위 포식자가 아닌데, 그들의 미터 너비의 입으로 오직 작은 새우, 물고기, 그리고 플랑크톤만 먹는다. 그들의 순한 천성에도 불구하고, 그들은 쉬운 사냥감으로 오해를 받아서는 안 된다. 고래상어는 특히 그들의 등 쪽에, 매우 두꺼운 피부를 가지고 있는데, 이는 포식자들이 그들을 무는 것을 어렵게 만든다. 과학자들은 마침내 범고래들이 어떻게 이 거대한 물고기를 사냥하는지에 대한 그 미스터리를 해결할 수 있는 증거를 확보했다.

범고래들은 먼저 고래상어와 충돌한다. 그리고 나서 범고래들은 깜짝 놀란 물고기를 거꾸로 뒤집기 위해 협력한다. 보호되지 않은 배가 노출되면, 고래상어는 취약한 상태에 놓이게 된다. 그리고 나면 범고래들은 공격할 수 있고, 사냥당한 물고기가 죽게 된다. 다음 식사가 언제일지 불확실해서, 범고래들은 가장 영양분이 많은 부분을 우선하는데, 내장과 그 물고기의 거대하고 지방이 많은 간을 포함한다. 과학자들의 운 좋은 만남은 그들이 범고래들의 놀라운 지능과 팀워크를 배울 수 있게 도왔다. 하지만, 그것은 고래상어의 희생을 대가로 한 것이었다.

구문 해설

① In a rare event, scientists were able to film a group of orcas [hunting **a whale shark, the largest fish species**].
→ [ ]는 a group of orcas를 수식하는 현재분사구로 명사구와 분사가 능동 관계이므로 현재분사 hunting이 쓰였다.
→ a whale shark와 the largest fish species는 동격 관계이다.

⑤ Whale sharks have very thick skin, especially on their backs, [**making** it **difficult** for predators to bite them].
→ [ ]는 〈연속동작〉을 나타내는 분사구문으로 주절의 주어인 Whale sharks와 분사가 능동 관계이므로 현재분사 making이 쓰였다.
→ 「make+목적어+형용사」는 '~를 …하게 만들다'의 의미이며, it은 make의 가목적어, to bite them은 진목적어, for predators는 to부정사의 의미상의 주어이다.

⑥ The scientists finally have proof [that can solve the mystery of {how orcas can hunt this massive fish}].
→ [ ]는 선행사 proof를 수식하는 주격 관계대명사절이다.
→ { }는 「의문사+주어+동사」 어순의 간접 의문문으로, 전치사 of의 목적어로 쓰였다.

⑩ The orcas can then attack, [**causing the hunted fish to die**].
→ [ ]는 〈연속동작〉을 나타내는 분사구문으로 주절의 주어인 The orcas와 분사가 능동 관계이므로 현재분사 causing이 쓰였다.
→ 「cause+목적어+to-v」는 '(목적어)가 ~하게 만들다'의 의미이다.

⑪ [(Being) Uncertain when their next meal will be], orcas prioritize the most nutritious parts, ...
→ [ ]는 〈이유〉를 나타내는 분사구문으로 Uncertain 앞에 현재분사 Being이 생략되었다.

SECTION 05 수능 :ON 정답 **1** ① **2** ④ **3** start → starting[who start] **4** ② **5** instruments, animal, weapons 본책 pp. 62-63

문제 해설 **1** 교향악단의 초기 악기 형태가 동물 또는 동물을 잡기 위해 사용된 무기로 만들어졌으며, 위대한 작곡가들의 음악을

들으며 동물을 쫓기 시작하는 사람들의 이미지를 떠올릴 수 있다는 내용이 빈칸 뒤에 이어지므로, 빈칸에는 ① '사냥'이 들어가는 것이 가장 적절하다.

오답 풀이

② 법 → 법과 관련된 내용은 글에서 언급되지 않았다.

③ 자선 (행위) → 자선 행위는 글의 내용과 무관하다.

④ 치료법 → 치료법은 글의 내용과 거리가 멀다.

⑤ 춤 → 춤과 관련된 내용은 글에서 언급되지 않았다.

2 음악가들이 동물의 움직임에서 영감을 얻어 작곡했다는 ④의 내용은 언급되지 않았다.

3 문장의 주어와 동사는 I can (easily) imagine이고 목적어인 bands of men을 수식하는 말이 이어져야 하는데, 분사구로 고칠 때는 목적어와 분사가 능동 관계이므로 현재분사 starting으로 고쳐야 한다. 주격 관계대명사절이 수식하도록 who start로 고칠 수도 있다.

4 밑줄 친 will은 '의지'의 의미로 사용되었으므로 영영풀이로 적절한 것은 ② '행동을 수행하거나 무언가를 성취하려는 결심'이다.

① 누군가 혹은 무언가의 자질 또는 특징   ③ 한 사람의 바람을 표현한 법적 문서

④ 노력하기를 그만두려는 선택   ⑤ 미래 상황에 대한 예측

5 오케스트라는 초기 인간들의 유산을 반영하며, 많은 악기들이 동물의 부분과 그것들을 잡는 데 사용된 무기들로 만들어졌다.

본문
직독 직해

① Even the most respectable of all musical institutions, the symphony orchestra, / carries inside its DNA /
심지어 모든 음악 단체 중 가장 훌륭한 단체인 교향악단도   자신의 DNA 안에 지니고 있다

the legacy of the hunt. / ② The various instruments in the orchestra / can be traced back / to this most
사냥의 유산을   교향악단에 있는 다양한 악기들은   거슬러 올라갈 수 있다

basic of survival methods— / their earliest forms were made / either from the animal (horn, skin, gut,
이 가장 기본적인 생존 방식으로   그것들의 초기 형태는 만들어졌다   동물(뿔, 가죽, 내장, 뼈)로

bone) / or the weapons / used in bringing the animal down (stick, bow). / ③ Are we wrong / to hear
또는 무기로   동물을 잡는 데 사용된 (막대, 활)   우리가 틀린 것인가   이러한

this history / in the music itself, / in the aggression and breathtaking intensity of those monumental
역사를 듣는다면   음악 그 자체에서   그 기념비적인 교향곡들의 공격성과 숨이 멎을 듯한 강렬함에서

symphonies / that remain the core repertoire / of the world's leading orchestras? / ④ Listening to
핵심 레퍼토리로 남아 있는   세계의 주요한 교향악단의

Beethoven, Brahms, Mahler, Bruckner, Berlioz, Tchaikovsky, Shostakovich, and other great composers,
베토벤, 브람스, 말러, 브루크너, 베를리오즈, 차이코프스키, 쇼스타코비치 및 다른 위대한 작곡가들의 음악을 들으며

/ I can easily imagine bands of men / starting to chase animals, / using sound as a source and symbol of
나는 무리 지은 사람들을 쉽게 상상할 수 있다   동물을 쫓기 시작하는   지배의 원천이자 상징으로 소리를 사용하면서

dominance, / an expression of the will to predatory power. /
공격적인 힘에 대한 의지의 표현인

본문 해석

심지어 모든 음악 단체 중 가장 훌륭한 단체인 교향악단도 자신의 DNA 안에 사냥의 유산을 지니고 있다. 교향악단에 있는 다양한 악기들은 이 가장 기본적인 생존 방식으로 거슬러 올라갈 수 있는데, 그것들의 초기 형태는 동물(뿔, 가죽, 내장, 뼈)이나 동물을 잡는 데 사용된 무기(막대, 활)로 만들어졌다. 음악 그 자체에서, 세계의 주요한 교향악단의 핵심 레퍼토리로 남아 있는 기념비적인 교향곡들의 공격성과 숨이 멎을 듯한 강렬함에서 이러한 역사를 듣는다면 우리가 틀린 것인가? 베토벤, 브람스, 말러, 브루크너, 베를리오즈, 차이코프스키, 쇼스타코비치 및 다른 위대한 작곡가들의 음악을 들으며, 나는 공격적인 힘에 대한 의지의 표현인 지배의 원천이자 상징으로 소리를 사용하면서 동물을 쫓기 시작하는 무리 지은 사람들을 쉽게 상상할 수 있다.

구문 해설

① Even [the most respectable of all musical institutions], [the symphony orchestra], **carries** inside its DNA the legacy of the hunt.

→ 첫 번째 [ ]와 두 번째 [ ]는 동격 관계이다.

→ 문장의 동사는 carries, 목적어는 the legacy … hunt이며, 목적어가 부사구 inside its DNA 뒤에 쓰였다.

② The various instruments [in the orchestra] **can be traced** back to … or the weapons [used in {bringing the animal down}] (stick, bow).

→ 첫 번째 [ ]는 The various instruments를 수식하는 전치사구이다.

→ 조동사 can의 수동형인 「can be p.p.」는 '~될 수 있다'의 의미를 나타낸다. 주어인 The various instruments 추적되는 대상이므로 수동태 동사가 쓰였다.

→ [ ]는 명사 the weapons를 수식하는 분사구이며, 명사와 분사가 수동 관계이므로 과거분사 used가 쓰였다.

→ { }는 전치사 in의 목적어로 쓰인 동명사구이다.

③ Are we wrong **to hear** this history in the music itself, in the aggression and breathtaking intensity of those monumental symphonies [that remain the core repertoire {of the world's leading orchestras}]?

→ to hear는 〈조건〉을 나타내는 부사적 용법의 to부정사이다.

→ [ ]는 선행사 those monumental symphonies를 수식하는 주격 관계대명사절이다.

→ { }는 the core repertoire를 수식하는 전치사구이다.

④ [Listening to Beethoven, Brahms, Mahler, Bruckner, Berlioz, Tchaikovsky, Shostakovich, and other great composers], I can easily imagine bands of men [starting to chase animals], … .

→ 첫 번째 [ ]는 〈동시동작〉을 나타내는 분사구문으로 주절의 주어 I와 분사가 능동 관계이므로 현재분사 Listening이 쓰였다.

→ 두 번째 [ ]는 명사구 bands of men을 수식하는 분사구로 명사구와 분사가 능동 관계이므로 현재분사 starting이 쓰였다.

REVIEW TEST SECTION 05   정답 1 1) ⓒ 2) ⓐ 3) ⓑ   2 1) feed on 2) seek out   3 ② 4 1) bury 2) dig 3) live   본책 pp. 64-65
5 ⑤   6 ②   7 ③

문제 해설

1 1) 기능하는 – ⓒ 적절한 방식으로 작동하는

2) 용어 – ⓐ 특정한 의미의 단어

3) 불평하다 – ⓑ 무언가에 대해 불만이나 불편을 말하다

2 1) feed on: ~을 먹고 살다

2) seek out: ~을 찾아 내다

3 쇠똥구리를 굴리기 집단, 굴 파기 집단, 거주 집단이라는 세 개의 주요 집단으로 나눌 수 있다고 설명하는 도중에, 일부 쇠똥구리는 천적을 피하기 위해 장거리를 날 수 있다는 내용의 문장 (b)는 글의 흐름과 맞지 않는다.

4

굴리기 집단	그들은 똥 공을 만들어 똥 더미로부터 떨어진 곳에 1)묻어 둔다.
굴 파기 집단	그들은 똥 더미 아래를 2)파서 그 아래에 똥을 묻어 둔다.
거주 집단	그들은 똥 더미에서 3)산다.

5 두정안이 먹이를 찾는 데 쓰이는지에 대해서는 언급되지 않았으므로, 정답은 ⑤ '그들이 두정안을 먹이를 찾는 데 쓰는가?'이다.

① 그들은 몇 개의 눈을 가지고 있는가? (2번째 줄에서 언급됨)

② 두정안은 어떤 기능을 하는가? (5번째 줄에서 언급됨)

③ 두정안은 어디에 위치하는가? (2번째 줄에서 언급됨)

④ 어떤 동물이 그들의 천적인가? (6~7번째 줄에서 언급됨)

6 fully formed는 '완전히 형성된'의 의미이므로 '완전히 성장한, 발달된'이라는 뜻의 ② mature가 의미상 가장 유사하다.

① 부러진 ③ 없어진 ④ 느린 ⑤ 빈

7 (A) 범고래들이 고래상어와 충돌했기 때문에 고래상어가 '깜짝 놀라' 뒤집힌다는 내용이 자연스러우므로 startled가 적절하다. calm은 '차분한'의 의미이다.

(B) 범고래들은 다음 식사가 언제일지 불확실하기 때문에 가장 영양분이 많은 부분을 '우선시해서' 먹는다는 내용이 자연스러우므로 prioritize가 적절하다. skip은 '거르다, 빼먹다'의 의미이다.

(C) 범고래들이 거대한 고래상어를 사냥하는 방법으로 볼 때 범고래들이 '놀라운' 지능을 가지고 있다는 내용이 자연스러우므로 remarkable이 적절하다. ordinary는 '평범한'의 의미이다.

Arts & Entertainment

정답 1 ④ **2** what other people think about the movie **3** ② **4** ⓐ considered 본책 pp. 68-69
ⓑ seeing **5** ④

문제 해설

1 비평가들의 리뷰를 바탕으로 영화에 지수를 부여하여 정보를 제공하는 한 웹사이트에 대한 글이므로, 제목으로는 ④ '영화 선택을 위한 독특한 웹사이트'가 알맞다.

① 영화 리뷰 웹사이트의 흥망성쇠

② 영화 평론의 역사

③ 왜 평가 웹사이트가 숫자가 아닌 음식을 사용하는가

⑤ 어떻게 토마토가 독특한 측정 도구가 되었는가

2 find out의 목적어 역할을 하는 간접 의문문이 되도록 「의문사+주어+동사」의 어순으로 배열한다.

3 빈칸 뒤 마지막 문장에서 토마토미터 지수를 이용해 끔찍한 영화를 보는 것을 피할 수 있다는 내용을 통해, 형편없는 공연을 볼 때 썩은 토마토를 던졌다는 것을 추측할 수 있으므로, 빈칸에는 ② '형편없는'이 들어가는 것이 가장 적절하다.

① 너무 긴 ③ 만족스러운 ④ 놀라운 ⑤ 유명한

4 ⓐ 문장의 주어인 it은 리뷰 중 60% 미만이 긍정적인 영화를 가리키고, 문맥상 이것이 나쁜 영화로 '간주된다'는 내용이 되어야 하므로 수동태인 considered가 적절하다.

ⓑ avoid는 목적어로 동명사를 취하므로, seeing이 되어야 한다.

5 문장 ⑦과 ⑧에서 좋은 영화는 신선한 빨간 토마토로 표시된다고 했고, 문장 ④와 ⑤에서 로튼 토마토는 비평가 수백 명의 의견을 모으고, 긍정적인 리뷰의 비율을 바탕으로 영화에 점수를 부여한다고 했으므로, 글을 바르게 이해한 사람은 은하, 지연이다.

① Before watching a movie, / you might wonder / if it is going to be good or not. / ② So you check many
　영화를 보기 전에　　　　　　　당신은 궁금해할 것이다　　　　영화가 좋을지 아닐지를　　　　　　그래서 당신은 많은 자료를

sources / to find out / what other people think about the movie. / ③ Rotten Tomatoes, / an American
확인한다　　알아내기 위해　　다른 사람들이 그 영화에 관해 어떻게 생각하는지　　　　로튼 토마토는　　　　　미국의

review website, / is one source / that collects other people's opinions / in a unique way. /
리뷰 웹사이트로　　하나의 자료이다　　　다른 사람들의 의견을 모으는　　　　　독특한 방식으로

④ Rotten Tomatoes gathers the opinions of hundreds of critics / and divides those opinions / into positive
　로튼 토마토는 비평가 수백 명의 의견을 모은다　　　　　　　　그리고 그 의견들을 나눈다　　　긍정적인 리뷰와

and negative reviews. / ⑤ It then gives each movie a score / based on the percentage of positive reviews /
부정적인 리뷰로　　　　그런 다음 그것은 각 영화에 점수를 부여한다　　　　긍정적인 리뷰의 비율을 바탕으로

it received. / ⑥ They call this the Tomatometer score. / ⑦ A good movie's Tomatometer score is / 60%
영화가 받은　　　　그들은 이것을 토마토미터 지수라고 부른다　　　　좋은 영화의 토마토미터 지수는　　　60%

or above. / ⑧ And it is marked with a fresh red tomato. / ⑨ When less than 60% of a movie's reviews are
이상이다　　　그리고 그것은 신선한 빨간 토마토로 표시된다　　　영화의 리뷰 중 60% 미만이 긍정적인 경우에는

positive, / it is considered bad. / ⑩ And it is marked with a rotten green tomato. /
　　　나쁜 영화로 간주된다　　　그리고 그것은 썩은 녹색 토마토로 표시된다

⑪ Why do they use tomatoes? / ⑫ In the past, / angry audience members would throw rotten tomatoes at
　왜 그들은 토마토를 사용하는가?　　　과거에　　화가 난 관중들은 연기자들에게 썩은 토마토를 던지곤 했다

performers / during terrible stage shows. / ⑬ So try using the website / to choose a movie with a fresh red
형편없는 무대 공연 중에　　　따라서 그 웹사이트를 한번 이용해 봐라　　신선한 빨간 토마토가 있는 영화를 선택하려면

tomato. / ⑭ With the help of the Tomatometer score, / you can avoid seeing an awful movie. /
　　　토마토미터 지수의 도움으로　　　　당신은 끔찍한 영화를 보는 것을 피할 수 있다

본문 해석

　　　영화를 보기 전에, 당신은 영화가 좋을지 아닐지를 궁금해할 것이다. 그래서 다른 사람들이 그 영화에 관해 어떻게 생각하는지 알아내기 위해 당신은 많은 자료를 확인한다. 로튼 토마토는, 미국의 리뷰 웹사이트로, 다른 사람들의 의견을 독특한 방식으로 모으는 하나의 자료이다.

　　　로튼 토마토는 비평가 수백 명의 의견을 모아서 그 의견들을 긍정적인 리뷰와 부정적인 리뷰로 나눈다. 그런 다음 영화가 받은 긍정적인 리뷰의 비율을 바탕으로 각 영화에 점수를 부여한다. 그들은 이것을 토마토미터 지수라고 부른다. 좋은 영화의 토마토미터 지수는 60% 이상이다. 그리고 그것은 신선한 빨간 토마토로 표시된다. 영화의 리뷰 중 60% 미만이 긍정적인 경우에는, 나쁜 영화로 간주된다. 그리고 그것은 썩은 녹색 토마토로 표시된다.

　　　왜 그들은 토마토를 사용하는가? 과거에, 화가 난 관중들은 형편없는 무대 공연 중에 연기자들에게 썩은 토마토를 던지곤 했다. 따라서 신선한 빨간 토마토가 있는 영화를 선택하려면 그 웹사이트를 한번 이용해 봐라. 토마토미터 지수의 도움으로, 당신은 끔찍한 영화를 보는 것을 피할 수 있다.

구문 해설

① [Before watching a movie], you might wonder **if** it is going to be good **or not**.
→ [ ]는 「전치사＋동명사구」의 형태이다. 또는 〈시간〉을 나타내는 분사구문으로, 의미를 명확하게 하기 위해 접속사를 생략하지 않은 것으로 볼 수도 있다.
→ if … or not: ~인지 아닌지

② So you check many sources **to find out** [what other people think about the movie].
→ to find out은 〈목적〉을 나타내는 부사적 용법의 to부정사이다.
→ [ ]는 find out의 목적어가 되는 간접 의문문으로 「의문사＋주어＋동사」의 어순이다.

⑤ It then **gives each movie a score** based on the percentage of positive reviews [(that[which]) it received].
→ give는 간접 목적어(each movie)와 직접 목적어(a score)를 취하는 4형식 동사이다.
→ [ ]는 선행사 positive reviews를 수식하는 목적격 관계대명사절로, 관계대명사 that[which]가 생략되었다.

⑨ When less than 60% of a movie's reviews are positive, **it is considered bad**.
→ it is considered bad는 5형식 문장 people consider it bad의 수동형으로, 5형식 문장의 목적격 보어 bad가 수동태 뒤에 그대로 쓰인다.

⑬ So **try using** the website *to choose* a movie with a fresh red tomato.

→ try v-ing: 시험 삼아 ~하다 *cf.* try to-v: ~하려고 애쓰다

→ to choose는 〈목적〉을 나타내는 부사적 용법의 to부정사이다.

 **2** 정답 **1** ③ **2** ⑤ **3** ⓐ has won ⓑ entertaining **4** expose, spread

본책 pp. 70-71

문제 해설

1 엘파바는 서쪽의 나쁜 마녀가 된다고 했으므로 ③은 글의 내용과 일치하지 않는다.

2 주어진 문장의 him은 the Wizard이므로 이 인물이 언급된 이후에 들어가야 하며, 그의 말을 듣고 그녀를 서쪽의 나쁜 마녀로 부른다고 했으므로 마법사가 그녀에 관한 나쁜 소문을 퍼뜨린다는 내용 다음인 ⑤에 들어가는 것이 가장 적절하다.

3 ⓐ '지금까지'라는 뜻의 so far가 함께 쓰인 것으로 볼 때 과거에 시작된 일이 현재까지 계속되고 있음을 나타내므로 현재완료인 has won으로 써야 한다.

　ⓑ 이야기는 '흥미로운' 감정을 유발하는 주체이므로 능동의 의미인 현재분사 entertaining이 되어야 한다.

4 | 보기 | 퍼뜨리다　감추다　폭로하다　묵살하다　무시하다 |

엘파바는 마법사가 사악하다는 것을 발견하고 그를 <u>폭로하려고</u> 한다. 자신을 보호하기 위해 마법사는 그녀가 '사악한 마녀'라는 소문을 <u>퍼뜨리기로</u> 결심한다.

본문

직독 직해

WICKED
「위키드」

① Do you think / you know the whole story about *The Wizard of Oz*? / ② Think again! /
당신은 생각하는가　　　당신이 「오즈의 마법사」에 관한 이야기를 전부 안다고　　　다시 생각해 보라

Introduction
소개

③ One of the best musicals of all time, / *Wicked*, has been amazing audiences / since opening in 2003. /
역대 최고 뮤지컬 중 하나인　　　「위키드」는 관객들을 놀라게 해오고 있다　　　2003년 초연 이후로

④ It tells the story of the two witches / from the famous movie *The Wizard of Oz*. / ⑤ *Wicked* has won many
그것은 두 마녀의 이야기를 말해 준다　　　유명한 영화 「오즈의 마법사」에 나오는　　　「위키드」는 지금까지 많은

awards so far, / including a Grammy Award and several Tony Awards. /
상을 받았다　　　그래미 상과 몇몇 토니 상을 포함해서

Summary
요약

⑥ *Wicked* is about the relationship / between Elphaba and Glinda. / ⑦ The green-skinned Elphaba
「위키드」는 관계에 관한 것이다　　　엘파바와 글린다 사이의　　　초록색 피부의 엘파바는

becomes the Wicked Witch of the West, / and the pretty Glinda becomes the Good Witch of the North. /
서쪽의 나쁜 마녀가 되고　　　예쁜 글란다는 북쪽의 착한 마녀가 된다

⑧ The two first meet at university / and dislike each other. / ⑨ But they eventually become friends. /
그 둘은 대학에서 처음 만난다　　　그리고 서로를 싫어한다　　　그러나 그들은 결국 친구가 된다

⑩ One day / they visit the ruler of Oz, the Wizard. / ⑪ Elphaba discovers / he is an evil man and not a good
어느 날　　　그들은 오즈의 통치자인 마법사를 찾아간다　　　엘파바는 알게 된다　　　그가 사악한 사람이며 좋은 통치자가 아니라는 것을

ruler. / ⑫ Scared of her revealing his secret, / the Wizard tells everyone / that Elphaba is a "wicked witch." /
그녀가 자신의 비밀을 폭로할까봐 두려워서　　　마법사는 모두에게 말한다　　　엘파바가 '나쁜 마녀'라고

⑬ <u>The people of Oz listen to him</u> / and call her the Wicked Witch of the West. / ⑭ *Wicked*'s entertaining
오즈의 사람들은 그의 말을 듣는다　　　그리고 그녀를 서쪽의 나쁜 마녀라고 부른다　　　「위키드」의 흥미로운

story includes / references to some well-known scenes / from the movie *The Wizard of Oz*. /
이야기는 포함한다　　　유명한 몇몇 장면들의 인용을　　　영화 「오즈의 마법사」에서 나오는

⑮ **Price** $104 ~ $284 /
가격　104~284달러

⑯ **Location** The Gershwin Theatre in New York /
장소　　　뉴욕 거슈윈 극장

본문 해석　　　「위키드」

당신은 「오즈의 마법사」에 관한 이야기 전부를 안다고 생각하는가? 다시 생각해 보라!

소개

역대 최고 뮤지컬 중 하나인 「위키드」는 2003년 초연 이후로 관객들을 놀라게 해오고 있다. 그것은 유명한 영화 「오즈의 마법사」에 나오는 두 마녀의 이야기를 말해 준다. 「위키드」는 지금까지 그래미 상과 몇몇 토니 상을 포함해서 많은 상을 받았다.

줄거리

「위키드」는 엘파바와 글린다 간의 관계에 관한 것이다. 초록색 피부의 엘파바는 서쪽의 나쁜 마녀가 되고, 예쁜 글린다는 북쪽의 착한 마녀가 된다. 그 둘은 대학에서 처음 만나고 서로를 싫어한다. 그러나 그들은 결국 친구가 된다. 어느 날, 그들은 오즈의 통치자인 마법사를 찾아간다. 엘파바는 그가 사악한 사람이며 좋은 통치자가 아니라는 것을 알게 된다. 그녀가 자신의 비밀을 폭로할까 봐 두려워서 마법사는 모두에게 엘파바가 '나쁜 마녀'라고 말한다. <u>오즈의 사람들은 그의 말을 듣고 그녀를 서쪽의 나쁜 마녀라고 부른다.</u> 「위키드」의 흥미로운 이야기는 영화 「오즈의 마법사」에 나오는 유명한 몇몇 장면들의 인용을 포함한다.

가격 104~284달러

장소 뉴욕 거슈윈 극장

상연 시간 2시간 45분 (15분 중간 휴식 시간 추가)

어린이 규정 모든 어린이는 입장권이 필요합니다. 5세 미만 어린이는 입장할 수 없습니다.

구문 해설　　　③　…, *Wicked*, **has been amazing** audiences since opening in 2003.

→ has been amazing은 과거에 시작된 일이 현재에도 진행 중임을 나타내는 현재완료 진행형이다.

⑧　The two first **meet** at university and **dislike** *each other*.

→ meet과 dislike는 and에 의해 연결된 병렬 구조이다.

→ each other: (주로 둘 사이에) 서로서로 *cf.* one another: (주로 셋 이상일 때) 서로서로

⑪　Elphaba discovers [(that) he is an evil man and not a good ruler].

→ [ ]는 동사 discovers의 목적어로 쓰인 명사절로, 명사절을 이끄는 접속사 that이 생략됐다.

⑫　[(Being) Scared **of her revealing** his secret], the Wizard *tells everyone that Elphaba is a "wicked witch."*

→ [ ]는 〈이유〉를 나타내는 분사구문으로 Scared 앞에 Being이 생략되어 있다.

→ 전치사 of의 목적어로 동명사 revealing이 쓰였으며 her는 동명사의 의미상의 주어이다.

→ tells 이하는 「tell+간접 목적어+직접 목적어」의 구조로 '~에게 …라고 말하다'의 의미이며, 간접 목적어로 everyone, 직접 목적어로 접속사 that이 이끄는 명사절이 쓰였다.

⑬　The people of Oz **listen to** him and *call* her the Wicked Witch of the West.

→ listen to와 call은 and에 의해 연결된 병렬 구조이다.

→ call+목적어+목적격 보어(명사): ~을 …라고 부르다

문제 해설

1 잭슨 폴락의 드리핑 기법을 소개하고 그것을 따라할 수 있는 방법을 설명하는 글이므로, 제목으로는 ① '유명한 화가처럼 그리기'가 알맞다.

② 캔버스 각도의 중요성   ③ 초보자에게 추상 미술 가르치기

④ 한 천재의 새로운 화법   ⑤ 그리기의 복잡한 과정

2 앞 문장에서 그림을 그리고 있을 때 너무 많이 생각하지 않도록 하라고 했고, 뒤 문장에서 긴장을 풀고 본능에 따르라고 했다. 따라서, 폴락은 '무의식적인' 감정을 표현할 수 있다고 믿었다는 것이 문맥상 자연스러우므로 ⓔ conscious(의식적인)를 unconscious(무의식적인)와 같은 어휘로 바꿔야 한다.

3 (A) 〈동시동작〉을 나타내는 분사구문으로, 분사의 의미상의 주어 anyone과 분사가 능동 관계이므로 현재분사 using이 알맞다.

(B) cause는 목적격 보어로 to부정사를 취하므로 to drip이 적절하다.

(C) 전치사 by의 목적어가 필요한데 관계사절의 수식을 받는 선행사가 없으므로 선행사를 포함하는 관계대명사 what이 이끄는 명사절이 오는 것이 알맞다.

4

> 물감과 그림 붓, 캔버스, 그리고 커다란 <u>천</u>을 준비하라.
> ⇩
> <u>배경</u>을 위한 색을 고르고 캔버스 전체를 칠하라.
> ⇩
> 붓에 다른 색을 묻혀 그것을 캔버스 위로 <u>흔들어라</u>.
> ⇩
> 물감이 마를 때까지 기다린 다음, 원하는 만큼 이 과정을 <u>반복</u>하라.

본문
직독 직해

① The American painter Jackson Pollock / was one of the greatest abstract artists of the 20th century. /
미국의 화가 잭슨 폴락은 / 20세기의 가장 위대한 추상파 화가들 중 한 명이었다

② He is known for his unique style of painting, / which is called the drip technique. / ③ Unlike most
그는 그의 독특한 화법으로 알려져 있는데 / 그것은 드리핑 기법이라고 불린다 / 대부분의

painters, / Pollock laid his canvases flat / on the floor, / then dripped paint onto them / in interesting
화가들과 달리 / 폴락은 캔버스를 평평하게 놓았다 / 바닥에 / 그러고나서 물감을 그 위에 떨어뜨렸다 / 흥미로운

patterns. /
모양으로

④ Pollock was a genius, / but anyone can paint / using his style. / ⑤ To get started, / you'll need several
폴락은 천재였다 / 하지만 누구도 그릴 수 있다 / 그의 방식을 이용하여 / 시작하기 위해서 / 당신은 몇 가지 색의

colors of paint, some paintbrushes, a canvas, / and a large cloth to protect your floor. / ⑥ Next, / choose
물감과 그림 붓, 캔버스가 필요할 것이다 / 그리고 당신의 바닥을 보호할 커다란 천이 / 다음으로 /

a place to paint. / ⑦ You'll need enough space / to lay your canvas down / and move around it. / ⑧ Once
그림을 그릴 장소를 골라라 / 당신은 충분한 공간이 필요할 것이다 / 당신의 캔버스를 놓고 / 그 주위를 돌아다닐 /

you're ready, / pick a color for the background of your painting / and use it to cover your canvas. / ⑨ After
당신이 준비가 되면 / 그림의 배경을 위한 색을 하나 골라 / 그리고 당신의 캔버스를 칠하는 데 그것을 사용하라 / 그것이

it dries, / dip one of your brushes / in another color / and wave it over the canvas. / ⑩ This will cause the
마르고 난 후에는 / 붓 중 하나를 담가라 / 다른 색에 / 그리고 그것을 캔버스 위로 흔들어라 / 이것은 물감이 모양을 만들며

paint to drip in patterns. / ⑪ You can also use plastic squeeze bottles / to do this— / the kind restaurants
떨어지게 할 것이다 / 당신은 짜서 쓰는 플라스틱 용기를 사용할 수도 있다 / 이것을 하기 위해 / 음식점에서

use for ketchup and other sauces. / ⑫ Once the paint dries, / repeat the process over and over / until
케첩이나 다른 소스를 위해 사용하는 종류인 / 물감이 마르고 나면 / 이 과정을 계속해서 반복하라 /

you're satisfied. /
당신이 만족할 때까지

⑬ When you're painting, / try not to think too much / about what you're doing. / ⑭ Pollock believed / that
당신이 그림을 그리고 있을 때   너무 많이 생각하지 않도록 하라   당신이 하고 있는 것에 대해   폴락은 믿었다

you can express your unconscious feelings / using this style. / ⑮ So relax and follow your instincts; / you
당신이 무의식적인 감정을 표현할 수 있다고   이 기법을 사용해서   그러니 긴장을 풀고 당신의 본능을 따르라

may be surprised by / what you create. /
당신은 놀랄지도 모른다   당신이 만들어 낸 것에

본문 해석

미국인 화가 잭슨 폴락은 20세기의 가장 위대한 추상파 화가들 중 한 명이었다. 그는 그의 독특한 화법으로 알려져 있는데, 그것은 드리핑 기법이라고 불린다. 대부분의 화가들과 달리, 폴락은 캔버스를 바닥에 평평하게 놓았고, 그러고 나서 흥미로운 모양으로 물감을 그 위에 떨어뜨렸다.

폴락은 천재였지만, 누구나 그의 방식을 이용해 그림을 그릴 수 있다. (그림 그리는 것을) 시작하기 위해서, 몇 가지 색의 물감과 그림 붓, 캔버스, 그리고 바닥을 보호할 커다란 천이 필요할 것이다. 다음으로, 그림을 그릴 장소를 골라라. 캔버스를 놓고 그 주위로 돌아다닐 충분한 공간이 필요할 것이다. 준비가 되면, 그림의 배경을 위한 색을 하나 고르고 캔버스를 칠하는 데 그것을 사용하라. 마르고 난 후에는, 붓 중 하나를 다른 색에 담갔다가 그것을 캔버스 위로 흔들어라. 이것은 물감이 모양을 만들며 떨어지게 할 것이다. 이것을 하기 위해, 음식점에서 케첩이나 다른 소스를 위해 사용하는 종류인, 짜서 쓰는 플라스틱 용기를 사용할 수도 있다. 물감이 마르고 나면, 만족할 때까지 이 과정을 계속해서 반복하라.

그림을 그리고 있을 때, 하고 있는 것에 대해 너무 많이 생각하지 않도록 하라. 폴락은 이 기법을 사용해서 무의식적인(←의식적인) 감정을 표현할 수 있다고 믿었다. 그러니 긴장을 풀고 당신의 본능을 따르라. 당신은 당신이 만들어 낸 것에 놀랄지도 모른다.

구문 해설

② He **is known for** his unique style of painting, [which is called the drip technique].

→ be known for: ~으로 알려져 있다

→ [ ]는 선행사 his unique style of painting을 부연 설명하는 계속적 용법의 주격 관계대명사절이다.

⑤ [To get started], you'll need several colors of paint, …, and a large cloth [to protect your floor].

→ 첫 번째 [ ]는 〈목적〉을 나타내는 부사적 용법의 to부정사구이다.

→ 두 번째 [ ]는 a large cloth를 수식하는 형용사적 용법의 to부정사구이다.

⑪ … the kind [(that[which]) restaurants use for ketchup and other sauces].

→ [ ]는 선행사 the kind를 수식하는 목적격 관계대명사절로, 관계대명사 that[which]가 생략됐다.

⑬ When you're painting, try **not to think** too much about *what* you're doing.

→ to부정사의 부정은 부정어 not을 to부정사 앞에 써서 나타낸다.

→ what은 선행사를 포함하는 관계대명사로 전치사 about의 목적어 역할을 하는 명사절을 이끈다.

⑭ Pollock believed [that you can express your unconscious feelings {using this style}].

→ [ ]는 접속사 that이 이끄는 명사절로 동사 believed의 목적어 역할을 한다.

→ { }는 〈동시동작〉을 나타내는 분사구문으로, 분사구문의 의미상 주어인 you와 분사가 능동 관계이므로 현재분사 using을 사용하였다.

⑮ …; you may be **surprised** by [what you create].

→ you는 '놀란' 감정을 느끼는 주체이므로 수동의 의미인 과거분사 surprised를 사용하였다.

→ [ ]는 선행사를 포함하는 관계사절로 문장 전체에서는 전치사 by의 목적어이며, 이때 what은 관계사절 안에서 동사 create의 목적어 역할을 한다.

문제 해설

1 피카소가 두 사물을 결합하여 *Tête de taureau*와 같은 예술 형태를 만들어낸 과정을 설명하는 도중에, 피카소가 아프리카 미술에 관심을 가졌다는 문장 (c)는 글의 흐름과 맞지 않는다.

오답 풀이

① 피카소가 녹슨 핸들과 낡은 자전거 안장을 보고 황소 머리 모양으로 재구성할 아이디어를 떠오르자 두 사물을 결합했다는 내용이므로, 글의 흐름이 자연스럽다.

② 피카소가 두 사물을 결합한 형태를 *Tête de taureau*라고 불렀다는 내용이므로, 글의 흐름이 자연스럽다.

④ *Tête de taureau*와 같은 예술 형태가 20세기 초 이후부터 존재해 왔다는 내용이므로, 글의 흐름이 자연스럽다.

⑤ *Tête de taureau*와 같은 예술 형태를 '파운드 아트'라고 한다는 내용이므로, 글의 흐름이 자연스럽다.

2 피카소가 기존의 사물들을 재구성하여 예술 작품으로 만든 일화를 통해 파운드 아트(found art)를 설명하는 글이므로, 제목으로는 ⑤ '평범한 사물을 예술로 변형하기'가 알맞다.

① 예술품으로서의 동물들　　　　② 한 예술적 천재의 생애

③ 누가 걸작을 버렸는가?　　　　④ 피카소의 독특한 화법

3 아름다움을 '만들어 내는' 대부분의 예술과 대비되는 표현으로, 기존의 사물에서 아름다움을 '보는 것'이 파운드 아트라고 하는 것이 문맥상 적절하므로, 빈칸에는 ② '보는 것'이 들어가는 것이 가장 적절하다.

① 감추는 것　　③ 채색하는 것　　④ 설명하는 것　　⑤ 파괴하는 것

4 문맥상 '나도 할 수 있었겠다.'라고 생각할지도 모른다는 것이므로, '~할 수도 있었다'의 의미인 「could have p.p.」가 되어야 한다. 「must have p.p.」는 '~했음에 틀림없다'의 의미이다.

5 그것은 낡은 자전거 안장과 녹슨 핸들을 가리킨다.

본문
직독 직해

① In 1942, / Pablo Picasso was looking through / a pile of junk. / ② He saw an old bicycle seat / lying next
1942년에　　　파블로 피카소는 살펴보고 있었다　　쓰레기 더미를　　　그는 낡은 자전거 안장을 보았다

to some rusty handlebars. / ③ Suddenly, / he imagined them / rearranged in the shape of a bull's head. /
녹슨 핸들 옆에 놓인　　　갑자기　　　그는 그것들을 상상했다　　　황소 머리 모양으로 재구성 된

④ Once the idea came to him, / all he had to do was / join the two objects together. / ⑤ He called it *Tête de*
일단 그에게 아이디어가 떠오르자　　그가 해야 할 일은　　그 두 사물을 결합하는 것뿐이었다　　그는 그것을 *Tête de*

taureau, / which simply means "bull's head" / in French. / ⑥ (Picasso was deeply interested in African art,
*taureau*라고 불렀다　이는 단순히 '황소의 머리'를 의미한다　프랑스어로　　　피카소는 아프리카 미술에 깊은 관심을 가졌다

and its bold shapes and abstract forms / influenced many of his works.) / ⑦ It might sound strange, / but
그리고 그 강렬한 형태와 추상적인 형식이　　　그의 많은 작품에 영향을 미쳤다　　　이상하게 들릴지도 모르겠지만

this type of art has been around / since the early 20th century. / ⑧ It's called "found art." / ⑨ While most
이런 형태의 예술은 존재해 왔다　　　20세기 초 이후로　　　그것은 '파운드 아트'라고 불린다　　대부분의 예술이

art is about making beauty, / found art is about seeing the beauty / in existing objects. / ⑩ Looking at *Tête*
아름다움을 만들어 내는 것에 관한 것인 반면　파운드 아트는 아름다움을 보는 것에 관한 것이다　기존의 사물들에서　　*Tête de taureau*를

de taureau, / you might think, / "That's simple! / I could have done that." / ⑪ But here's the point— / you
보면　　　당신은 생각할지도 모른다　간단하군!　　　저건 나도 할 수 있었겠어　　　그러나 요점은 바로 여기이다　당신은

didn't! / ⑫ Picasso was the only person / who saw the possibility of a bull's head / in a couple of pieces of
하지 않았다　　　피카소는 유일한 사람이었다　　　황소의 머리가 될 가능성을 본　　　몇 개의 쓰레기에서

junk. / ⑬ This imaginative creativity is / what makes *Tête de taureau* such a special work of art. /
　　　이 상상력으로 풍부한 창의력은　　　*Tête de taureau*를 아주 특별한 예술 작품으로 만드는 것이다

본문 해석　　　1942년에, 파블로 피카소는 쓰레기 더미를 살펴보고 있었다. 그는 녹슨 핸들 옆에 놓인 낡은 자전거 안장을 보았다. 갑자기, 그는 그것들이 황소 머리 모양으로 재구성된 것을 상상했다. 일단 그에게 아이디어가 떠오르자, 그가 해야 할 일은 그 두 사물을 결합하는 것뿐이었다. 그는 그것을 *Tête de taureau*라고 불렀는데, 이는 단순히 프랑스어로 '황소의 머리' 를 의미한다. (피카소는 아프리카 미술에 깊은 관심을 가졌으며, 그 강렬한 형태와 추상적인 형식이 그의 많은 작품에 영향

을 미쳤다.) 이상하게 들릴지도 모르지만, 이런 예술 형태는 20세기 초 이후로 존재해 왔다. 그것은 '파운드 아트'라고 불린다. 대부분의 예술이 아름다움을 만들어 내는 것에 관한 것인 반면, 파운드 아트는 기존의 사물들에서 아름다움을 보는 것에 관한 것이다. *Tête de taureau*를 보면, 당신은 '간단하군! 저건 나도 할 수 있었겠어.'라고 생각할지도 모른다. 그러나 요점은 바로, 당신은 하지 않았다는 것이다! 피카소는 몇 개의 쓰레기에서 황소 머리가 될 가능성을 본 유일한 사람이었다. 이 상상력으로 풍부한 창의력은 *Tête de taureau*를 아주 특별한 예술 작품으로 만드는 것이다.

구문 해설

② He saw an old bicycle seat [lying next to some rusty handlebars].
  → [ ]는 an old bicycle seat를 수식하는 현재분사구이다.

③ Suddenly, he **imagined them rearranged** in the shape of a bull's head.
  → 동사 imagined의 목적어와 목적격 보어가 수동 관계이므로, 목적격 보어로 과거분사 rearranged가 쓰였다.

④ ..., all [(that) he had to do] was (to) *join* the two objects together.
  → [ ]는 선행사 all을 수식하는 목적격 관계대명사절로, 관계대명사 that이 생략되었다. all이 선행사로 사용되는 경우 주로 관계대명사 that이 사용된다.
  → (to) join은 주격 보어로 쓰인 to부정사이다. be동사 앞의 주어 부분이 do를 포함하는 경우, 주격 보어로 쓰인 to부정사에서 to가 흔히 생략된다.

⑤ He **called it** *Tête de taureau*, [which simply means "bull's head" in French].
  → call + 목적어 + 목적격 보어(명사): ~을 …라고 부르다
  → [ ]는 선행사 *Tête de taureau*를 부연 설명하는 계속적 용법의 주격 관계대명사절이다.

⑦ It might **sound strange**, but this type of art *has been* around since the early 20th century.
  → sound + 형용사: ~하게 들리다
  → has been은 〈계속〉을 나타내는 현재완료이다.

⑬ This imaginative creativity is **what** *makes Tête de taureau such a special work of art*.
  → what은 선행사를 포함한 관계대명사로 문장에서 보어 역할을 하는 명사절을 이끈다.
  → make + 목적어 + 목적격 보어(명사구): ~을 …로 만들다

REVIEW TEST SECTION 06 정답 **1** ④ **2** 1) ④ 2) ① **3** ③ **4** ⓐ Rotten Tomatoes ⓑ each movie **5** ④   본책 pp. 76-77
6 (Being) Scared of her revealing his secret **7** ④

문제 해설

1 ① 쓰레기: 쓸모없다고 여겨지는 것
   ② 드러내다: 비밀인 무언가가 다른 사람에게 알려지게 하다
   ③ 재구성하다, 재배열하다: 사물이 정리되거나 정렬되는 방식을 바꾸다
   ④ 의식적인: 주변 환경을 인식하거나 반응하지 않는
   ⑤ (몹시) 놀라게 하다: 누군가를 몹시 놀라게 하다

2 1) 고객들이 만족하지 않는다면, 저는 메뉴를 바꿀 것입니다.
   ① 영향받다   ② 미뤄지다   ③ 의도되다   ⑤ 복잡한
   2) 콘서트에 너무 늦게 오면 당신은 중간 휴식시간이 시작될 때까지 기다려야 합니다.
   ② 오케스트라   ③ 의식   ④ 부분   ⑤ 모임

3 토마토미터 지수는 긍정적인 리뷰의 비율로 산정된다고 했으므로 ③은 글의 내용과 일치하지 않는다.

4 로튼 토마토는 비평가의 의견을 긍정적인 리뷰와 부정적인 리뷰로 나누고 각 영화가 받은 긍정적인 리뷰의 비율을 바탕으로 그 영화에 지수를 부여하므로 ⓐ가 가리키는 것은 Rotten Tomatoes, ⓑ가 가리키는 것은 each movie이다.

5 마법사는 엘파바가 자신의 비밀을 폭로할까 봐 두려워서 엘파바를 '나쁜 마녀'라고 말하고, 오즈의 사람들은 통치의 말을 듣고 엘파바를 서쪽의 나쁜 마녀라고 부른다고 했으므로, 뮤지컬 「위키드」의 교훈으로는 ④가 적절하다.

6 먼저 접속사 As를 생략하고, 부사절의 주어(he)와 주절(the Wizard)의 주어가 같으므로 부사절의 주어를 생략한다. is는 being으로 바꾸고 그 being은 생략 가능하므로 (Being) Scared of her revealing his secret으로 쓴다.

7 주어진 문장은 마르고 난 후에는, 붓 중 하나를 다른 색에 담갔다가 그것을 캔버스 위로 흔들라는 내용으로, 주어진 문장의 it이 가리키는 대상인 a color for the background of your painting(그림의 배경이 되는 색)을 캔버스에 칠하는 데 사용하라는 문장 뒤인 ④에 들어가는 것이 적절하다.

 History

 **SECTION 07** **정답 1** ② **2** ③ **3** ③ **4** fight, believe, powerful   본책 pp. 80-81

문제 해설 **1** get the better of는 '~을 이기다, 능가하다'의 뜻이므로 '~을 패배시키다'의 의미인 ② defeat으로 바꿔 쓸 수 있다.
① 모방하다   ③ 감명을 주다   ④ 반응하다   ⑤ 발견하다

2 빈칸 뒤에 미국의 고스트 아미가 적들을 속이기 위해 펼친 특수 작전의 구체적인 내용이 열거되므로, 빈칸에는 ③ '특수 효과로 적을 속였다'가 들어가는 것이 가장 적절하다.
① 미군을 속이기 위해 기만적인 물건을 만들었다   ② 전쟁에 관한 가짜 보도 기사를 썼다
④ 적을 혼란시키기 위해 가짜 전장을 만들었다   ⑤ 실제 군인들을 전장에서 이동시켰다

3 적이 고스트 아미에 어떻게 대응했는지에 대한 내용은 글에 언급되지 않으므로, 정답은 ③ '적은 고스트 아미에 어떻게 대응했는가?'이다.
① 고스트 아미는 언제 작전을 벌였는가? (문장 ①에서 언급됨)
② 고스트 아미에는 어떤 사람들이 참여했는가? (문장 ③에서 언급됨)
④ 고스트 아미는 어떤 전략을 사용했는가? (문장 ⑤~⑪에서 언급됨)
⑤ 고스트 아미는 언제 대중에게 공개되었는가? (문장 ⑬에서 언급됨)

4 고스트 아미가 한 일은 싸우는 것이 아니라, 미군 부대가 실제보다 더 크고 더 강력하다는 것을 적들이 믿게 하는 것이었다.

본문
직독 직해
① Did you know / that a ghost army existed / in Europe / during WWII? / ② The Ghost Army was a special
당신은 알고 있었는가   유령 부대가 존재 했다는 것을   유럽에   제2차 세계대전 중에   고스트 아미는 특수 부대이다
unit / that America created / to get the better of the Nazi army. / ③ The Ghost Army was actually made up
미국이 만든   나치 부대를 이기기 위해   고스트 아미는 실제로 1,100명의 남성으로 구성되었다
of 1100 men, / who were artists, sound specialists, and radio experts. / ④ Their purpose was not to fight.
그들은 예술가, 음향 전문가 및 전파 전문가였다   그들의 목적은 싸우는 것이 아니었다
⑤ Instead, / the Ghost Army's mission was / to fool the enemy / so that they would believe / that America
대신에   고스트 아미의 임무는   적들을 속이는 것이었다   그들이 믿도록

46

had a larger and more powerful army / than it really had. / ⑥ To accomplish this, / they deceived the
미국이 더 강력한 부대를 가지고 있다고   실제로 가진 것보다   이것을 달성하기 위해   그들은 적을 속였다

enemy / with special effects. / ⑦ Artists made fake tanks / out of painted rubber. / ⑧ They were inflatables,
특수효과로   예술가들은 가짜 탱크를 만들었다   색칠된 고무로   그것들은 부풀릴 수 있는 것이었다

so the army could set up many of them / in a few hours. / ⑨ Radio experts sent fake messages / over the
그래서 부대는 많은 가짜 탱크를 설치할 수 있었다   몇 시간 안에   전파 전문가들은 가짜 메시지를 보냈다   전파를 통해

airwaves. / ⑩ Sound specialists blasted the noises of vehicles and soldiers / out of powerful speakers. /
소리 전문가들은 차량 및 병사들의 소음이 쾅쾅 울리게 했다   강력한 스피커를 통해

⑪ The Ghost Army was often placed / near the front lines of battle / where it confused the enemy. / ⑫ The
고스트 아미는 종종 배치되었다   최전방 근처에   적을 혼란스럽게 만드는 곳에

members of the Ghost Army were forced / to keep their mission a secret / for national security reasons, /
고스트 아미의 구성원들은 해야 했다   그들의 미션을 비밀로 유지하는 것을   국가 보안상의 이유로

even after the war was over. / ⑬ It was not until 1996 / that the world learned of this creative mission. /
전쟁이 끝난 후에도   1996년이 되어서야 비로소   세계가 이 기발한 임무에 대해 알게 되었다

본문 해석

제2차 세계대전 중에 유령 부대가 유럽에 존재했다는 것을 알고 있었는가? 고스트 아미는 미국이 나치 부대를 이기기 위해 만든 특수 부대이다. 고스트 아미는 실제로 1,100명의 남성으로 구성되었는데, 그들은 예술가, 음향 전문가 및 전파 전문가였다. 그들의 목적은 싸우는 것이 아니었다. 대신, 고스트 아미의 임무는 미국이 실제보다 더 크고 더 강력한 부대를 가지고 있다고 적들이 믿도록 그들을 속이는 것이었다. 이것을 달성하기 위해, 그들은 특수 효과로 적을 속였다. 예술가들은 색칠된 고무로 가짜 탱크를 만들었다. 그것은 부풀릴 수 있는 것이었기 때문에, 부대는 몇 시간 내에 많은 가짜 탱크를 설치할 수 있었다. 전파 전문가들은 전파를 통해 가짜 메시지를 보냈다. 음향 전문가들은 강력한 스피커를 통해 차량 및 병사들의 소음이 쾅쾅 울리게 했다. 고스트 아미는 적을 혼란스럽게 만드는 최전방 근처에 종종 배치되었다. 고스트 아미의 구성원들은 전쟁이 끝난 후에도 국가 보안상의 이유로 그들의 임무를 비밀로 유지해야 했다. 1996년이 되어서야 비로소 세계가 이 기발한 임무에 대해 알게 되었다.

구문 해설

① Did you know [that a ghost army existed in Europe during WWII]?
→ [ ]는 동사 know의 목적어 역할을 하는 명사절이다.

② The Ghost Army was a special unit [that America created **to get** the better of the Nazi army].
→ [ ]는 선행사 a special unit을 수식하는 목적격 관계대명사절이다.
→ to get은 〈목적〉을 나타내는 부사적 용법의 to부정사이다.

③ The Ghost Army **was** actually **made up of** 1100 men, [who were artists, sound specialists, …].
→ be made up of: ~로 구성되다
→ [ ]는 선행사 1100 men을 부연 설명하는 계속적 용법의 주격 관계대명사절이다.

⑤ Instead, the Ghost Army's mission was [to fool the enemy **so that** they would believe {that America had a larger and more powerful army than it really had}].
→ [ ]는 주격 보어 역할을 하는 명사적 용법의 to부정사구이다.
→ so that+주어+동사: ~가 …하도록
→ { }는 동사 believe의 목적어 역할을 하는 명사절이다.

⑪ The Ghost Army was often placed near the front lines of battle [where it confused the enemy].
→ [ ]는 선행사 the front lines of battle을 수식하는 관계부사절이다.

⑫ The members of the Ghost Army **were forced to keep** their mission a secret for national security reasons, even *after* the war was over.
→ were forced to keep은 '~가 …하도록 강요하다'라는 의미의 「force+목적어+to-v」에서 동사 force를 수동태로 쓰고 목적격 보어인 to부정사가 뒤에 그대로 쓰인 형태이다.
→ after은 '~ 한 후에'라는 의미로 〈시간〉을 나타내는 부사절을 이끄는 접속사이다.

⑬ **It was not until** 1996 **that** the world learned of this creative mission.
→ it is[was] not until ~ that …: ~이 되어서야 비로소 …하다[했다]

문제 해설

1 보라색 염료를 생산하기 어려워서 비쌌고, 따라서 국기에 보라색이 사용되지 않았다는 내용의 글이므로, 제목으로는 ② '당신이 보라색 국기를 찾을 수 없는 이유'가 알맞다.
① 현대 깃발에서 색깔들의 의미　　　　　　　③ 왜 달팽이가 역사에서 중요한가
④ 국기 색깔에 숨겨진 이야기　　　　　　　⑤ 자연에서 가장 비싼 색깔

2 「make + 목적어 + 목적격 보어(형용사)」 구문은 '(목적어)가 ~하게 만들다'라는 뜻으로, 목적격 보어 자리에는 부사가 올 수 없고 형용사가 와야 한다. 따라서 ⓒ difficultly는 형용사 difficult가 되어야 한다.

3 (A) 달팽이를 사용해 소량의 보라색 염료만을 만들 수 있었다는 빈칸 앞의 내용과 달팽이를 사용하지 않고 인공적으로 대량의 보라색 염료를 만들 수 있게 되었다는 빈칸 뒤의 내용은 상반되므로, 역접의 연결사 However가 적절하다.
(B) 빈칸 앞뒤 내용을 보면, 값싸게 보라색 염료를 만들 수 있게 되어 보라색이 대중화되었지만, '그때쯤에는' 대부분의 국기가 이미 보라색 없이 만들어진 후였다는 내용으로 이어지는 것이 자연스러우므로 빈칸에 들어갈 말로는 by that time이 적절하다.

4 (1) 1800년대까지 보라색 염료는 달팽이로 만들어졌다. (문장 ⑤)
(2) 1856년 이전에 국기에 보라색 염료를 사용하는 것은 흔한 일이었다. → 1856년에 윌리엄 헨리 퍼킨이 인공적으로 보라색 염료를 만드는 방법을 발견하기 전까지는 국기처럼 일반적인 물건에 보라색 염료를 사용하지 않았다고 했다. (문장 ⑩)
(3) 윌리엄 헨리 퍼킨은 많은 양의 보라색 염료를 적은 비용으로 만드는 방법을 찾았다. (문장 ⑩~⑪)

5 보라색 염료가 (과거에) 매우 비쌌기 때문에 국기에서 보라색을 보는 것은 흔하지 않다.

본문 직독 직해

① Bright colors, / such as red and yellow, / are commonly used / in national flags across the world. / ② But
밝은 색상은　　　빨간색과 노란색 같은　　　흔히 사용된다　　　전 세계 국기에서　　　그러나

you'll rarely see the color purple / in any of the flags. / ③ Why don't countries use purple / in their national
당신은 보라색을 거의 볼 수 없을 것이다　　어떤 국기에서도　　국가들이 보라색을 사용하지 않는 이유는 무엇일까　　그들의 국기에

flags? / ④ It is related to / how much purple dye used to cost. / ⑤ Until the 1800s, / purple dye only came /
그것은 관련이 있다　　보라색 염료가 얼마나 비용이 들었는지와　　1800년대까지　　보라색 연료는 오직 나왔다

from a special type of snail in the Mediterranean. / ⑥ It took about 10,000 snails / to make just one gram of
지중해의 특별한 종류의 달팽이에게서만　　약 10,000 마리의 달팽이가 필요했다　　단 1g의 염료를 만드는 데

dye! / ⑦ This made purple dye difficult to produce / and therefore extremely expensive. / ⑧ Only wealthy
이것은 보라색 염료를 생산하기 어렵게 만들었고　　그 결과 매우 비싸게 만들었다　　부유한 사람만이

people, / like royalty, / could afford this dye. / ⑨ So it was not used / for objects as common as national
왕족과 같이　　이 염료를 살 수 있었다　　그래서 그것은 사용되지 않았다　　국기처럼 일반적인 물건에는

flags. / ⑩ However, / in 1856, / William Henry Perkin discovered a way / to make purple dye artificially /
그러나　　1856년　　윌리엄 헨리 퍼킨은 방법을 발견했다　　인공적으로 보라색 염료를 만드는

without using snails. / ⑪ Because of this discovery, / large amounts of purple dye could be made cheaply. /
달팽이를 사용하지 않고　　이 발견으로 인해　　많은 양의 보라색 염료가 저렴하게 만들어질 수 있었다

⑫ And the color purple first became popular / in the 1900s. / ⑬ However, / by that time, / most national
그리고 보라색은 처음으로 대중화되었다　　1900년대에　　그러나　　그때쯤에는　　대부분의 국기가

flags had already been created / without using purple in their designs. /
이미 만들어져 있었다　　디자인에 보라색을 사용하지 않고

48

본문 해석

빨간색과 노란색 같은 다양한 밝은 색상은 전 세계 국기에서 흔히 사용된다. 그러나 당신은 어떤 국기에서도 보라색을 거의 볼 수 없을 것이다. 국가들이 그들의 국기에 보라색을 사용하지 않는 이유는 무엇일까? 그것은 보라색 염료가 얼마나 비용이 들었는지와 관련이 있다. 1800년대까지, 보라색 염료는 지중해의 특별한 종류의 달팽이에게서만 나왔다. 단 1g의 염료를 만드는 데 약 10,000마리의 달팽이가 필요했다! 이것은 보라색 염료를 생산하기 어렵게 만들었고 그 결과 보라색 염료를 매우 비싸게 만들었다. 왕족과 같은 부유한 사람들만이 이 염료를 살 수 있었다. 그래서 그것은 국기처럼 일반적인 물건에는 사용되지 않았다. 그러나 1856년, 윌리엄 헨리 퍼킨은 달팽이를 사용하지 않고 인공적으로 보라색 염료를 만드는 방법을 발견했다. 이 발견으로 인해, 많은 양의 보라색 염료가 저렴하게 만들어질 수 있었다. 그리고 보라색은 1900년대에 처음으로 대중화되었다. 그러나 그때쯤에는 대부분 국기가 디자인에 보라색을 사용하지 않고 이미 만들어져 있었다.

구문 해설

④ It is related to [how much purple dye **used to cost**].
→ [ ]는 전치사 to의 목적어가 되는 간접 의문문으로 「의문사＋주어＋동사」의 어순이다.
→ used to＋동사원형: (과거에) ~하곤 했다

⑥ **It took** about 10,000 snails **to make** just one gram of dye!
→ It takes ~ to …: …하는 데 ~이 필요하다

⑨ So it was not used for objects **as common as** national flags.
→ as＋형용사의 원급＋as: ~만큼 …한

⑩ … discovered a way [to make purple dye artificially **without using** snails].
→ [ ]는 a way를 수식하는 형용사적 용법의 to부정사구이다.
→ without v-ing는 '~하지 않고'라는 의미로 전치사 without 뒤에 동명사가 온다.

⑬ However, by that time, most national flags **had** already **been created** without using purple in their designs.
→ 보라색이 1900년대에 처음으로 대중화되었다는 앞 문장의 과거 시점(became)보다 더 이전에 일어난 일이며 국기가 '만들어진' 것이므로, 과거완료 수동태인 had been created가 쓰였다.

SECTION 07 **3** 정답 **1** ④ **2** ⑤ **3** ⑤ **4** not only for learning fighting skills but also for practicing self-defense **5** keep their training a secret from their owners   본책 pp. 84-85

문제 해설

1 아프리카에서 끌려온 노예들에 의해 만들어졌다고 했으므로 아메리카 원주민의 전통에서 유래했다는 ④는 글의 내용과 일치하지 않는다.
① 무술과 춤, 곡예가 결합되어 있다.　　　② 두 사람에 의해 행해진다.
③ 약 500년 전에 만들어졌다.　　　④ 아메리카 원주민의 전통에서 유래했다.
⑤ 사람들이 자신감을 기르는 데 도움을 준다.

2 카포에이라의 유래를 소개하는 (C)가 제일 먼저 온 후, (C)에서 언급된 노예들이 자기방어를 위해 훈련을 했다는 내용인 (B)가 온 뒤, 무술(훈련)을 춤으로 위장해야 했던 이유가 나오는 (A)가 이어지는 것이 가장 자연스럽다.

3 빈칸 앞에는 카포에이라를 하는 것의 신체적 이점이 언급되어 있고 빈칸 뒤에는 카포에이라의 정신적 이점이 언급되어 있으므로, 빈칸에는 추가의 의미를 나타내는 ⑤ Moreover가 들어가는 것이 가장 적절하다.

4 'A뿐만 아니라 B도'의 의미인 「not only A but (also) B」 구문을 사용하여 단어를 배열한다.

5 노예들은 주인으로부터 그들의 훈련을 비밀로 해야 했기 때문에 카포에이라를 춤처럼 보이게 만들었다.

① If you see two people / standing face to face, / you might initially assume / they are fighting. / ② But on
만약 당신이 두 사람을 본다면   서로 얼굴을 맞대고 서 있는   당신은 처음에 추측할지도 모른다   그들이 싸우고 있다고   하지만

second glance, / it looks like they are dancing instead. / ③ Well, both of your assumptions are correct,
다시 보면   그들은 대신에 춤을 추는 것처럼 보인다   사실, 당신의 두 가지 추측 모두 맞다

because they are practicing capoeira. /
왜냐하면 그들은 카포에이라를 연습하고 있기 때문이다

④ Capoeira is a Brazilian art form / traditionally performed by two people / that combines fighting, dance,
카포에이라는 브라질의 예술 형태이다   전통적으로 두 사람에 의해 수행되는   무술과 춤, 곡예를 결합한

and acrobatics. / ⑤ Participants look like they are communicating / with their movements, / which include
                          참가자들은 소통하는 것처럼 보인다   움직임으로

kicks, spins, and flips. /
발차기, 회전, 공중제비를 포함한

⑥ According to history, / capoeira was created in Brazil / about 500 years ago / by African slaves. /
역사에 따르면   카포에이라는 브라질에서 만들어졌다   약 500년 전에   아프리카 노예들에 의해

⑦ Taken from their homes / and forced to work on farms, / they started training / to protect themselves. /
고향에서 끌려와   농장에서 강제로 일하게 되었기 때문에   그들은 훈련을 시작했다   자신을 보호하기 위해

⑧ However, they had to keep their training a secret / from their owners, / so they disguised it as a dance. /
하지만, 그들은 그들의 훈련을 비밀로 해야 했다   주인으로부터   그래서 그들은 훈련을 춤으로 위장했다

⑨ They added their traditional music, singing, and rhythm, / and continued to develop their art / until it
그들은 그들의 전통적인 음악, 노래, 리듬을 가미했다   그리고 그들의 예술을 계속 발전시켰다   그것이

became useful / not only for learning fighting skills / but also for practicing self-defense. /
유용해질 때까지   싸움 기술을 배우는 데뿐만 아니라   자기방어를 연습하기 위해서도

⑩ Today, / lots of people practice capoeira all over the world, / saying it gives them power and flexibility. /
오늘날에는   전 세계 수많은 사람들이 카포에이라를 연습하고 있으며   이것이 자신에게 힘과 유연성을 준다고 말한다

⑪ Moreover, it gives them more self-confidence, focus, and courage. /
게다가 카포에이라는 그들에게 자신감, 집중력, 그리고 용기를 더 심어 준다

본문 해석

만약 당신이 서로 얼굴을 맞대고 서 있는 두 사람을 본다면, 당신은 처음에 그들이 싸우고 있다고 추측할지도 모른다. 하지만 다시 보면, 그들은 대신에 춤을 추는 것처럼 보인다. 사실, 당신의 두 가지 추측 모두 맞다. 왜냐하면 그들은 카포에이라를 연습하고 있기 때문이다.

카포에이라는 전통적으로 두 사람에 의해 수행되는 무술과 춤, 곡예를 결합한 브라질의 예술 형태이다. 참가자들은 발차기, 회전, 공중제비를 포함한 움직임으로 소통하는 것처럼 보인다.

(C) 역사에 따르면, 카포에이라는 약 500년 전 아프리카 노예들에 의해 브라질에서 만들어졌다. (B) 그들은 고향에서 끌려와 농장에서 강제로 일하게 되었기 때문에, 자신을 보호하기 위해 훈련을 시작했다. (A) 하지만 그들은 주인으로부터 그들의 훈련을 비밀로 해야 해서, 훈련을 춤처럼 위장했다. 그들은 그들의 전통적인 음악, 노래, 리듬을 가미했고, 싸움 기술을 배우는 데뿐만 아니라 자기방어를 연습하기 위해서도 유용해질 때까지 그들의 예술을 계속 발전시켰다.

오늘날에는 전 세계 수많은 사람들이 카포에이라를 연습하고 있으며, 이것이 자신에게 힘과 유연성을 준다고 말한다. 게다가 카포에이라는 그들에게 자신감, 집중력, 그리고 용기를 더 심어 준다.

구문 해설

① If you **see two people standing** face to face, you might initially assume [(that) they are fighting].
→ 지각동사 see의 목적격 보어로 진행의 의미를 나타내는 현재분사 standing이 쓰였다.
→ [ ]는 might assume의 목적어 역할을 하는 명사절로, 접속사 that이 생략되었다.

④ Capoeira is a Brazilian art form [traditionally performed by two people] [that combines fighting, dance, and acrobatics].
→ 첫 번째 [ ]는 a Brazilian art form을 뒤에서 수식하는 과거분사구이다.
→ 두 번째 [ ]는 선행사 a Brazilian art form을 수식하는 주격 관계대명사절이다.

⑤ Participants look like they are communicating with their movements, [which include kicks, spins, and flips].
→ [ ]는 their movements를 부연 설명하는 계속적 용법의 주격 관계대명사절이다.

⑦ [**Taken** from their homes and **forced** to work on farms], they started training *to protect* themselves.
→ [ ]는 〈이유〉를 나타내는 수동형 분사구문으로, As[Since] they were taken from their homes and forced ..., 으로 바꾸어 쓸 수 있다.
→ Taken과 forced는 and로 연결된 병렬 구조이다.
→ to protect는 〈목적〉을 나타내는 부사적 용법의 to부정사이다.

⑨ ... **until** it became useful *not only* for learning fighting skills *but also* for practicing self-defense.
→ until은 '~까지'의 의미로 시간의 부사절을 이끄는 접속사이다.
→ not only A but (also) B: A뿐만 아니라 B도 (= B as well as A)

⑩ Today, lots of people practice capoeira all over the world, [saying {(that) it **gives them power and flexibility**}].
→ [ ]는 〈동시동작〉을 나타내는 분사구문이다.
→ { }는 saying의 목적어 역할을 하는 명사절로 접속사 that이 생략되었다.
→ give+간접 목적어+직접 목적어: ~에게 …을 주다

 SECTION 07 수능:ON 정답 **1** ② **2** ② **3** ① **4** Egyptians, gods, smelled

본책 pp. 86-87

문제 해설

1 향수의 최초 사용 사례로 고대 이집트에서 향수가 종교적인 이유로 사용되었음을 소개하는 (B)가 가장 먼저 오고, 그래서 향수가 일상생활에서 많이 쓰였으며 뿐만 아니라 사후에 천국에 갈 확률을 높인다고 믿었다는 증거를 언급하는 (A)가 온 뒤, 그러한 믿음의 구체적인 사례로 고대 이집트의 파라오인 투탕카멘 무덤에서 발견된 향수와 기름단지들을 소개하는 (C)가 오는 것이 적절하다.

오답 풀이
① 고대 무덤을 보면 향수가 사후 세계의 믿음과도 연관이 있었음을 알 수 있다는 내용의 (A)는 향수의 최초 사용자인 이집트인들의 사례가 소개된 (B) 앞에 나올 수 없다.
③ ④ ⑤ 고대 무덤에서 향수가 발견된 사례를 소개하는 (C)는 사후 세계와 천국에 관해 언급된 (A) 다음에 나와야 한다.

2 고대 이집트 시대에 처음으로 사용된 향수의 형태와 용도에 관한 내용이므로, 제목으로는 ② '향수의 기원'이 알맞다.
① 향수를 만드는 방법　　　　　③ 이집트 무덤의 역사
④ 매력적으로 보이기 위한 다양한 방법　　　⑤ 향수 사용의 부작용

3 사역동사 make는 목적어와 목적격 보어가 능동 관계일 때 목적격 보어로 동사원형을 취하므로 ⓐ to smell은 smell이 되어야 한다.

4 그들[고대 이집트인들]은 신들이 좋은 향이 나는 사람들을 선호한다고 믿었기 때문에, 고대 이집트인들은 일생상활에서 많은 향수를 사용했다.

본문 직독 직해

① Perfume has always been an important part / of human culture. / ② These days, / of course, / we use
향수는 항상 중요한 부분이었다　　인류 문화의　　요즘에　　물론　　우리는
perfume / to make ourselves smell nicer and feel more attractive. / ③ But this wasn't always what perfume
향수를 사용한다　　우리 자신을 더 좋은 향이 나고 더 매력적으로 느끼기 위해　　그런데 항상 이것이 향수가 사용된 목적은 아니었다
was used for. /

(B) ④ The earliest known use of perfume was / in ancient Egypt. / ⑤ These perfumes were sticks / that
향수가 최초로 사용된 것으로 알려진 시기는　　고대 이집트에서였다　　이 향수는 막대기였다

51

were burned / to give off a pleasant smell. / ⑥ They were designed / to be used in religious rituals. / ⑦ It
태워지는 기분 좋은 향을 내뿜기 위해 그것들은 만들어졌다 종교적인 의식에 사용되도록

was thought / the nice smell would attract / the favor of the gods. / ⑧ The Egyptians believed / the gods
그것은 여겨졌다 좋은 향이 불러올 것이라고 신의 은혜를 이집트인들은 믿었다 신들이

would treat / those who smelled nice / more kindly than others. /
대할 것이라고 좋은 향이 나는 사람들을 다른 사람들보다 더 친절하게

(A) ⑨ So / they used a lot of perfume / in their daily lives. / ⑩ Amazingly, / they even thought / that
그래서 그들은 많은 향수를 사용했다 일상생활에서 놀랍게도 그들은 심지어 생각했다

perfume would help them / after they died. / ⑪ According to evidence / found in ancient tombs, / they
향수가 그들을 도울 것이라고 그들이 죽은 후에도 증거에 따르면 고대 무덤에서 발견된 그들은

believed / that having lots of perfumes, / especially strong ones, / would increase their chances / of going
믿었다 많은 향수를 가지는 것이 특히 진한 (향의) 향수들을 그들의 확률을 높일 것이라고 천국에 갈

to heaven. /

(C) ⑫ The ancient Egyptian pharaoh Tutankhamen's tomb provides / a good example of this. / ⑬ The
고대 이집트의 파라오인 투탕카멘의 무덤이 제시한다 이것의 좋은 예를

tomb's discoverers found / jars of perfumes and oils / surrounding the body. / ⑭ Surprisingly, / their
그 무덤의 발견자는 발견했다 향수와 기름단지들을 시체를 둘러싸고 있는 놀랍게도

fragrances could still be smelled / nearly 3,300 years after the tomb was created. / ⑮ Those must have
여전히 그것들의 향기를 맡을 수 있었다 그 무덤이 만들어진 지 거의 3,300년이 지났지만 그것들은

been strong perfumes / when they were put in the tomb! /
진한 향수였음이 틀림없다 그들이 무덤에 놓였을 때

본문 해석
향수는 항상 인류 문화의 중요한 부분이었다. 물론, 요즘에 우리는 우리 자신을 더 좋은 향이 나게 하고 더 매력적으로 느끼게 하기 위해 향수를 사용한다. 그런데 항상 이것이 향수가 사용된 목적은 아니었다.

(B) 향수가 최초로 사용된 것으로 알려진 시기는 고대 이집트에서였다. 이 향수는 기분 좋은 향을 내뿜기 위해 태워지는 막대기였다. 그것들은 종교적인 의식에 사용되도록 만들어졌다. 좋은 향은 신의 은혜를 불러올 것이라고 여겨졌다. 이집트인들은 신들이 좋은 향이 나는 사람들을 다른 사람들보다 더 친절하게 대할 것이라고 믿었다.

(A) 그래서 그들은 일상생활에서 많은 향수를 사용했다. 놀랍게도, 그들은 심지어 향수가 그들이 죽은 후에도 그들을 도울 것이라고 생각했다. 고대 무덤에서 발견된 증거에 따르면, 그들은 많은 향수, 특히 진한 (향의) 향수를 가지고 있으면 천국에 갈 확률을 높일 것이라고 믿었다.

(C) 고대 이집트의 파라오인 투탕카멘의 무덤이 이것의 좋은 예를 제시한다. 그 무덤의 발견자들은 시체를 둘러싸고 있는 향수와 기름단지를 발견했다. 놀랍게도, 그 무덤이 만들어진 지 거의 3,300년이 지났지만 여전히 그것들의 향기를 맡을 수 있었다. 그것들은 무덤에 놓였을 때 진한 향수였음이 틀림없다!

구문 해설
② …, we use perfume **to** *make* ourselves *smell* nicer and *feel* more attractive.
→ to make는 〈목적〉을 나타내는 부사적 용법의 to부정사이다.
→ 「사역동사(make) + 목적어 + 목적격 보어(동사원형)」은 '(목적어)가 ~하게 하다'라는 의미이며, 목적격 보어인 smell과 feel이 and로 연결된 병렬 구조이다.
→ 주어 we와 make의 목적어가 가리키는 대상이 같으므로 재귀대명사 ourselves가 쓰였다.

③ But this wasn't **always** *what* perfume was used for.
→ not always는 '항상 ~하는 것은 아니다'라는 의미로, 부분 부정을 나타낸다.
→ what은 선행사를 포함하는 관계대명사이다.

⑧ The Egyptians believed [(that) the gods would treat those {who smelled nice} more kindly than others].
→ [ ]는 동사 believed의 목적어로 쓰인 명사절로, 명사절을 이끄는 접속사 that이 생략되었다.
→ { }는 선행사 those를 수식하는 주격 관계대명사절이다.

⑪ According to evidence [found in ancient tombs], they believed [that {having lots of perfumes}, {especially strong **ones**}, would increase their chances …].

→ 첫 번째 [ ]는 evidence를 수식하는 과거분사구이다.

→ 두 번째 [ ]는 동사 believed의 목적어 역할을 하는 명사절이다.

→ 첫 번째 { }는 that절의 주어 역할을 하는 동명사구이다.

→ 두 번째 { }는 that절의 주어와 동사 사이에 위치한 삽입어구로 perfumes를 부연 설명한다.

→ ones는 앞에 나온 perfumes를 대신하는 부정대명사이다.

REVIEW TEST SECTION 07

본책 pp. 88-89

정답 **1** 1) ⓒ 2) ⓑ 3) ⓐ **2** 1) treat 2) attracts **3** ⑤ **4** 미국이 더 크고 강한 군대를 가진 것처럼 적을 속이려는 것 **5** ⑤ **6** did not use → was not used **7** ④

문제 해설

1 1) 증거 – ⓒ 무언가가 사실임을 보여주는 정보

2) 고대의 – ⓑ 매우 오래되거나 매우 오래 전에 존재한

3) 결합하다 – ⓐ 두 개 또는 그 이상의 것들을 모으다

2 1) 우리는 연장자를 존경심을 갖고 대해야 한다.

2) 그 축제는 전 세계에서 많은 사람들을 끌어모은다.

3 제2차 세계대전에서 미국의 비밀 군사 전략이었던 고스트 아미의 목적과 행동에 대해 설명하는 글이므로, 목적으로는 ⑤가 적절하다.

4 고스트 아미는 미국이 실제보다 더 크고 강력한 부대를 가지고 있는 것처럼 적을 속이는 임무를 가지고 있었으며 이 임무를 달성하고자 특수 효과를 이용했다는 내용이 이어지므로, this가 의미하는 내용은 '미국이 더 크고 강한 군대를 가진 것처럼 적을 속이려는 것'이다.

5 (A) 소량의 보라색 염료가 특정 달팽이로부터만 나오기 때문에 보라색 염료 생산이 '어려웠다'는 의미가 자연스러우므로 difficult가 알맞다. easy는 '쉬운'의 의미이다.

(B) 윌리엄 헨리 퍼킨이 달팽이를 사용하지 않고 '인공적으로' 보라색 염료를 만드는 방법을 발견했다는 의미가 자연스러우므로 artificially가 알맞다. naturally는 '자연스럽게'의 의미이다.

(C) 보라색이 대중화되기 전에는 국기가 디자인에 보라색을 사용하지 '않고' 만들어졌다는 의미가 자연스러우므로 without이 알맞다. with는 '~로, 함께'의 의미이다.

6 주어 it(=this dye)이 국기처럼 일반적인 물건에는 '사용되지 않았던' 대상이므로 능동태 did not use는 수동태 was not used가 되어야 한다.

7 ①은 1~2번째 줄, ②는 2~3번째 줄, ③은 3~5번째 줄, ⑤는 6~8번째 줄에 언급되어 있지만, ④ '착용하는 복장'에 대해서는 언급되어 있지 않다.

Cultures & Customs

 **SECTION 08** **1** 정답 **1** ③ **2** ③ **3** ② **4** ④ **5** health, happiness 본책 pp. 92-93

문제 해설 **1** 경주의 각 구간마다 주자들에게 다양한 색의 가루를 뿌려 주는 흥미로운 경주인 컬러 런에 대한 글이므로, 제목으로는 ③ '재미를 가져다주는 이색 달리기'가 알맞다.
① 컬러 런의 기원 ② 달리는 동안 그림을 그려라
④ 사람들에게 영감을 주는 예술 경주 ⑤ 세계의 재미있는 경주들

2 (A) one을 수식하는 관계대명사절이 이어져야 하는데 관계대명사 that은 전치사 바로 뒤에 쓸 수 없으므로 관계대명사 which가 알맞다.
(B) 문장의 주어 역할을 하는 동명사구를 이끄는 Taking이 알맞다.
(C) 〈동시동작〉을 나타내는 분사구문으로, 분사의 의미상의 주어 The race와 분사가 능동 관계이므로 현재분사 promoting이 알맞다.

3 시간의 흐름을 나타내는 접속부사 Then으로 시작하는 주어진 문장은 컬러 런에서 참가자들이 5킬로미터의 각 구간을 지나면서 다양한 색의 가루를 맞게 된다는 내용인데, 이는 ② 뒤의 문장에서 완주할 때쯤에는 무지개처럼 보일 것이라는 결과가 도출되는 원인이므로, 주어진 문장은 ②에 들어가는 것이 가장 적절하다.

4 컬러 런은 한국의 서울을 포함한 세계 여러 도시에서 개최되고 있다고 했으므로 ④는 글의 내용과 일치하지 않는다.

5 컬러 런은 지역 주민들의 건강과 행복을 향상시킨다.

본문 직독 직해

① Are you interested in / running in a race? / ② Does that sound a little boring? / ③ How about one / in which the runners are covered in / yellow, red, blue, and green / when they cross the finish line? / ④ If that sounds more exciting, / you should sign up for the Color Run, / a race known as the "Happiest 5k on the Planet." / ⑤ Taking part is quite simple. / ⑥ Just be sure to wear a white T-shirt. / ⑦ Then, / as you pass through / each zone of the five-kilometer race, / powder of a different color / will be thrown on you. / ⑧ By the time you finish, / you will look like a rainbow! / ⑨ The race was first run / in the American city of Phoenix / in January of 2012. / ⑩ Since then, / it has taken place / in many other cities around the world, / including Seoul, South Korea. / ⑪ You don't have to run like Usain Bolt— / no one will keep track of / how long it takes you to finish. / ⑫ The race brings people together, / promoting health and happiness / in the community. / ⑬ At the end of the race, / everyone gets to participate in the "finish festival," / a wild party with music, dancing, and more colored powder! / ⑭ Does it sound like fun? / ⑮ Then find a white T-shirt / and get ready! /

54

본문 해석

당신은 경주에서 달리는 것에 관심 있는가? 그것이 좀 지루하게 들리는가? 주자들이 결승선을 통과할 때 노란색, 빨간색, 파란색, 그리고 녹색으로 뒤덮이는 경주는 어떤가?

만약 그것이 더 흥미 있게 들린다면, 당신은 '세상에서 가장 행복한 5킬로미터'라고 알려진 경주인 컬러 런(Color Run)을 신청해야 한다. 참가하는 것은 아주 간단하다. 그저 반드시 흰색 티셔츠만 입어라. 그러면, 당신이 5킬로미터 경주의 각 구간을 통과할 때, 다양한 색의 가루가 당신에게 뿌려질 것이다. 당신이 완주할 때쯤이면, 당신은 무지개처럼 보일 것이다! 이 경주는 2012년 1월에 미국의 피닉스시에서 처음으로 시행되었다. 그때 이후로, 그것은 한국의 서울을 포함하여 전 세계의 많은 다른 도시들에서 개최되어 왔다. 당신은 우사인 볼트처럼 달리지 않아도 된다. 아무도 당신이 완주하는 데 얼마나 오래 걸리는지 기록하지 않을 것이다. 그 경주는 지역 사회에서 건강과 행복을 증진하면서 사람들을 화합하게 한다. 경주의 마지막에는, 모두가 음악과 춤, 더 많은 색의 가루가 있는 열광적인 파티인 '마무리 축제'에 참가하게 된다! 그것이 재미있을 것 같은가? 그럼 흰색 티셔츠를 찾아 준비해라!

구문 해설

③ How about **one** [in which the runners are covered in yellow, red, blue, …]?
→ one은 앞 문장에서 나온 a race를 대신하는 부정대명사이다.
→ [ ]는 선행사 one을 수식하는 목적격 관계대명사절이다. 관계대명사가 전치사의 목적어일 때, 전치사는 관계대명사 바로 앞 또는 관계대명사절의 끝에 쓴다.

④ If that sounds more exciting, you should **sign up for** *the Color Run*, *a race* [known as the "Happiest 5k on the Planet."]
→ sign up for: ~을 신청하다
→ the Color Run과 a race는 동격 관계이며 [ ]는 a race를 수식하는 과거분사구이다.

⑧ **By the time** you *finish*, you will look like a rainbow!
→ By the time은 '~할 때쯤'이라는 뜻의 시간을 나타내는 접속사 대용어구이다.
→ 시간을 나타내는 부사절에서는 현재시제가 미래시제를 대신하므로 현재시제 finish가 쓰였다.

⑪ … —no one will keep track of [how **long it takes you to finish**].
→ [ ]는 of의 목적어로 쓰인 간접 의문문으로 「의문사＋주어＋동사」의 어순으로 쓰인다.
→ it takes＋사람＋시간＋to-v: ~가 …하는 데 (시간)이 걸리다

⑫ The race brings people together, [promoting health and happiness in the community].
→ [ ]는 〈동시동작〉을 나타내는 분사구문이다.

 **SECTION 08 2** 정답 1 ① **2** was appeared → appeared **3** ④ **4** ③   본책 pp. 94-95

문제 해설

1 덴마크인의 생활방식 중 하나인 휘게와 그 예시에 관해 다루고 있으므로, 제목으로는 ① '덴마크인의 생활방식'이 알맞다.
② 스트레스가 많은 생활방식 즐기기　　　③ 덴마크에서의 편안한 휴가
④ 휘게: 덴마크의 최신 단어　　　　　　⑤ 행복의 다양한 정의

2 자동사 appear는 수동태로 쓰이지 않기 때문에 was appeared는 appeared가 되어야 한다.

3 ⓐ 휘게가 종종 단순하고 편안한 활동을 포함한다는 내용 뒤에 이에 대한 구체적인 예시가 나오므로 빈칸에는 For instance가 적절하다.
ⓑ 문맥상 '혼자서 무언가를 해도 아무런 문제가 없긴 하지만'의 의미로 양보의 부사절을 이끄는 접속사 Although 가 들어가는 것이 적절하다.

4 휘게는 조용한 순간을 즐기고 단순하고 편안한 활동을 하며 행복한 시간을 보내는 덴마크인의 생활방식이라고 설명

하는 글이므로 (A)와 (B)에는 각각 comfort, simple pleasure이 들어가는 것이 적절하다.

휘게는 <u>안락</u>, 평화로운 순간, 사랑하는 사람들과 함께하는 것을 강조하는 덴마크 개념으로, 산책이나 좋아하는 음식을 즐기는 것과 같은 <u>간단한 즐거움</u>을 자주 포함한다.

① 안락 …… 복잡한 일
② 스트레스 …… 활동적인 취미
④ 불편함 …… 도전적인 경험
⑤ 긴장 …… 간단한 즐거움

본문
직독 직해

① Denmark is considered / one of the happiest countries in the world. / ② One of the reasons for this /
덴마크는 여겨진다   세계에서 가장 행복한 국가 중 하나로   이것에 대한 이유 중 하나는

is something called *hygge*. / ③ The word appeared / in Danish writing / for the first time / during the
휘게라고 불리는 것에 있다   이 단어는 등장했다   덴마크 글에   처음으로

18th century, / and *hygge* soon became a big part of Danish culture. / ④ It is a difficult word / to define /
18세기에   그리고 휘게는 곧 덴마크 문화의 큰 부분이 되었다   그것은 어려운 단어이다   정의하기에

because it refers to a general feeling. / ⑤ The goal of a *hygge* lifestyle is / not to seek out excitement, / but
그것이 일반적인 느낌을 나타내기 때문에   휘게 생활방식의 목표는   신나는 일을 찾는 것이 아니라

to enjoy life's quiet moments. /
인생의 조용한 순간을 즐기는 것이다

⑥ Comfort is an important part of *hygge*. / ⑦ Denmark's winters are long and cold, / so people like to stay
안락은 휘게의 중요한 부분이다   덴마크의 겨울은 길고 춥다   그래서 사람들은

inside their warm homes / and eat their favorite foods. / ⑧ Also, this lifestyle often includes simple and
따뜻한 집 안에 있는 것을 좋아한다   그리고 그들이 가장 좋아하는 음식을 먹는 것을 좋아한다   또한, 이러한 생활방식은 종종 단순하고

relaxing activities. / ⑨ <u>For instance</u>, / taking a walk / is a perfect way / to spend an afternoon. / ⑩ <u>Although</u>
편안한 활동을 포함한다   예를 들어   산책을 하는 것은   완벽한 방법이다   오후를 보내는

there's nothing wrong / with doing things alone, / it is best / to enjoy *hygge* with good friends. / ⑪ If you
아무런 문제가 없긴 하지만   혼자서 무언가를 하는 데   가장 좋다   좋은 친구들과 함께 휘게를 즐기는 것이   만약 당신이

want to live a *hygge* lifestyle, / take some time every day / to do nothing but relax / and be happy. /
휘게 생활방식으로 살고 싶다면   매일 시간을 갖도록 해라   그저 쉬기만 하면서   그리고 행복해지는

본문 해석

덴마크는 세계에서 가장 행복한 국가 중 하나로 여겨진다. 이것에 대한 이유 중 하나는 휘게라고 불리는 것에 있다. 이 단어는 18세기에 처음으로 덴마크 글에 등장했으며, 휘게는 곧 덴마크 문화의 큰 부분이 되었다. 그것은 일반적인 느낌을 나타내기 때문에 정의하기 어려운 단어이다. 휘게 생활방식의 목표는 신나는 일을 찾아내는 것이 아니라, 인생의 조용한 순간을 즐기는 것이다.

안락은 휘게의 중요한 부분이다. 덴마크의 겨울은 길고 추워서, 사람들은 따뜻한 집 안에 있으면서 그들이 가장 좋아하는 음식을 먹는 것을 좋아한다. 또한, 이러한 생활방식은 종종 단순하고 편안한 활동을 포함한다. 예를 들어, 산책하는 것은 오후를 보내는 완벽한 방법이다. 혼자서 무언가를 하는 데 아무런 문제가 없긴 하지만, 좋은 친구들과 함께 휘게를 즐기는 것이 가장 좋다. 만약 당신이 휘게 생활방식으로 살고 싶다면, 매일 그저 쉬기만 하면서 행복해지는 시간을 갖도록 하라.

구문 해설

① Denmark is considered **one of the happiest countries** in the world.
→ one of the + 최상급 + 복수명사: 가장 ~한 것들 중 하나

⑤ **The goal** [of a *hygge* lifestyle] **is** *not to seek out excitement, but to enjoy life's quiet moments.*
→ 문장의 주어는 전치사구 [ ]의 수식을 받는 The goal이므로 동사는 단수 주어에 수 일치시킨다.
→ 「not A but B」는 'A가 아니라 B'의 의미로 A와 B에는 어법상 동일한 형태의 어구가 오며 to seek out과 to enjoy는 문장의 보어로 쓰인 명사적 용법의 to부정사이다.

⑦ …, so people like **to stay** inside their warm homes and **eat** their favorite foods.
→ to stay와 (to) eat은 and로 연결된 병렬 구조이다.

⑨ For instance, **taking a walk is** a perfect way [to spend an afternoon].
→ 문장의 주어는 taking이 이끄는 동명사구이므로 동사는 단수 주어에 수 일치시킨다.

→ [ ]는 a perfect way를 수식하는 형용사적 용법의 to부정사구이다.

⑩ Although there's **nothing wrong** with doing things alone, *it* is best [to enjoy *hygge* with good friends].

→ nothing과 같이 -thing으로 끝나는 부정대명사는 형용사가 뒤에서 수식한다.

→ it은 가주어이고 [ ]는 진주어이다.

⑪ ..., take some time every day [to **do nothing but** *relax* and *be* happy].

→ [ ]는 some time을 수식하는 형용사적 용법의 to부정사구이다.

→ do nothing but + 동사원형: 그저 ~만 하다

→ relax와 be는 and로 연결된 병렬 구조이다.

 SECTION 08 **3** 정답 **1** ③ **2** to make it easier to throw them **3** ③ **4** (1) F (2) F (3) T   본책 pp. 96-97

문제 해설

1 앞 절에 「The+비교급」이 사용되었으므로, '···할수록, 더 ~하다'의 의미인 「The+비교급 ..., the+비교급 ~」 구문임을 알 수 있다. 따라서 ⓒ great은 비교급의 형태인 greater가 되어야 한다.

2 '~하기 위해'의 의미인 〈목적〉을 나타내는 부사적 용법의 to부정사와 '(목적어)를 ~하게 만들다'의 의미인 「make + 목적어 + 형용사」 구문을 활용하여 to make it easier을 먼저 배열한다. 그리고 가목적어 it의 진목적어 역할을 하는 to throw them을 이어서 쓴다.

3 오렌지에 묶은 소원(종이)의 무게가 나무를 훼손했다는 내용의 (B)가 먼저 오고, 이 문제를 해결하기 위해 현재는 사람들이 진짜 나무 대신 인조 나무를 사용한다는 내용의 (C)가 이어진 후, 이런 변화와 함께 그 전통이 오늘날에도 인기가 있다고 서술한 (A)가 마지막에 오는 순서가 자연스럽다.

4 (1) 한 여자는 나무에 종이를 던진 후 병에 걸렸다. → 한 여자가 나무에 종이를 던진 이후 아픈 것이 치유되었다고 했다. (문장 ②)

(2) 오렌지를 소원(종이)에 묶는 사람들은 욕심이 많다고 여겨진다. → 던진 종이가 땅에 떨어지면, 그 사람이 너무 욕심이 많다는 것을 의미한다고 했다. (문장 ⑥)

(3) 현재는 실제 나무를 보호하기 위해 인조 나무가 사용된다. (문장 ⑨)

본문 직독 직해

① At the start of every Lunar New Year, / many people visit Hong Kong's Tin Hau Temple. / ② According
매해 음력 설날 초에   많은 사람이 홍콩의 틴하우 사원을 방문한다

to legend, / a sick woman once experienced a miraculous recovery / after throwing a piece of joss paper /
전설에 따르면   한 아픈 여자가 기적적인 회복을 경험했다   신상 앞에서 태우는 종이를 던진 후

into the branches of a tree there. / ③ Since then, / countless people have journeyed to the temple / in
그곳에 있는 나뭇가지에   그 이후로   무수히 많은 사람들이 사원으로 그 찾아왔다

hopes of having their wishes fulfilled. /
자신들의 소원이 이루어지길 바라며

④ To make a wish, / people write their desire / on a piece of joss paper, / roll it up, / and secure it with a
소원을 빌기 위해   사람들은 소원을 적는다   신상 앞에서 태우는 종이에   그것을 둘둘 말고   그리고 끈으로 고정시킨다

piece of string. / ⑤ Once the wish is prepared, / they launch it into the trees, / attempting to get it caught /
소원(종이)이 준비되면   그들은 그것을 나무에 던진다   그것이 걸리기를 시도한다

on the highest branch. / ⑥ The higher / a wish lands, / the greater / the likelihood it will be granted, / but
나뭇가지 중 하나에   더 높을수록   소원(종이)이 착지하는 것이   더 커진다   그것이 이루어질 가능성이   그러나

wishes that fall back to the ground / signify that the person was overly greedy. /
땅에 떨어지는 소원(종이)은   그 사람이 지나치게 욕심이 많았다는 것을 의미한다

⑦ In the past, / people would tie an orange / to their wishes / to make it easier / to throw them. /
과거에는   사람들이 오렌지를 묶곤 했다   소원(종이)에   더 쉽게 하기 위해   그것들을 던지는 것을

⑧ Unfortunately, / the weight began damaging the trees. / ⑨ To protect them, / people switched to
불행히도   그 무게가 나무를 훼손하기 시작했다   그것들을 보호하기 위하여   사람들은 플라스틱

plastic oranges / and threw them onto artificial trees instead. / ⑩ With these changes, / the tradition has
오렌지로 바꾸었다   그리고 대신에 인공 나무에 그것들을 던졌다   이러한 변화로 인해   그 전통은

remained both environmentally friendly and / popular today. /
여전히 환경 친화적이고 인기가 있다   오늘날에도

본문 해석 매해 음력 설날 초에, 많은 사람들이 홍콩의 틴하우 사원을 방문한다. 전설에 따르면, 한 아픈 여자가 그곳에 있는 나무가지에 신상 앞에서 태우는 종이를 던진 후 기적적인 회복을 경험했다. 그 이후로, 무수히 많은 사람들이 자신들의 소원이 이루어지길 바라며 그 사원으로 찾아왔다.

소원을 빌기 위해, 사람들은 신상 앞에서 태우는 종이에 소원을 적고, 그것을 돌돌 말고, 끈으로 고정시킨다. 소원(종이)이 준비되면, 그들은 나뭇가지 중 하나에 그것이 걸리기를 시도하며 그것을 나무에 던진다. 소원(종이)가 더 높이 착지할수록, 그것이 이루어질 가성성이 더 커지지만, 땅에 떨어지는 소원(종이)은 그 사람이 지나치게 욕심이 많았다는 것을 의미한다.

과거에는 그것들을 던지는 것을 더 쉽게 하기 위해 소원(종이)에 오렌지를 묶곤 했다. (B) 불행히도, 그 무게가 나무를 훼손하기 시작했다. (C) 그것들을 보호하기 위하여, 사람들은 플라스틱 오렌지로 바꾸었고 대신에 인공 나무에 그것들을 던졌다. (A) 이러한 변화로 인해, 오늘날에도 그 전통은 환경 친화적이고 인기가 있다.

구문 해설 ② ..., a sick woman once experienced a miraculous recovery [after throwing a piece of joss paper into the branches of a tree there].

→ [ ]는 「전치사+동명사구」의 형태이다. 또는 〈시간〉을 나타내는 분사구문으로, 의미를 명확하게 하기 위해 접속사를 생략하지 않은 것으로 볼 수도 있다.

③ Since then, countless people **have journeyed** to the temple in hopes of *having their wishes fulfilled*.

→ have journeyed는 〈경험〉을 나타내는 현재완료이다.

→ have+목적어+p.p: (목적어)가 ~되도록 하다

⑤ Once the wish is prepared, they launch it into the trees, [attempting to **get it caught** on the highest branch].

→ [ ]는 〈연속동작〉을 나타내는 분사구문으로 분사의 의미상의 주어 **they**와 분사가 능동의 관계이므로 현재분사를 쓴다.

→ get+목적어+p.p: (목적어)가 ~되도록 하다

⑥ **The higher** a wish lands, **the greater** the likelihood it will be granted, but wishes [that fall back to the ground] signify *that* the person was overly greedy.

→ the+비교급 ..., the+비교급 ~: …하면 할수록 더 ~하다

→ [ ]는 선행사 wishes를 수식하는 주격 관계대명사절이다.

→ that은 signify의 목적어 역할을 하는 명사절을 이끄는 접속사이다.

SECTION 08 수능 :ON 정답 **1** ③ **2** ⓐ known ⓑ throwing **3** ③ **4** ⑤   본책 pp. 98-99

문제 해설 **1** 주어진 문장은 사람들이 '경비대'와 '마을 사람들'로 팀을 나눈다는 내용으로, '경비대'와 '마을 사람들'의 이동 방식을 설명하는 내용 앞인 ③에 들어가는 것이 가장 적절하다.

오답 풀이

① 앞뒤 문장은 돌을 던지던 전투가 지금은 오렌지로 대체되어 재현된다는 설명이 긴밀하게 연결되어 있으므로 주어

진 문장이 ①에 들어가는 것은 적절하지 않다.

② 뒤의 문장은 앞 문장에서 말한 오렌지가 운송되는 내용을 이어서 설명하고 있으므로 주어진 문장이 ②에 들어가는 것은 흐름에 맞지 않다.

④, ⑤ '경비대'와 '마을 사람들'이 전투에서 하는 행동이 구체적으로 설명되는 내용이 이어지므로 주어진 문장이 ④, ⑤에 들어가는 것은 부자연스럽다.

2 ⓐ a three-day festival을 수식하는 분사가 쓰여야 하는데, 축제는 '알려진' 것이므로 수동의 의미를 나타내는 과거분사 known이 알맞다.

ⓑ 한 문장에서 접속사 없이 동사가 두 개 이상 쓰일 수는 없다. 따라서 의미상 〈연속동작〉을 나타내는 분사구문이 쓰여야 하는데, 분사의 의미상의 주어 The other villagers와 분사가 능동 관계이므로 현재분사 throwing이 적절하다.

3 (A) 역접을 나타내는 연결사 but이 이끄는 절의 내용이 앞 절의 사악한 영주가 방앗간 주인의 딸과 결혼하기를 원했다는 내용과 상반되어야 하므로 문맥상 resisted가 적절하다. assist는 '돕다'의 의미이다.

(B) 과거에는 돌이었던 것을 이제는 오렌지가 '대체한다'는 내용이 자연스러우므로 replacing이 알맞다. place는 '놓다'의 의미이다.

(C) 문맥상 부상을 '겪었다'는 내용이 되어야 하므로 suffered가 적절하다. offer은 '제공하다'의 의미이다.

4 '경비대' 팀이 마차를 타고 다닌다고 했으므로 ⑤는 글의 내용과 일치하지 않는다.

본문
직독 직해

① Do you like food fights? / ② Then you should visit the northern Italian town of Ivrea. / ③ The people
음식 싸움을 좋아하는가   그렇다면 당신은 이탈리아 북부의 이브레아 마을을 방문해야 한다   그곳 사람들은

there / have a very strange tradition. / ④ Every February, / they throw rotten oranges / at each other. /
매우 색다른 전통을 가지고 있다   2월마다   그들은 썩은 오렌지를 던진다   서로에게

⑤ It's part of a three-day festival / known as Battaglia delle Arance, / or "Battle of the Oranges" in English. /
그것은 사흘 동안 열리는 축제의 일부이다   Battaglia delle Arance라고 알려진   또는 영어로는 '오렌지 전투'이다

⑥ The origins of the festival / are from the 12th century. / ⑦ According to legend, / an evil lord wanted
이 축제의 기원은   12세기부터이다   전설에 따르면   한 사악한 영주가

to marry a miller's daughter, / but she resisted. / ⑧ The other villagers came to her aid, / throwing
방앗간 주인의 딸과 결혼하기를 원했다   하지만 그녀는 저항했다   마을의 다른 사람들이 그녀를 도우러 왔다

rocks at the lord's castle. / ⑨ This fight is recreated annually, / with oranges replacing the rocks. /
영주의 성에 돌을 던지며   이 전투는 매년 재현된다   돌을 오렌지로 대체하여

⑩ More than 50,000 crates of rotten oranges / are shipped to the town from Sicily. / ⑪ People are then
5만 상자가 넘는 썩은 오렌지가   시칠리아에서부터 마을로 운송된다   그런 다음 사람들은

divided into different teams— / some are the lord's guards / and others are villagers. / ⑫ The "guards" ride
서로 다른 팀으로 나뉜다   일부는 영주의 경비대이다   그리고 다른 사람들은 마을 사람들이다   '경비대'는 타고 다닌다

around / in horse-drawn carriages / and the "villagers" are on foot. / ⑬ Then they all throw rotten oranges /
말이 끄는 마차를   그리고 '마을 사람들'은 걷는다   그리고 그들은 모두 썩은 오렌지를 던진다

at one another! / ⑭ Each day of the festival, / different teams battle. / ⑮ It may sound dangerous, / but
서로에게   축제 동안 매일   서로 다른 팀들이 전투를 벌인다   위험하게 들릴지도 모르지만

because the oranges are rotten, / they are quite soft. / ⑯ The worst injury / anyone has ever suffered / was
오렌지가 썩었기 때문에   그것들은 매우 부드럽다   최악의 부상은   지금까지 누군가가 겪은

a black eye. /
멍든 눈이었다

본문 해석

음식 싸움을 좋아하는가? 그렇다면 당신은 이탈리아 북부의 이브레아 마을을 방문해야 한다. 그곳 사람들은 매우 색다른 전통을 가지고 있다. 2월마다, 그들은 서로에게 썩은 오렌지를 던진다. 그것은 Battaglia delle Arance, 또는 영어로 '오렌지 전투'라고 알려진 사흘 동안 열리는 축제의 일부이다. 이 축제의 기원은 12세기부터이다. 전설에 따르면, 한 사악한 영주가 방앗간 주인의 딸과 결혼하기를 원했지만, 그녀는 저항했다. 마을의 다른 사람들이 그녀를 도우러 와서 영주의 성에 돌을 던졌다. 이 전투는 돌을 오렌지로 대체해서 매년 재현된다. 시칠리아에서부터 5만 상자가 넘는 썩은 오렌지가 마을로 운송된다. 그런 다음 사람들은 서로 다른 팀으로 나뉘는데, 일부는 영주의 경비대이고, 다른 사람들은 마을 사람

<u>들이다</u>. '경비대'는 말이 끄는 마차를 타고 다니며, '마을 사람들'은 걷는다. 그리고 그들은 모두 서로에게 썩은 오렌지를 던진다! 축제 동안 매일, 서로 다른 팀들이 전투를 벌인다. 위험하게 들릴지도 모르지만, 오렌지가 썩었기 때문에 매우 부드럽다. 지금까지 누군가가 겪은 최악의 부상은 멍든 눈이었다.

구문 해설

⑤ It's part of a three-day festival [known as Battaglia delle Arance, …].
→ [ ]는 a three-day festival을 수식하는 과거분사구이다.

⑥ **The origins** [of the festival] **are** from the 12th century.
→ 문장의 주어는 전치사구 [ ]의 수식을 받는 The origins이므로 동사는 복수 주어에 수 일치시킨다.

⑨ This fight is recreated annually, **with oranges replacing** the rocks.
→ '~가 …한[된] 채로'의 의미를 나타내는 「with+(대)명사+분사」 구문으로, 명사 oranges와 분사가 능동 관계이므로 현재분사 replacing이 쓰였다.

⑯ The worst injury [(that) anyone has ever suffered] was a black eye.
→ [ ]는 선행사 The worst injury를 수식하는 목적격 관계대명사절로, 관계대명사 that이 생략됐다.

REVIEW TEST SECTION 08

정답 1 1) ⓐ 2) ⓒ 3) ⓑ **2** 1) Be sure to 2) keep track of **3** ③ **4** ④ **5** 1) F 2) F 3) T **6** not to seek out excitement, but to enjoy life's quiet moments **7** ③   **본책 pp. 100-101**

문제 해설

1 1) 증진시키다 – ⓐ 무언가를 지지하거나 적극적으로 장려하다

2) 지역사회 – ⓒ 구성원들이 특정 지역이나 장소에 사는 사회적 집단

3) 정의 – ⓑ 단어나 개념이 의미하는 것

2 1) be sure to-v: 반드시 ~하다

2) keep track of: ~을 기록하다

3 (A) 문맥상 '만약 그것이 더 흥미 있게 들린다면'이 자연스러우므로 조건의 부사절을 이끄는 접속사 If가 들어가는 것이 적절하다.

(B) 무지개처럼 보이게 된다는 것은 완주하게 되면 벌어지는 일이므로 빈칸에는 '~할 때쯤'의 뜻을 가진 연결어 By the time이 적절하다.

4 컬러 런에서 사람들은 우사인 볼트처럼 빨리 달리지 않아도 되며 컬러 런의 목적은 사람들을 화합하게 하는 것이라고 설명하는 도중에, 색깔은 사람들의 감정과 구매 결정에 영향을 주기 위해 마케팅에서 자주 사용된다는 내용의 문장 (d)는 글의 흐름과 맞지 않는다.

5 1) 휘게는 하나의 명확한 의미를 가지고 있기 때문에 정의하기 쉽다. → 휘게는 일반적인 느낌을 나타내기 때문에 정의하기 어려운 단어라고 했다. (3~4번째 줄)

2) 덴마크 사람들은 특히 따뜻한 여름날에 휘게를 즐긴다. → 덴마크는 겨울이 길고 추워서 휘게 생활 방식으로 따뜻한 집 안에 있는다고 했다. (6~7번째 줄)

3) 산책하는 것은 휘게 생활 방식의 일부가 될 수 있다. (8번째 줄)

6 'A가 아니라 B'의 의미인 「not A but B」 구문을 이용하여 A와 B에 어법상 동일한 형태의 어구인 to부정사가 오도록 단어를 배열한다.

7 음력 설날 초에 홍콩 틴하우 사원에서 소원을 비는 풍습에 관해 다루고 있으므로, 제목으로는 ③ '틴하우 사원에서 소원을 비는 독특한 방법'이 알맞다.

① 홍콩의 음력 설날 역사

② 가족과 함께 새해를 기념하는 방법

④ 홍콩의 전설들: 한 나무가 어떻게 병을 치유했는가
⑤ 왜 당신은 휴가 중에 틴하우 사원을 방문해야 하는가

Social Science

 **SECTION 09** **1** 정답 **1** ③ **2** ⑤ **3** ④ **4** ⑤ **5** wrote a letter to the BBC

본책 pp. 104-105

문제 해설

1 말랄라 유사프자이가 여성 교육의 필요성을 강조하고, 여성 교육을 증진하고 있다는 내용의 글이므로, 제목으로는 ③ '여성 교육을 위한 말랄라의 싸움'이 알맞다.
① 스와트 밸리에서 탈레반의 지배   ② 세계를 놀라게 한 공격
④ 역사상 가장 어린 노벨상 수상자   ⑤ 말랄라의 연설에 대한 세계의 반응

2 사역동사 let은 목적격 보어로 동사원형을 취하므로 ⓔ stopping은 stop이 되어야 한다.

3 말랄라의 날이 지정되고 나서 1년 후에 노벨평화상을 받았다고 했으므로, ④는 글의 내용과 일치하지 않는다.

4 탈레반의 부당한 행동을 세계에 알리고, 그들의 공격에도 굴하지 않고 여성 교육 증진을 위해 힘썼다고 했으므로 말 랄라 유사프자이를 묘사하는 말로 가장 적절한 것은 '용감한'의 의미인 ⑤ courageous이다.
① 예의 바른   ② 정직한   ③ 외향적인   ④ 관대한

5 탈레반이 소녀들이 학교에 가는 것을 막은 후에 말랄라는 무엇을 했는가?
→ 탈레반에 맞서서, 말랄라는 자신의 지역에서의 부당한 상황을 설명하는 <u>편지를 BBC에 썼다</u>.

본문
직독 직해

① Malala Yousafzai was born / in a region of Pakistan / known as the Swat Valley. / ② As a young girl, /
말랄라 유사프자이는 태어났다   파키스탄의 한 지역에서   스와트 밸리라고 알려진   어린 소녀로서

Malala loved to read and learn. / ③ However, / Malala's education was threatened / when a group named
말랄라는 읽고 배우는 것을 매우 좋아했다   그러나   말랄라의 교육은 위협을 받았다   탈레반이라는 이름의 단체가

the Taliban / took over the Swat Valley. / ④ In 2009, the Taliban set up a new government / that did not
탈레반이   스와트 밸리를 장악했을 때   2009년, 탈레반은 새로운 정부를 수립했다   소녀들을

allow girls / to go to school. / ⑤ But 12-year-old Malala stood up to the Taliban. / ⑥ She wrote a letter / to
허용하지 않는   학교에 가는 것을   그러나 12세의 말랄라는 탈레반에 맞섰다   그녀는 편지를 썼다

the BBC / that explained this unfair situation in her region. / ⑦ The BBC reported Malala's story, / and the
BBC에   자신의 지역에서의 이 부당한 상황을 설명하는   BBC는 말랄라의 이야기를 보도했다   그리고

world learned of the Taliban's actions. /
세계는 탈레반의 행동을 알게 되었다

⑧ The Taliban heard about Malala's actions, / and they sent men / to shoot her. / ⑨ But Malala survived
탈레반은 말랄라의 행동에 대해 듣게 되었다   그리고 그들은 사람들을 보냈다   그녀를 (총으로) 쏠   하지만 말랄라는

the Taliban's attack. / ⑩ After that, / she began to speak out to the world / about the importance of
탈레반의 공격에서 살아남았다   그 이후로   그녀는 세계에 알리기 시작했다   교육의 중요성에 대해

education. / ⑪ She gave a powerful speech / at the United Nations (U.N.) headquarters / about the need
         그녀는 강력한 연설을 했다   국제연합(UN) 본부에서   여성 교육의 필요성에 관해

for girls' education. / ⑫ In 2013, / the U.N. named July 12—her birthday—Malala Day / in her honor. /
여성 교육의 필요성에 관해   2013년에   UN은 그녀의 생일인 7월 12일을 말랄라의 날로 지정했다   그녀에게 경의를 표하기 위해

⑬ One year later, / Malala became the youngest person / in history / to win the Nobel Peace Prize.
1년 후   말랄라는 가장 어린 인물이 되었다   역사상   노벨평화상을 받은

⑭ Malala has let nothing stop her, / and she continues to promote girls' education / as a U.N. Messenger
말랄라는 어떠한 것도 그녀를 막게 두지 않았다   그리고 그녀는 계속해서 여성 교육을 증진하고 있다   UN의 평화 메신저로서

of Peace. /

본문 해석 말랄라 유사프자이는 스와트 밸리라고 알려진 파키스탄의 한 지역에서 태어났다. 어린 소녀로서, 말랄라는 읽고 배우는 것을 매우 좋아했다. 그러나 탈레반이라는 이름의 단체가 스와트 밸리를 장악했을 때 말랄라의 교육은 위협을 받았다. 2009년, 탈레반은 소녀들이 학교에 가는 것을 허용하지 않는 새로운 정부를 수립했다. 그러나 12세의 말랄라는 탈레반에 맞섰다. 그녀는 BBC에 자신의 지역에서의 이 부당한 상황을 설명하는 편지를 썼다. BBC는 말랄라의 이야기를 보도했고, 세계는 탈레반의 행동을 알게 되었다.

탈레반은 말랄라의 행동에 대해 듣게 되었고, 그들은 그녀를 (총으로) 쏠 사람들을 보냈다. 그러나 말랄라는 탈레반의 공격에서 살아남았다. 그 이후로, 그녀는 교육의 중요성에 대해 세계에 알리기 시작했다. 그녀는 국제연합(UN) 본부에서 여성 교육의 필요성에 관해 강력한 연설을 했다. 2013년에 UN은 그녀에게 경의를 표하기 위해 그녀의 생일인 7월 12일을 말랄라의 날로 지정했다. 1년 후, 말랄라는 역사상 노벨평화상을 받은 가장 어린 인물이 되었다. 말랄라는 어떠한 것도 그녀를 막게 두지 않았고, UN 평화 메신저로서 계속해서 여성 교육을 증진하고 있다.

구문 해설 ③ However, Malala's education was threatened **when** a group [named the Taliban] took over the Swat
Valley.
→ when은 '~할 때'의 의미로 시간의 부사절을 이끄는 접속사이다.
→ [ ]는 a group을 수식하는 과거분사구로, 명사와 분사가 수동 관계이므로 과거분사 named가 쓰였다.

④ In 2009, the Taliban set up a new government [that did not **allow girls to go** to school].
→ [ ]는 선행사 a new government를 수식하는 주격 관계대명사절이다.
→ allow + 목적어 + to-v: (목적어)가 ~하게 허용하다

⑥ She wrote a letter to the BBC [that explained this unfair situation {in her region}].
→ [ ]는 선행사 a letter를 수식하는 주격 관계대명사절로 선행사와 관계대명사절은 서로 떨어져 있을 수도 있다.
→ { }는 this unfair situation을 수식하는 전치사구이다.

⑫ In 2013, the U.N. **named July 12**—her birthday—**Malala Day** in her honor.
→ name + 목적어 + 목적격 보어(명사): (목적어)를 ~라고 이름 짓다, 명명하다

⑬ …, Malala became the youngest person in history [to win the Nobel Peace Prize].
→ [ ]는 the youngest person을 수식하는 형용사적 용법의 to부정사구이다.

⑭ Malala **has** *let* nothing *stop* her, and she continues to promote girls' education as a U.N. Messenger of
Peace.
→ has let은 〈계속〉을 나타내는 현재완료이다.
→ let(사역동사) + 목적어 + 목적격 보어(동사원형): (목적어)가 ~하게 하다
→ continue는 to부정사와 동명사를 모두 목적어로 취하는 동사이다.

 **SECTION 09 2** 정답 **1** ⑤ **2** ④ **3** ③ **4** ③

본책 pp. 106-107

문제 해설 **1** 집단의 크기가 커질수록 개인의 생산성이 감소한다는 링겔만 효과에 관한 내용이므로, 제목으로는 ⑤ '팀 크기의 역설: 더 많은 사람, 더 적은 생산성'이 알맞다.

① 어떻게 협업이 효율성을 증진하는가

② 왜 더 큰 집단 크기가 더 높은 생산성과 동일시되는가

③ 개인의 동기 부여를 높이는 최선의 방법들

④ 사회화의 과학: 어떻게 집단이 함께 일하는가

2 문맥상 링겔만 효과를 극복하기 위해서, 각 집단 구성원들은 기술과 강점을 반영하는 '특정한' 업무를 배정받아야 한다는 맥락이 적절하므로, ⓓ vague(모호한)을 specific(구체적인, 특정한)과 같은 어휘로 바꿔야 한다.

3 (A) 뒤에 주어가 없는 불완전한 절이 쓰였으므로 주격 관계대명사가 필요하고, 선행사가 앞 문장 전체이므로 이를 부연 설명하는 계속적 용법의 주격 관계대명사 which가 와야 적절하다.

(B) 뒤의 명사 feedback을 수식해야 하므로, 형용사 constructive가 적절하다.

(C) 주어가 동명사구 Understanding this psychological effect이므로 동사는 단수동사 enhances가 되어야 한다.

4 링겔만 효과는 팀의 인원이 많을수록 개인의 노력이 덜 인정받아, 동기가 감소하여 생산성이 떨어지는 현상이므로, 링겔만 효과가 잘 드러나게 말을 한 팀원은 ③ '내 노력이 팀의 것과 뒤섞이므로, 나는 열심히 일할 동기가 부족합니다.'라고 말한 C이다.

① A: 우리 팀에 팀원이 많기 때문에, 우리는 더 좋은 결과를 얻을 것입니다.

② B: 나는 내가 동의하지 않는 팀 목표에 기여하고 싶지 않습니다.

④ D: 나는 팀에서 내 역할이 무엇인지 알기 위해서 피드백이 필요합니다.

⑤ E: 우리 팀은 목표를 이해하지 못하기 때문에 열심히 일하지 않습니다.

본문

직독 직해

① In 1913, Max Ringelmann, a French agricultural engineer, / conducted an experiment / to understand /
1913년, 프랑스의 농업 엔지니어인 막스 링겔만은   실험을 수행했다   이해하기 위해

how people work in groups. / ② He asked participants to pull a rope, / first individually / and then as a
어떻게 사람들이 집단에서 작업하는지   그는 참가자들에게 밧줄을 당기라고 요청했다   처음에는 개인적으로   그리고 그다음에는

group. / ③ When people pulled the rope alone, / they utilized considerable effort. / ④ But when people
집단으로   사람들이 혼자서 밧줄을 당길 때   그들은 상당한 노력을 들였다   그러나 사람들이

pulled the rope in a group, / they used less effort. / ⑤ This phenomenon is known as "the Ringelmann
집단으로 밧줄을 당길 때   그들은 더 적은 노력을 들였다   이 현상은 '링겔만 효과'로 알려져 있다

effect." / ⑥ The Ringelmann effect describes / how individual productivity decreases / as the size of a
링겔만 효과는 설명한다   어떻게 개인의 생산성이 감소하는지   집단의 크기가 커질수록

group increases. /

⑦ How does the Ringelmann effect work? / ⑧ The main idea is / that as team size grows, / individual effort
링겔만 효과는 어떻게 작용할까   주요 아이디어는   팀의 크기가 커질수록   팀 내에서 개인의 노력은

within the team becomes less noticeable, / which reduces participant motivation. / ⑨ Additionally, / the
덜 눈에 띄는데   이것은 참가자들의 동기를 줄인다   추가적으로

team shares the achievement, / so personal effort is not as highly valued, / leading members to contribute
팀이 성과를 공유한다   그래서 개인의 노력은 그만큼 가치 있게 여겨지지 않는다   팀원들이 기여를 덜하고

less and produce a poor result. /
좋지 않은 결과물을 만들어 내도록 이끌면서

⑩ Fortunately, there's a way / to overcome the Ringelmann effect. / ⑪ Each team member should
다행히, 방법이 있다   링겔만 효과를 극복할   각 팀원들은 배정 받아야 한다

be assigned / a specific task that reflects their skills and strengths. / ⑫ Then they should be given /
그들의 기술과 강점을 반영하는 특정한 작업을   그 후 그들은 제공받아야 한다

constructive feedback / to improve the quality of their work. / ⑬ Understanding this psychological effect /
건설적인 피드백을   그들의 작업 품질을 향상시키기 위한   이 심리적 효과를 이해하는 것은

enhances team efficiency / and produces more successful outcomes. /
팀의 효율성을 높인다   그리고 더 성공적인 결과를 만들어낸다

본문 해석   1913년, 프랑스의 농업 엔지니어인 막스 링겔만은 어떻게 사람들이 집단에서 작업하는지 이해하기 위해 실험을 수

행했다. 그는 참가자들에게 밧줄을 당기라고 요청했으며, 처음에는 개인적으로, 그다음에는 집단으로 당기도록 했다. 사람들이 혼자서 밧줄을 당길 때, 그들은 상당한 노력을 들였다. 그러나 사람들이 집단으로 밧줄을 당길 때 그들은 더 적은 노력을 들였다. 이 현상은 '링겔만 효과'로 알려져 있다. 링겔만 효과는 집단의 크기가 커질수록 어떻게 개인의 생산성이 감소하는지를 설명한다.

링겔만 효과는 어떻게 작용할까? 주요 아이디어는 팀의 크기가 커질수록 팀 내에서 개인의 노력은 덜 눈에 띄는데, 이것은 참가자들의 동기를 줄인다. 추가적으로, 팀이 성과를 공유하기 때문에 개인의 노력은 그만큼 가치 있게 여겨지지 않아, 팀원들이 기여를 덜하고 좋지 않은 결과물을 만들어 내도록 이끈다.

다행히, 링겔만 효과를 극복할 방법이 있다. 각 팀원들은 그들의 기술과 강점을 반영하는 특정한(←모호한) 작업을 배정 받아야 한다. 그 후 그들은 그들의 작업 품질을 향상시키기 위한 건설적인 피드백을 제공받아야 한다. 이 심리적 효과를 이해하는 것은 팀의 효율성을 높이고 더 성공적인 결과를 만들어낸다.

구문 해설

① In 1913, **Max Ringelmann, a French agricultural engineer**, conducted an experiment *to understand* [how people work in groups].
→ Max Ringelmann과 a Frinch agricultural engineer는 동격 관계이다.
→ to understand는 〈목적〉을 나타내는 부사적 용법의 to부정사이다.
→ [ ]는 understand의 목적어 역할을 하는 간접 의문문으로 「의문사+주어+동사」의 어순이다.

⑥ The Ringelmann effect describes [how individual productivity decreases {**as** the size of a group increases}].
→ [ ]는 describes의 목적어로 쓰인 간접 의문문으로 「의문사+주어+동사」의 어순이다.
→ { }는 시간을 나타내는 부사절로 as는 '~할 수록'의 의미를 가지는 접속사로 쓰였다.

⑧ ..., individual effort within the team becomes less noticeable, [which reduces participant motivation].
→ [ ]는 앞 문장 전체를 선행사로 하여 이를 부연 설명하는 계속적 용법의 주격 관계대명사절이며, 관계대명사 which는 and it으로 바꿔 쓸 수 있다.

⑨ ..., [leading members **to contribute** less and **produce** a poor result].
→ [ ]는 〈연속동작〉을 나타내는 분사구문이다.
→ to contribute와 (to) produce가 and로 연결된 병렬 구조이다.

⑪ Each team member should be assigned a specific task [that reflects their skills and strengths].
→ [ ]는 선행사 a specific task를 수식하는 주격 관계대명사절이다.

⑬ [Understanding this psychological effect] *enhances* team efficiency and *produces* more successful outcomes.
→ [ ]는 문장의 주어로 쓰인 동명사구이며, 동명사구 주어는 단수 취급하므로 단수동사 enhances가 쓰였다.
→ enhances와 produces는 and로 연결된 병렬 구조이다.

 3 **정답** 1 ③ 2 ① 3 ④ 4 (1) F (2) F (3) T 5 contributed, challenges   본책 pp. 108-109

문제 해설

1 수학에 큰 재능을 보였던 캐서린 존슨이 여성 아프리카계 미국인으로서 NASA에서 차별을 겪었음에도 아폴로 11호 프로젝트에서 중요한 역할을 했다는 내용의 글이므로, 주제로는 ③ '우주 탐사에서 편견을 극복한 한 여성'이 적절하다.
① 어떻게 팀워크가 아폴로 11호 임무를 성공으로 이끌었는가
② NASA에 있었던 아프리카계 미국인 여성들의 숨겨진 이야기

④ 아폴로 우주 프로그램의 과학적 성과

⑤ 달 착륙에서 West Area Computing Unit의 역할

2 (A) 이어지는 절에서 많은 사람들이 알려지지 않았다고 했으므로 양보를 나타내는 접속사 Although가 이끄는 종속절에서는 이와 반대되는 '유명한'의 의미인 famous가 적절하다. infamous는 '악명이 높은'의 의미이다.

(B) 그녀가 아프리카계 미국인이기 때문에 백인 동료들과 따로따로 일하고 식사를 하도록 '요구받았다'는 내용이 이어지는 것이 적절하므로 required가 알맞다. inquire는 '묻다, 알아보다'의 의미이다.

(C) 앞 문장에서 캐서린 존슨이 NASA에서 중요한 역할을 했다고 나왔으므로, 그녀의 업적이 '놀라웠다'는 의미의 amazing이 들어가는 것이 적절하다. amusing은 '즐거운'의 의미이다.

3 5형식 동사 help는 목적격 보어로 동사원형이나 to부정사를 써야 하므로 ⓓ playing은 play나 to play가 되어야 한다.

4 (1) 캐서린 존슨은 학교에 가지 않고 수학을 독학했다. → 캐서린 존슨은 10살 때 고등학교에 다니고, 그 이후 대학도 졸업했다고 했다. (문장 ⑤~⑥)

(2) West Area Computing Unit은 백인 남성 엔지니어들로 구성되어 있었다. → West Area Computing Unit은 복잡한 수학 문제를 풀었던 아프리카계 미국인 여성 집단이라고 했다. (문장 ⑦~⑧)

(3) 캐서린 존슨은 백인 동료들과 점심을 먹을 수 없었다. (문장 ⑩)

5 보기 수행했다   성공   어려운   기여했다   어려움   숨겼다

캐서린 존슨은 복잡한 수학 문제들을 해결함으로써 나사의 아폴로 11호 임무에 기여했다. 아프리카계 미국 여성으로서 어려움에 직면했음에도 불구하고, 그녀의 재능은 그녀가 우주 탐사에 중요한 영향을 미치는 데 도움이 되었다.

본문 직독 직해

① The first astronauts landed on the moon / in 1969. /
최초의 우주 비행사는 달에 착륙했다   1969년에
② Although the astronauts themselves quickly became famous, / many of the other people involved in the project / remained unknown. /
비록 우주 비행사 본인들은 금세 유명해졌지만   이 프로젝트에 참여한 다른 사람들 중 다수는   알려지지 않았다
③ One of these people was Katherine Johnson. /
이 사람들 중 한 명이 캐서린 존슨이었다

④ Johnson had a great talent for mathematics. /
존슨은 수학에 큰 재능을 보였다
⑤ Even at a young age, / she stood out in her classes. /
어렸을 때조차도   그녀는 수업에서 두각을 나타냈다
⑥ When she was just 10, / she began attending high school. /
겨우 10살이었을 때   그녀는 고등학교에 다니기 시작했다
⑦ After graduating from college, / she joined NASA's West Area Computing Unit. /
대학을 졸업한 후   그녀는 NASA의 West Area Computing Unit에 합류했다
⑧ It was a group of African American women / who solved complicated math problems / for the program's engineers. /
그것은 아프리카계 미국인 여성 집단이었다   복잡한 수학 문제를 풀었던   프로그램의 엔지니어들을 위해
⑨ Unfortunately, / working for NASA at that time was difficult / for people who weren't white men. /
불행히도   그 당시 NASA에서 일하는 것은 힘들었다   백인 남성이 아닌 사람들에게는
⑩ Because she was African American, / she was required to work and eat separately / from her white coworkers. /
그녀는 아프리카계 미국인이었기 때문에   따로따로 일하고 식사를 하도록 요구받았다   백인 동료들과
⑪ And because she was a woman, / she was not allowed / to attend meetings with male engineers and scientists. /
그리고 그녀는 여자였기 때문에   허용되지 않았다   남성 엔지니어와 과학자들과의 회의에 참석하는 것이
⑫ She couldn't even put her name / on the reports she worked on. /
그녀는 자신의 이름조차 올릴 수 없었다   그녀가 작성한 보고서에

⑬ Despite all of this, / Johnson's brilliant math skills helped her play an important role at NASA. /
이러한 모든 상황에도 불구하고   존슨의 뛰어난 수학 능력은 그녀가 NASA에서 중요한 역할을 하는 데 도움이 되었다
⑭ She performed difficult calculations for Apollo 11, / which was the first manned mission to the Moon. /
그녀는 아폴로 11호에 대해 어려운 계산을 수행했는데   아폴로 11호는 최초의 달 유인 탐사였다
⑮ Due to her amazing work, / she was awarded the Presidential Medal of Freedom in 2015. /
그녀의 놀라운 업적 덕분에   그녀는 2015년에 대통령 훈장을 받았다
⑯ Today / she is considered a role model / for both women and African Americans. /
오늘날   그녀는 롤모델로 여겨지고 있다   여성들과 아프리카계 미국인들 모두에게

최초의 우주 비행사는 1969년에 달에 착륙했다. 비록 우주 비행사 본인들은 금세 유명해졌지만, 이 프로젝트에 참여한 다른 사람들 중 다수는 알려지지 않았다. 이 사람들 중 한 명이 캐서린 존슨이었다.

존슨은 수학에 큰 재능을 보였다. 어렸을 때조차도, 그녀는 수업에서 두각을 나타냈다. 겨우 10살이었을 때, 그녀는 고등학교에 다니기 시작했다. 대학을 졸업한 후, 그녀는 NASA의 West Area Computing Unit에 합류했다. 그것은 프로그램 엔지니어들을 위해 복잡한 수학 문제를 풀던 아프리카계 미국인 여성 집단이었다. 불행히도, 그 당시 NASA에서 일하는 것은 백인 남성이 아닌 사람들에게는 힘들었다. 그녀는 아프리카계 미국인이었기 때문에, 백인 동료들과 따로따로 일하고 식사를 하도록 요구받았다. 그리고 그녀는 여자였기 때문에, 남성 엔지니어와 과학자들과의 회의에 참석하는 것이 허용되지 않았다. 그녀가 작성한 보고서에 자신의 이름조차 올릴 수 없었다.

이러한 모든 상황에도 불구하고, 존슨의 뛰어난 수학 능력은 그녀가 NASA에서 중요한 역할을 하는 데 도움이 되었다. 그녀는 아폴로 11호에 대해 어려운 계산을 수행했는데, 아폴로 11호는 최초의 달 유인 탐사였다. 놀라운 업적 덕분에, 그녀는 2015년에 대통령 훈장을 받았다. 오늘날 그녀는 여성들과 아프리카계 미국인들 모두에게 롤모델로 여겨지고 있다.

② Although the astronauts **themselves** quickly became famous, many of the other people [involved in the project] remained unknown.

→ themselves는 종속절의 주어 the astronauts를 강조하는 재귀대명사이다.

→ [ ]는 many of the other people을 수식하는 과거분사구이다.

⑦ [After graduating from college], she joined NASA's West Area Computing Unit.

→ [ ]는 「전치사+동명사구」의 형태이다. 또는 〈시간〉을 나타내는 분사구문으로, 의미를 명확하게 하기 위해 접속사를 생략하지 않은 것으로 볼 수도 있다.

⑧ It was a group of African American women [who solved complicated math problems for the program's engineers].

→ [ ]는 선행사 a group of African American women을 수식하는 주격 관계대명사절이다.

⑨ Unfortunately, [working for NASA at that time] **was** difficult for people [who weren't white men].

→ 첫 번째 [ ]는 문장의 주어로 쓰인 동명사구이므로 단수 취급하여 단수동사 was가 쓰였다.

→ 두 번째 [ ]는 선행사 people을 수식하는 주격 관계대명사절이다.

⑩ **Because** she was African American, she *was required to work* and *eat* separately from her white coworkers.

→ Because는 '~ 때문에'의 의미로 〈이유〉를 나타내는 부사절을 이끄는 접속사이다.

→ 「be required to-v」는 「require+목적어+to-v」의 수동형으로 '~하도록 요구되었다'의 의미이며, 목적격 보어인 to부정사 to work와 (to) eat이 접속사 and로 병렬 연결되었다.

⑪ …, she **was** not **allowed to attend** meetings with male engineers and scientists.

→ 「be allowed to-v」는 '~하는 것이 허락되다'의 의미로, 「allow+목적어+to-v」의 수동형이다. allow는 목적격 보어로 to부정사를 취하는 동사다.

⑫ She couldn't even put her name on the reports [(that[which]) she worked on].

→ [ ]는 선행사 the reports를 수식하는 목적격 관계대명사절로, 관계대명사 that[which]가 생략되었다.

⑭ She performed difficult calculations for Apollo 11, [which was the first manned mission to the Moon].

→ [ ]는 선행사 Apollo 11을 부연 설명하는 계속적 용법의 주격 관계대명사절이다.

 SECTION 09 :ON 수능 정답 1 ② 2 ① 3 ⓐ taken ⓑ stealing[to steal] 4 (1) T (2) F (3) T 본책 pp. 110-111
5 hackers, fingerprints, sensitive

문제 해설

1 먼 거리에서 찍은 사진들에서도 해커들에 의해 지문이 추출되어 사용될 수 있다는 내용이 뒤에 이어지므로, 빈칸에는 ② '사진에서 지문을 추출하기'가 들어가는 것이 가장 적절하다.

오답 풀이

① 현재 당신의 위치를 추적하기 → 민감한 정보가 위험에 노출될 수 있지만 위치를 추적한다는 것은 글에 언급되지 않았다.

③ 당신의 얼굴 특징을 변경하기 → 사진 속 손가락에서 지문을 추출하는 것에 관한 내용이며, 얼굴 특징을 변경한다는 것은 글에 언급되지 않았다.

④ 전문적인 인물 사진을 촬영하기 → 해커들은 전문적인 인물의 사진을 촬영하는 것이 아니라, 사진에서 지문을 추출하여 개인 정보를 훔칠 수 있다고 하였으므로 글의 내용과 무관하다.

⑤ 스마트폰 보안을 강화하기 → 해커들에 의해 스마트폰 보안이 오히려 약화되는 것에 관한 글이므로 글의 내용과 상반된다.

2 V사인 포즈로 찍은 사진에서 추출된 지문이 사이버 보안 위협이 될 수 있음을 설명하는 내용이므로, 제목으로는 ① 'V사인의 숨겨진 위협'이 알맞다.

② 스마트폰을 이용해 소프트웨어 만들기

③ 왜 보안에 지문이 사용되는가

④ 사이버 보안의 최신 기술

⑤ 소셜 미디어: 셀카 포즈의 진화

3 ⓐ images를 수식하는 분사구에 해당하며, 사진이 '찍힌' 것이므로 수동의 의미인 과거분사 taken으로 써야 한다.

ⓑ 문장에서 주어 역할을 하므로, 동명사 stealing 또는 명사적 용법의 to부정사 to steal로 써야 한다.

4 (1) 해커들은 최대 3미터 떨어진 곳에서 찍은 셀카에서 지문을 추출할 수 있다. (문장 ⑥)

(2) 사진에서 지문을 훔치는 과정은 간단하다. → 사진을 훔치는 것은 간단하지 않다고 했다. (문장 ⑨)

(3) 누군가가 휴대전화 센서에 손가락을 갖다 대는 것처럼 하는 것이 가능하다. (문장 ⑪)

5 특수한 소프트웨어를 활용하여, 해커들은 손가락 끝의 고화질 이미지를 분석할 수 있고, 스마트폰의 민감한 정보에 접근하기 위해 사람의 지문을 사용할 수 있다.

본문 직독 직해

① Let's take a selfie! / ② What pose / will you make? / ③ The V-sign, / or the peace sign, / is one of the
셀카를 찍자   어떤 포즈를   당신은 취하겠는가   V사인은   또는 평화 사인은

most common hand gestures / in selfies. / ④ However, / cybersecurity experts warn / people against
가장 흔한 손동작 중 하나이다   셀카에서   하지만   사이버 보안 전문가들은 경고한다   그것을 사용하지 말라고

using it. / ⑤ Due to the high-quality images / taken from our smartphones, / hackers are now capable
            고화질 이미지로 인해   우리의 스마트폰에서 촬영된   해커들은 이제 할 수 있게 되었다

of / extracting fingerprints from photos. ⑥ Although close-up photos of people's fingertips / are an
    사진에서 지문을 추출하는 것을   비록 사람들의 손가락 끝을 근접 촬영한 사진들이

obvious source, / fingerprints can surprisingly be extracted / from photos taken from a distance of up to
확실한 출처이지만   지문은 놀랍게도 추출될 수 있다   사진들에서도   최대 3미터 거리에서 찍힌

three meters. / ⑦ That means / a hacker only needs a photo from social media / to steal personal data. /
                  그것은 의미한다   해커가 소셜 미디어에 있는 사진 한 장만 필요하다는 것을   개인 정보를 훔치기 위해

⑧ Sensitive data on a smartphone / that is unlocked by fingerprints, / such as banking applications, /
    스마트폰에 있는 민감한 정보는   지문으로 잠금을 해제하는   은행 응용 프로그램과 같은

would be at risk. / ⑨ However, / stealing fingerprints / is not simple. / ⑩ Specialized software would be
위험에 노출될 수 있다   하지만   지문을 훔치는 것은   간단하지 않다   특수한 소프트웨어가 필요할 것이다

needed / to analyze images of fingerprints. / ⑪ Some even use AI / to make clear fingerprints / as though
          손가락 끝의 이미지들을 분석하기 위해   어떤 것들은 심지어 AI를 사용한다   지문을 선명하게 만들기 위해

67

someone were pressing their finger / on the phone sensor. / ⑫ This kind of software / is not widely
마치 누군가 손가락을 누르는 것처럼   휴대전화 센서에   이런 종류의 소프트웨어는   널리 사용되지 않는다

available, / so it's not easy / for hackers to get. / ⑬ Even so, / people should be cautious of / sharing high-
그래서 쉽지 않다   해커들이 구하기가   그렇기는 하지만   사람들은 주의해야 한다   자신들의 고화질

quality photos of themselves / online. / ⑭ It would be wise / to make small changes, / such as turning your
사진들을 공유하는 데   온라인에서   현명할 것이다   작은 변화를 만드는 것이   손을 뒤집는 것과 같이

hand around / while making a V-sign. /
손을 뒤집는   V사인을 만드는 동안

본문 해석
셀카를 찍자! 당신은 어떤 포즈를 취하겠는가? V사인, 또는 평화 사인은 셀카에서 가장 흔한 손동작 중 하나이다. 하지만, 사이버 보안 전문가들은 그것을 사용하지 말라고 경고한다. 스마트폰에서 촬영된 고화질 이미지로 인해 해커들은 이제 사진에서 지문을 추출할 수 있게 되었다. 비록 사람들의 손가락 끝을 근접 촬영한 사진들이 확실한 출처이지만, 놀랍게도 최대 3미터 거리에서 찍힌 사진들에서도 지문은 추출될 수 있다. 그것은 해커가 개인 정보를 훔치기 위해 소셜 미디어에 있는 사진 한 장만 필요하다는 것을 의미한다. 지문으로 잠금을 해제하는 은행 응용 프로그램과 같은 스마트폰에 있는 민감한 정보는 위험에 노출될 수 있다. 하지만, 지문을 훔치는 것은 간단하지 않다. 손가락 끝의 이미지들을 분석하기 위해서는 특수한 소프트웨어가 필요할 것이다. 어떤 것들은 마치 누군가가 휴대전화 센서에 손가락을 누르는 것처럼 지문을 선명하게 만들기 위해 심지어 AI를 사용한다. 이런 종류의 소프트웨어는 널리 사용되지 않아서, 해커들이 구하기가 쉽지 않다. 그렇기는 하지만, 사람들은 온라인에서 자신들의 고화질 사진들을 공유하는 데 주의해야 한다. V사인을 만드는 동안 손을 뒤집는 것과 같이 작은 변화를 주는 것이 현명할 것이다.

구문 해설

③ The V-sign, or the peace sign, is **one of the most common hand gestures** in selfies.
→ one of the + 최상급 + 복수명사: 가장 ~한 …들 중 하나

⑤ **Due to** the high-quality images [taken from our smartphones], hackers are … .
→ Due to는 '~때문에'라는 의미의 전치사이므로 뒤에 명사(구)가 쓰였다.
→ [ ]는 the high-quality images를 수식하는 분사구이며, 명사구와 분사가 수동 관계이므로 과거분사 taken이 쓰였다.

⑦ That means [(that) a hacker only needs a photo from social media **to steal** personal data].
→ [ ]는 동사 means의 목적어로 쓰인 명사절이며, 명사절을 이끄는 접속사 that이 생략되었다.
→ to steal은 〈목적〉을 나타내는 부사적 용법의 to부정사이다.

⑪ **Some** even use AI *to make* clear fingerprints as though someone were pressing their finger on the
phone sensor.
→ Some 뒤에 앞 문장에서 언급한 specialized software가 생략되었다.
→ to make는 〈목적〉을 나타내는 부사적 용법의 to부정사이다.
→「as though + 가정법 과거」는 '마치 ~인 것처럼 (실제로는 ~가 아닌)'의 의미로 현재 사실의 반대를 가정할 때 쓰인다.

⑫ This kind of software is not widely available, so **it's not easy for hackers to get**.
→ it은 가주어이고 for hackers는 to부정사의 의미상의 주어이며, to get이 진주어이다.

⑭ **It** would be wise **to make** small changes, such as turning your hand around [while making a V-sign].
→ It이 가주어이고 to make가 진주어이다.
→ [ ]는 〈시간〉을 나타내는 분사구문으로, 의미를 명확하게 하기 위해 접속사 while을 생략하지 않았다.

REVIEW TEST SECTION 09   **정답 1** 1) ⓒ 2) ⓑ 3) ⓐ **2** 1) speak out 2) stand up to **3** ④ **4** that did not allow   본책 pp. 112-113
girls to go to school **5** 1) F 2) F 3) T **6** ⑤

문제 해설

1 1) 협업, 협동 – ⓒ 무언가를 하기 위해 함께 일하는 것

2) 저해[방해]하다 – ⓑ 무언가를 하기가 더 어렵게 만들다

3) 향상시키다 – ⓐ 무언가를 더 좋게 만들다

2 1) speak out: 공개적으로 말하다[밝히다]

2) stand up to: ~에게 저항하다[맞서다]

3 역접의 연결사인 But으로 시작하는 주어진 문장은 말랄라가 탈레반의 공격에서 살아남았다는 내용인데, 말랄라로 인해 탈레반의 부당한 행동이 BBC에 보도되어 탈레반이 말랄라를 공격했다는 내용과 상반되므로, ④에 들어가는 것이 가장 적절하다.

4 선행사 a new government를 수식하는 주격 관계대명사 that을 쓰고, '~가 …하도록 허용하다'라는 의미의 「allow+목적어+to부정사」 구문을 이용하여 단어를 배열한다.

5 1) 사람들은 혼자서 밧줄을 당길 때보다, 그룹으로 당길 때 더 많은 노력을 들였다. → 사람들은 그룹으로 밧줄을 당 길 때 더 적은 노력을 들인다고 했다. (3~4번째 줄)

2) 링겔만 효과는 더 큰 그룹에서 개인의 노력이 증가한다는 것을 보여준다. → 그룹이 커질수록 개인의 노력이 감소 한다는 것을 보여준다고 했다. (5~6번째 줄)

3) 실험에 따르면, 성공을 나누는 것이 개인의 기여를 줄일 수 있다. (8~10번째 줄)

6 all of this는 존슨이 NASA에서 겪은 차별과 어려움 전체를 가리키는 것으로, 존슨이 계산 결과를 동료들에게 검 토 받아야 했다는 내용은 글에서 언급되지 않았다. 따라서 정답은 ⑤이다.

SECTION 10

Science & Technology

정답 1 ⑤ **2** ⑤ **3** ⑤ **4** ① **5** the Moon is as close to the Earth as possible   본책 pp. 116-117

문제 해설

1 평소보다 더 밝고 크게 보이는 보름달인 슈퍼문이 생기는 이유에 관한 글이므로, 주제로는 ⑤ '무엇이 달을 때때로 더 커보이게 하는가'가 적절하다.
① 어떻게 보름달이 지구에 영향을 줄 수 있는가 ② 왜 달이 지구 주변을 움직이는가
③ 달의 모양이 바뀌는 이유 ④ 태양과 달의 관계

2 문장의 주어가 전치사구 out of every 14 full moons의 수식을 받는 one이므로, ⓔ are는 단수동사인 is가 되 어야 한다.

3 주어진 문장의 This는 ⑤ 바로 앞 문장에 나온 내용인 '달이 완벽한 원이 아닌 타원형에 가까운 모양으로 지구 주변 을 도는 것'을 가리키고 ⑤ 뒤에 달과 지구 사이의 거리를 기준으로 슈퍼문이 발생한다는 내용이 나오므로, 주어진 문장은 ⑤에 들어가는 것이 적절하다.

4 달은 지구 주변을 완벽한 원이 아닌 타원형으로 움직인다고 했으므로 ①은 글의 내용과 일치하지 않는다.

5 달이 가능한 한 지구에 가까울 때 당신은 슈퍼문을 볼 수 있다.

본문
직독 직해

① If you have ever seen a full moon / that seemed brighter and larger than normal, / you probably saw
만약 당신이 보름달을 본 적이 있다면   평소보다 더 밝고 크게 보이는   당신은 아마도

a supermoon. / ② But what causes a supermoon? / ③ The Moon goes through phases. / ④ These occur /
슈퍼문을 봤을 것이다   그런데 무엇이 슈퍼문을 발생시킬까   달은 여러 모습을 거친다   이들은 일어난다

because the Moon orbits the Earth. / ⑤ As a result, / we can sometimes see the whole Moon / and other
달이 지구를 공전하기 때문에   그 결과   우리는 때로는 달 전체를 볼 수 있다   그리고 다른

times see only part of it. / ⑥ We see a full moon / when the Sun and the Moon are / on opposite sides of
때에는 달의 일부만을 볼 수 있다   우리는 보름달을 본다   태양과 달이 있을 때   지구 반대편에

the Earth. / ⑦ However, / the Moon doesn't move / around the Earth / in a perfect circle— / the shape is /
그러나   달은 움직이지 않는다   지구 주변을   완벽한 원으로   그 모양은

more like an oval. / ⑧ This means / that the Moon's distance from the Earth / is constantly changing. /
타원형에 더 가깝다   이것은 의미한다   달의 지구로부터의 거리가   끊임없이 바뀌고 있음을

⑨ If there is a full moon / when the Moon is / as close to the Earth as possible, / it is called a supermoon. /
만약 보름달이 뜨면   달이   가능한 한 지구에 가까울 때   그것은 슈퍼문이라 불린다

⑩ A supermoon can appear / to be 14 percent bigger and 30 percent brighter / than a normal full moon. /
슈퍼문은 보일 수 있다   14% 더 크고 30% 더 밝게   보통의 보름달보다

⑪ Only about one / out of every 14 full moons / is a supermoon. / ⑫ So, if you have a chance / to see one, /
대략 한 번만이   열네 번의 보름달 중에서   슈퍼문이다   따라서 만약 당신이 기회가 있다면   슈퍼문을 볼

don't miss it! /
놓치지 마라

본문 해석

만약 당신이 평소보다 더 밝고 크게 보이는 보름달을 본 적이 있다면, 당신은 아마도 슈퍼문을 봤을 것이다. 그런데 무엇이 슈퍼문이 발생시킬까? 달은 여러 모습을 거친다. 이들은 달이 지구를 공전하기 때문에 일어난다. 그 결과, 우리는 때로는 달 전체를 보고 다른 때에는 달의 일부만을 볼 수 있다. 태양과 달이 지구 반대편에 있을 때 우리는 보름달을 본다. 그러나 달은 완벽한 원으로 지구 주변을 돌지 않는다. 그 모양은 타원형에 더 가깝다. 이것은 달의 지구로부터의 거리가 끊임없이 바뀌고 있음을 의미한다. 달이 가능한 한 지구에 가까울 때 보름달이 뜨면, 그것은 슈퍼문이라 불린다. 슈퍼문은 보통의 보름달보다 14% 더 크고 30% 더 밝아 보일 수 있다. 열네 번의 보름달 중에서 대략 한 번만이 슈퍼문이다. 따라서 만약 당신이 슈퍼문을 볼 기회가 있다면, 놓치지 마라!

구문 해설

① If you **have** ever **seen** a full moon [that seemed brighter and larger than normal], ...
→ have seen은 〈경험〉을 나타내는 현재완료이다.
→ [ ]는 선행사 a full moon을 수식하는 주격 관계대명사절이다.

⑧ This means [that the Moon's distance {from the Earth} **is** constantly changing].
→ [ ]는 동사 means의 목적어 역할을 하는 명사절이다.
→ 명사절 안의 주어는 전치사구 { }의 수식을 받는 the Moon's distance이므로 동사는 단수 주어에 수 일치시킨다.

⑨ If there is a full moon [when the Moon is **as close** to the earth **as possible**], ...
→ [ ]는 〈시간〉을 나타내는 부사절이다.
→ as + 형용사의 원급 + as possible: 가능한 한 ~한

⑪ Only about one [*out of* every 14 full moons] **is** a supermoon.
→ 문장의 주어는 전치사구 [ ]의 수식을 받는 one이므로 be동사는 단수 주어에 수 일치시킨다.
→ out of: (부분) ~중에(서)

⑫ So, if you have a chance [to see one], don't miss it!
→ [ ]는 a chance를 수식하는 형용사적 용법의 to부정사구이다.

문제 해설

1 추운 곳에서 사람들의 체온을 이용하여 물을 데워 열 원료로 재활용할 수 있다는 내용의 글이므로, 제목으로는 ③ '추운 장소에서 에너지를 절약하기 위해 체온 사용하기'가 알맞다.
① 통풍 시스템이 어떻게 기차역을 시원하게 유지하는가
② 스웨덴은 어떻게 군중을 이용하여 물을 데우는가
④ 대규모 군중이 쇼핑에 미치는 긍정적인 영향
⑤ 혼잡한 공공장소의 문제

2 동명사 storing의 의미상의 주어는 the heated water인데, 물은 '저장되는' 것이므로 ⓓ storing은 수동형 동명사 being stored가 되어야 한다. 이 구조는 의미를 명확하게 하기 위해 접속사 After를 생략하지 않은 수동형 분사구문으로 볼 수도 있다.

3 군중의 체온을 난방에 사용하는 사례로 스웨덴의 스톡홀름 중앙역을 소개하는 (B)가 가장 먼저 오고, 이 역의 통풍 시스템이 체온을 담아서 지하 물탱크로 가져간다는 내용의 (C)가 이어진 후, 이 물의 열기가 열 원료로 쓰인다는 (A)가 마지막에 오는 순서가 자연스럽다.

4 사람들의 체온을 재활용하여 물을 데워서 지하 탱크에 저장한다고 했으므로, 체온으로 지하 탱크의 물을 식힌다는 ④는 글의 내용과 일치하지 않는다.
① 난방 시스템은 스웨덴의 기술자들에 의해 설계되었다.
② 사람들의 체온은 공공장소 안에서 수집된다.
③ 난방 시스템은 체온을 재활용할 수 있는 물로 전환한다.
④ 사람들의 체온은 지하 탱크의 물을 식히는 데 사용된다.
⑤ 난방 시스템은 추운 지역에서 난방비를 줄이고 에너지를 절약하는 데 도움이 된다.

5 스웨덴의 기차역과 미국의 쇼핑몰 사례를 통해 군중의 체온을 모아 건물 난방에 활용하는 에너지 생성 방식을 소개하는 글이다. 조동사의 수동태인 「can be p.p」를 활용하여 배열한다.
→ 군중이 열의 원료로 사용될 수 있다.

본문
직독 직해

① Being in a big crowd of people / is often uncomfortable and inconvenient. / ② But Swedish engineers
많은 군중 속에 있는 것은   보통 거북하고 불편하다   그러나 스웨덴의 기술자들이

have found a way / to use crowds / for a good purpose. / ③ They have invented a way / to recycle people's
방법을 알아냈다   군중을 사용하는   좋은 용도로   그들은 방법을 발명했다   사람들의 체온을 재활용하는

body heat / for wintertime heating. / ④ In Sweden, / more than 200,000 people / use Stockholm's main
겨울철 난방을 위해   스웨덴에서는   20만명 이상의 사람들이   스톡홀름의 중앙역을 이용한다

train station / every day. / ⑤ The station's ventilation system / captures body heat / and moves it / to large
매일   이 역의 통풍 시스템은   체온을 담는다   그리고 그것을 옮긴다   커다란

underground tanks of water. / ⑥ The heat in this water / can then be used / as a heat source. /
지하 물탱크로   이 물의 열은   이후에 사용될 수 있다   열 원료로

⑦ A similar system is used / in the Mall of America in Minnesota. / ⑧ The mall recycles body heat from
비슷한 시스템이 사용된다   미네소타에 있는 몰 오브 아메리카(Mall of America)에서   이 쇼핑몰은 쇼핑객들에게서 나오는 체온을

shoppers / and uses it to help heat water / that keeps the huge building warm. / ⑨ After being stored in
재활용한다   그리고 물을 데우는 데 도움이 되도록 사용한다   대형 건물을 따뜻하게 유지하는   커다란 지하 탱크에 저장된 후에

large underground tanks, / the heated water is pumped through pipes / to a new office building nearby. /
        가열된 물은 관을 통해 퍼 올려진다   인근의 새 사무용 건물로

⑩ There, it is reused / by the building's main heating system. / ⑪ This reduces / the cost of heating the
그곳에서, 그 물은 재사용된다   건물의 주요 난방 시스템에 의해   이것은 줄여 준다   사무용 건물의 난방비를

office building / by 20 percent. /
        20% 정도

71

⑫ **Energy is expensive** / in places that have cold climates. / ⑬ **This system can help people** / save money
에너지는 비싸다   추운 기후의 지역에서   이 시스템은 사람들을 도울 수 있다   돈과

and energy. /
에너지를 절약하도록

본문 해석   많은 군중 속에 있는 것은 보통 거북하고 불편하다. 그런데 스웨덴 기술자들이 군중을 좋은 용도로 사용하는 방법을 알아냈다. 그들은 겨울철 난방을 위해 사람들의 체온을 재활용하는 방법을 발명했다. (B) 스웨덴에서는 매일 20만 명 이상의 사람들이 스톡홀름의 중앙역을 이용한다. (C) 이 역의 통풍 시스템은 체온을 담아서 그것을 커다란 지하 물탱크로 옮긴다. (A) 이 물의 열은 이후에 열 원료로 사용될 수 있다.

비슷한 시스템이 미네소타에 있는 몰 오브 아메리카(Mall of America)에서 사용된다. 이 쇼핑몰은 쇼핑객들에게서 나오는 체온을 재활용하여 그것을 대형 건물을 따뜻하게 유지하는 물을 데우는 데 도움이 되도록 사용한다. 커다란 지하 탱크에 저장된 후에, 가열된 물은 관을 통해 인근의 새 사무용 건물로 퍼 올려진다. 그곳에서, 그 물은 건물의 주요 난방 시스템에 의해 재사용된다. 이것은 사무용 건물의 난방비를 20% 정도 줄여 준다.

추운 기후의 지역에서 에너지는 비싸다. 이 시스템은 사람들이 돈과 에너지를 절약하도록 도울 수 있다.

구문 해설   ② But Swedish engineers **have found** a way [to use crowds for a good purpose].
→ have found는 〈완료〉를 나타내는 현재완료이다.
→ [ ]는 a way를 수식하는 형용사적 용법의 to부정사구이다.

⑤ The station's ventilation system **captures** body heat and **moves** it ….
→ captures와 moves는 and로 연결된 병렬 구조이다.

⑧ The mall **recycles** body heat from shoppers and **uses** it to help heat water [that keeps the huge building warm].
→ recycles와 uses는 and로 연결된 병렬 구조이다.
→ it은 body heat from shoppers를 가리킨다.
→ to help는 〈목적〉을 나타내는 부사적 용법의 to부정사이다.
→ [ ]는 선행사 water를 수식하는 주격 관계대명사절이다.

⑨ [After being stored in large underground tanks], the heated water ….
→ [ ]는 「전치사＋동명사구」의 형태이다. 또는 〈시간〉을 나타내는 분사구문으로, 의미를 명확하게 하기 위해 접속사를 생략하지 않은 것으로 볼 수도 있다.

⑬ This system can **help people save** money and energy.
→ help＋목적어＋동사원형[to-v]: (목적어)가 ~하도록 돕다

 **SECTION 10** **3** 정답 **1** ③   **2** ②   **3** ④   **4** ②   본책 pp. 120-121

문제 해설   **1**   달걀노른자에서 회색 고리가 나타나는 이유를 과학적으로 설명한 내용이므로, 제목으로는 ③ '달걀노른자의 회색 고리에 숨은 과학 (원리)'가 알맞다.
① 달걀이 과도하게 익지 않게 요리하는 방법   ② 달걀의 단백질 구조 이해하기
④ 달걀에서 화학적 반응의 위험성   ⑤ 달걀 요리 중 색 변화를 방지하는 비법

2   사역동사 make의 목적어와 목적격 보어가 능동 관계이면 목적격 보어로 동사원형을 취하므로 ⓑ to occur는 occur가 되어야 한다.

3 빈칸 뒤에 달걀이 오래 뜨겁게 유지될수록 회색으로 변할 가능성이 높고, 삶은 후 찬물로 헹구라는 내용이 나오므로, 빈칸에는 ④ '온도 조절'이 들어가는 것이 가장 적절하다.

① 달걀 준비　② 요리 기법　③ 물의 수위　⑤ 냉각 방법

4 달걀을 삶는 것이 노른자를 흰자로부터 분리시킨다고 언급한 적은 없으므로, ②는 글의 내용과 일치하지 않는다.

① 달걀노른자의 회색 고리는 황과 철 사이의 반응에 의해 야기된다.

② 달걀을 삶는 것은 노른자를 흰자로부터 떨어지게 한다.

③ 요리하는 동안 회색 고리를 피할 수 있다.

④ 회색 고리는 달걀이 높은 온도에서 조리된다면 더 잘 나타난다.

⑤ 달걀을 삶은 후 찬물에 헹구면 회색 고리를 막을 수 있다.

본문 직독 직해

① Have you ever sliced open a hard-boiled egg / and discovered a dark gray ring around the yolk? / ② You
삶은 달걀을 자르고 열어 본 적이 있는가　　그리고 노른자 주위에 어두운 회색 고리를 발견한 적이 있는가　　당신은

might have assumed / that it was spoiled. / ③ But you don't have to throw it away, / it is perfectly safe to
아마 추측했을지도 모른다　그것이 상했다고　　하지만 당신은 그것을 버릴 필요는 없다　　그것은 먹기에 완전히

consume. / ④ What makes this color change occur? /
안전하다　　무엇이 이 색 변화가 발생하게 만들었을까

⑤ The gray ring is the result of a chemical reaction / between sulfur and iron. / ⑥ Egg whites are
그 회색 고리는 화학 반응의 결과이다　　황과 철 사이의　　달걀흰자는 구성되어 있다

composed / of proteins, / which are connected by sulfur bonds. / ⑦ Egg yolks, on the other hand, contain /
단백질로　　황 결합으로 연결된　　반면, 달걀노른자는 포함한다

many vitamins and minerals, including iron. / ⑧ When an egg is boiled, / the heat causes / the sulfur bonds
철분을 포함한 많은 비타민과 미네랄을　　달걀이 삶아질 때　　그 열은 야기한다　　달걀흰자의

in the egg white to break. / ⑨ If the egg is exposed / to a high temperature for an extended period, /
황 결합이 깨지는 것을　　만약 달걀이 노출되면　　높은 온도에 오랫동안

the sulfur reacts / with the iron in the yolk, / which turns the egg a greenish-gray color. /
그 황은 반응한다　　노른자에 있는 철분과　　이는 그 달걀을 녹회색으로 만든다

⑩ Although the color is harmless, / you can prevent your eggs from turning gray. / ⑪ The key factor / to
비록 이 색깔은 해롭지 않지만　　당신은 달걀이 회색으로 변하는 것을 방지할 수 있다　　중요한 요인은

maintaining a bright yellow yolk / is temperature control. / ⑫ The longer the egg remains hot, / the more
밝은 노란색 노른자를 유지하기 위한　　온도 조절이다　　달걀이 더 오래 뜨거운 상태로 남아 있을수록

likely it is to turn gray. / ⑬ Avoid overcooking your eggs / and immediately run them under cold water /
회색으로 변할 가능성이 더 높다　　당신의 달걀을 너무 오래 삶는 것을 피해라　　그리고 즉시 차가운 물에 헹궈라

once they're finished cooking. /
달걀이 다 조리되면

본문 해석

　　삶은 달걀을 자르고 열어 노른자 주위에 어두운 회색 고리를 발견한 적이 있는가? 당신은 아마 그것이 상했다고 추측했을지도 모른다. 하지만 그것은 먹기에 완전히 안전하므로 버릴 필요는 없다. 무엇이 이 색 변화가 발생하게 만들었을까?

　　그 회색 고리는 황과 철 사이의 화학 반응의 결과이다. 달걀흰자는 황 결합으로 연결된 단백질로 구성되어 있다. 반면, 달걀노른자는 철분을 포함한 많은 비타민과 미네랄이 있다. 달걀이 삶아질 때, 열이 달걀흰자의 황 결합이 깨지는 것을 야기한다. 만약 달걀이 높은 온도에 오랫동안 노출되면, 황은 노른자에 있는 철분과 반응하는데, 이는 그 달걀을 녹회색으로 만든다.

　　비록 이 색깔은 해롭지 않지만, 당신은 달걀이 회색으로 변하는 것을 방지할 수 있다. 달걀의 밝은 노란색 노른자를 유지하기 위한 중요한 요인은 온도 조절이다. 달걀이 더 오래 뜨거운 상태로 남아 있을수록, 회색으로 변할 가능성이 더 높다. 달걀을 너무 오래 삶는 것을 피하고, 조리되고 나면 즉시 찬물에 헹궈라.

구문 해설

① **Have** you ever *sliced* open a hard-boiled egg and *discovered* a dark gray ring around the yolk?
→ Have sliced는 〈경험〉을 나타내는 현재완료이다.

→ sliced와 discovered는 and로 연결된 병렬 구조이다.

② You **might have assumed** [that it was spoiled].
→ 「might have p.p.」는 '~했을지도 모른다'라는 의미로, 과거에 대한 약한 추측을 나타낸다.
→ [ ]는 접속사 that이 이끄는 명사절로 동사 might have assumed의 목적어 역할을 한다.

③ But you don't have to **throw it away**, *it* is perfectly safe *to consume*.
→ throw away처럼 「동사＋부사」로 이루어진 구동사의 목적어로 대명사가 올 때는 「동사＋대명사＋부사」의 어순으로 쓴다.
→ 콤마(,) 다음 it은 가주어이고, to consume은 진주어이다.

④ What **makes this color change occur**?
→ 사역동사(make)＋목적어＋동사원형: (목적어)가 ~하게 하다

⑥ Egg whites are composed of proteins, [which are connected by sulfur bonds].
→ [ ]는 선행사 proteins를 부연 설명하는 계속적 용법의 주격 관계대명사절이다.

⑧ When an egg is boiled, the heat **causes the sulfur bonds** in the egg white **to break**.
→ cause＋목적어＋to-v: (목적어)가 ~하게 하다

⑩ [Although the color is harmless], you can **prevent your eggs from turning** gray.
→ [ ]는 '비록 ~지만'의 의미를 나타내는 양보의 접속사 Although가 이끄는 부사절이다.
→ prevent＋목적어＋from v-ing: (목적어)가 ~하는 것을 막다

⑪ The key factor [to maintaining a bright yellow yolk] is temperature control.
→ [ ]는 The key factor을 수식하는 전치사구이다.

⑫ **The longer** the egg remains hot, **the more** likely it is to turn gray.
→ the＋비교급, the＋비교급: ~하면 할수록 더 …하다

⑬ **Avoid overcooking** your eggs and immediately run them under cold water [once they're finished cooking].
→ avoid v-ing: ~하는 것을 피하다
→ [ ]는 '일단 ~하면'의 의미를 나타내는 접속사 once가 이끄는 부사절이다.

SECTION 10 수능:ON 정답 **1** ③ **2** ① **3** ④ **4** ④ **5** (1) F (2) T (3) F   본책 pp. 122-123

문제 해설 **1** 단단한 껍질을 가지고 있는 팝콘 알맹이가 가열되면, 내부의 물이 증기로 변해 압력을 상승시키고, 결국 터지는 소리와 함께 폭발한다는 내용이므로, (A)와 (B)에는 각각 escape와 pressure가 들어가는 것이 적절하다.
팝콘 알맹이가 뜨거워지면, 그 안에 있는 물이 증기로 변하지만 빠져나갈 수 없고, 그것은 그들이 터질 때까지 압력이 증가하게 한다.

오답 풀이
① 팝콘 알맹이가 뜨거워지면 증기가 빠져나갈 수 없다고 했으므로 증기가 식는다는(cool down) 것은 지문의 내용과 무관하고, 팝콘 알맹이의 온도(temperature)가 증가하는 것이 아니라 압력이 증가한다고 했다.
② 팝콘 알맹이가 뜨거워지면 증기가 빠져나갈 수 없다고 했으므로 증기가 증발한다는(evaporate) 것은 지문의 내용과 상반되고, 팝콘 알맹이의 온도(temperature)가 증가하는 것이 아니라 압력이 증가한다고 했다.
④ 팝콘 알맹이가 뜨거워지면 증기가 빠져나갈 수 없다고 했으므로 증기가 녹는다는(melt) 것은 지문의 내용과 무관하다.
⑤ 팝콘 알맹이가 뜨거워지면 증기가 빠져나갈 수 없다고 했으므로 증기가 깨진다는(break) 것은 지문의 상반되고,

팝콘 알맹이 속 증기 양(steam amount)이 증가하는 것이 아니라 압력이 증가한다고 했다.

2 팝콘이 터지는 원리를 과학적으로 설명하고 있으므로, 제목으로는 ① '왜 팝콘이 터지는가'가 알맞다.

② 옥수수의 여러 가지 용도　　　　　　　③ 팝콘의 건강상의 이점

④ 증기로 간식 요리하기　　　　　　　　⑤ 재미있는 요리법으로 과학을 배우기

3 문맥상 '(과거에) ~하곤 했다'를 의미하는 「used to + 동사원형」이 적절하므로 ⓓ used to thinking은 used to think로 쓰는 것이 알맞다. 「used to v-ing」는 단독으로 쓰이지 않으며 '~하는 데 익숙하다'의 의미일 때는 「be used to v-ing」 형태로 쓴다.

4 get to는 '~에 닿다, ~에 이르다'의 의미로, '~에 이르다[도달하다]'의 의미인 ④ reach로 바꿔 쓸 수 있다.

① 반복하다　② 피하다　③ 계속[여전히] ~이다　⑤ 통제하다

5 (1) 특별한 품종의 옥수수로 팝콘이 만들어지며, 다른 품종은 터지지 않는다고 했다. (문장 ④~⑤)

(2) 팝콘 옥수수 알맹이 껍질은 단단하다. (문장 ⑥)

(3) 팝콘이 터지는 소리는 갑자기 증기가 빠져나오는 것 때문에 발생한다고 했다. (문장 ⑩)

본문
직독 직해

① Corn may seem like an ordinary vegetable, / but some corn has a secret superpower: / ② It can pop! /
옥수수가 평범한 채소처럼 보일지 모르겠지만　일부 옥수수에는 비밀의 슈퍼파워가 있다　그것은 펑 하고 터질 수 있다

③ Have you ever wondered / why corn does this? / ④ Popcorn is actually made from / a special variety
당신은 궁금해한 적이 있는가　왜 옥수수가 이렇게 하는지　팝콘은 실제로 만들어진다　특별한 품종의 옥수수로

of corn. / ⑤ If you use other varieties, / they won't pop. / ⑥ The popcorn variety is special / because its
만약 당신이 다른 품종을 사용한다면　그것은 터지지 않을 것이다　그 팝콘 품종은 특별하다

kernels have a hard outer layer / that water and other materials can't pass through. / ⑦ There is a little
그것의 알맹이가 단단한 껍질을 가지고 있기 때문이다　물과 다른 물질이 빠져나갈 수 없는　물이 조금 있다

water / inside each kernel, / and when the kernels are heated up, / this water eventually turns into steam. /
각 알맹이 안에는　그리고 알맹이가 가열되면　이 물은 결국 증기로 변한다

⑧ However, / due to the hard outer layer, / the steam can't escape, / which results in a build-up of
그러나　단단한 껍질로 인해　증기는 빠져나갈 수 없고　이것이 압력 상승을 일으킨다

pressure. / ⑨ Finally, / when the temperature and pressure get to a certain point, / the kernels explode with
마지막으로　온도와 압력이 특정 지점에 도달할 때　알맹이는

a popping sound, / turning themselves inside out. / ⑩ Scientists used to think / that the popping sound
터지는 소리와 함께 폭발한다　스스로 뒤집어지며　과학자들은 생각했었다　이 터지는 소리가

came from the cracking of the kernels, / but it has been found / that it's actually caused / by the sudden
알맹이의 균열로 인한 것으로　하지만 밝혀졌다　이것이 실제로는 발생한다는 것이　갑작스러운

release of the steam. / ⑪ If you want to hear popcorn pop for yourself, / try making some at home. /
증기의 방출로 인해　만약 당신이 팝콘이 터지는 소리를 직접 듣고 싶다면　집에서 팝콘 만들기를 시도해 보라

⑫ It will be the most delicious science experiment / you ever try! /
그것은 가장 맛있는 과학 실험일 것이다　당신이 지금껏 시도한 것 중에서

본문 해석　　옥수수가 평범한 채소처럼 보일지 모르겠지만, 일부 옥수수에는 비밀의 슈퍼파워가 있다. 그것은 펑 하고 터질 수 있다! 당신은 왜 옥수수가 이렇게 하는지 궁금해한 적이 있는가? 팝콘은 실제로 특별한 품종의 옥수수로 만들어진다. 만약 당신이 다른 품종을 사용한다면, 그것은 터지지 않을 것이다. 그 팝콘 품종은 특별한데 그것의 알맹이가 물과 다른 물질이 빠져나갈 수 없는 단단한 껍질을 가지고 있기 때문이다. 각 알맹이 안에는 물이 조금 있는데, 알맹이가 가열되면 이 물은 결국 증기로 변한다. 그러나 단단한 껍질로 인해, 증기가 빠져나갈 수 없고, 이것은 압력 상승을 일으킨다. 마지막으로, 온도와 압력이 특정 지점에 도달할 때, 알맹이는 터지는 소리와 함께 폭발하여 스스로 뒤집힌다. 과학자들은 이 터지는 소리가 알맹이의 균열로 인한 것으로 생각했지만, 실제로는 갑작스러운 증기의 방출로 인해 발생하는 것으로 밝혀졌다. 만약 당신이 팝콘이 터지는 소리를 직접 듣고 싶다면 집에서 팝콘 만들기를 시도해 보라. 그것은 당신이 지금껏 시도한 것 중에서 가장 맛있는 과학 실험일 것이다!

③ **Have** you ever **wondered** [why corn does this]?

→ Have wondered는 〈경험〉을 나타내는 현재완료이다.

→ [ ]는 동사 Have wondered의 목적어로 쓰인 간접 의문문으로 「의문사+주어+동사」의 어순이다.

⑥ … its kernels have a hard outer layer [that water and other materials can't pass through].

→ [ ]는 선행사 a hard outer layer를 수식하는 목적격 관계대명사절이다.

⑧ However, due to the hard outer layer, the steam can't escape, [which results in a build-up of pressure].

→ [ ]는 앞의 절 전체를 부연 설명하는 계속적 용법의 주격 관계대명사절이다.

⑨ …, the kernels explode with a popping sound, [turning themselves inside out].

→ [ ]는 〈연속동작[결과]〉를 나타내는 분사구문이다.

⑩ Scientists **used to think** [that the popping sound came from the cracking of the kernels], but *it* has been found [that it's actually caused by the sudden release of the steam].

→ used to+동사원형: (과거에) ~하곤 했다

→ 첫 번째 [ ]는 동사 used to think의 목적어 역할을 하는 명사절이다.

→ it은 가주어, 두 번째 [ ]가 진주어이다.

→ has been found는 '~되었다[되어 왔다]'라는 의미를 나타내는 현재완료 수동태(have[has] been p.p.)이다.

⑪ If you want to **hear popcorn pop** for yourself, *try making* some at home.

→ 「지각동사(hear)+목적어+동사원형」: (목적어)가 ~하는 것을 듣다

→ try v-ing: 시험삼아 ~해 보다 *cf.* try to-v: ~하느라 애쓰다

⑫ It will be the most delicious science experiment [(that) you ever try]!

→ [ ]는 the most delicious science experiment를 수식하는 목적격 관계대명사절로, 관계대명사 that이 생략되었다.

REVIEW TEST SECTION 10 정답 **1** 1) ⓑ 2) ⓒ 3) ⓐ **2** 1) uncomfortable 2) pressure **3** ③ **4** 1) wintertime 본책 pp. 124-125
2) reduces 3) recycle **5** ③ **6** The key factor to maintaining a bright yellow yolk is temperature control

문제 해설 **1** 1) 보통의, 평범한 – ⓑ 늘 있고 흔한, 전혀 특별하지 않은

2) 목적, 용도 – ⓒ 무언가를 하려는 목적이나 의도

3) 궤도를 돌다 – ⓐ 한 물체 주위를 곡선 형태로 돌다

2 1) 그의 무례함은 나를 불편하게 만들었다.

2) 그 잠수함은 바닷물의 압력으로 인해 부서졌다.

3 슈퍼문이 보이게 되는 원인을 설명하는 도중에, 달에는 산과 넓고 평평한 지대가 있으며, 이것들은 오래된 화산 활동에 의해 형성된 것이라는 내용의 문장 (c)는 글의 흐름과 맞지 않는다.

4

스톡홀름 중앙역	몰 오브 아메리카
그 역은 1)겨울철 난방을 위해 체온을 지하 탱크로 옮기는 시스템을 사용한다.	쇼핑객들의 체온은 물을 데우는 데 사용되며, 이는 인근의 사무용 건물의 난방비를 2)줄여준다.
두 장소 모두 체온을 3)재활용하는 시스템을 사용한다.	

5 (A) 빈칸 앞에서는 달걀흰자가 황 결합으로 연결된 단백질로 구성되어 있다고 하고, 뒤에서는 달걀노른자가 철분을 포함한 많은 비타민과 미네랄을 포함한다고 하였으므로, 대조를 나타내는 연결어 on the other hand가 적절하다.

(B) 색깔이 해롭지 않음에도 색이 변하는 걸 방지할 수 있다고 하였으므로, 양보의 부사절을 이끄는 접속사 Although가 들어가는 것이 적절하다.

6 주어 The key factor를 먼저 쓰고, 그 뒤에 전치사 to와 동명사 maintaining을 쓴다. 이어서 동사 is를 쓴 다음 보어로 temperature control을 쓴다.

MEMO

MEMO

MEMO

SECTION 01 Psychology

1 놓지 못하는 뇌의 습관

theorize	통 이론화하다
unfinished	형 완료되지 않은
task	명 임무, 일
psychological	형 정신[심리]적인
psychologist	명 심리학자
tension	명 긴장
anxious	형 불안해하는
anxiety	명 불안
complete	통 완료하다
motivate	통 동기를 부여하다
closure	명 폐쇄; 종료
deal	명 거래
laboratory	명 실험실
note	통 ~에 주목하다
order	통 주문하다
be filled with	~으로 가득 차다
complicated	형 복잡한
relationship	명 관계
stick	통 달라붙다

2 잊을 수 없는 그 냄새

take A back to B	A에게 B를 기억나게 하다
in search of	~을 찾아서
dip	통 살짝 담그다, 적시다
character	명 성격; (책·영화 등의) 등장인물

scent	몡 향기
phenomenon	몡 현상
demonstrate	통 입증하다
experiment	몡 실험
participant	몡 참가자
accompanying	혱 동반하는, 덧붙인
recall	통 기억해 내다
conduct	통 (특정한 활동을) 하다
in addition to	~에 더하여
be linked to	~에 연관되다
influence	통 영향을 주다

3 모두 저만 쳐다봐요!

constantly	뷔 계속해서
stare at	~을 쳐다보다
prejudge	통 조급한 판단을 내리다
trip	통 발을 헛디디다
feel sick	속이 불편하다
anonymous	혱 익명의
absolutely	뷔 완전히; 전혀
adolescent	몡 청소년
abnormal	혱 비정상의
unfortunately	뷔 유감스럽게도
gradually	뷔 서서히, 차츰
fade away	사라지다
age	통 나이가 들다
typically	뷔 전형적으로
designate	통 지정하다, 지명하다
imaginary	혱 가상의

audience	명 관객, 청중
bother	동 괴롭히다
peer	명 또래
pressure	명 압박, 압력
self-esteem	명 자부심

 주제·제목

approach	동 다가가다
direction	명 방향
conversation	명 대화
interruption	명 중단, 방해
replace	동 대체하다
conduct	동 (특정한 활동을) 하다
phenomenon	명 현상
blindness	명 맹목, 무지
process	동 처리하다
detect	동 감지하다
pass by	~을 스쳐 지나가다

Health & Medicine

1 에취, 재채기가 또!

sneeze	통 재채기하다 명 재채기
appropriate	형 적절한
disturb	통 방해하다
attempt	통 시도하다
hold in	~을 참다
swollen	형 부어 오른
barely	부 거의 ~아니게[없이]
recovery	명 회복
foreign	형 외국의; 이질적인
signal	통 신호를 보내다
subsequently	부 그 뒤에, 나중에
chest	명 가슴
muscle	명 근육
forcefully	부 강력하게
relax	통 휴식을 취하다; 긴장이 풀리다[느슨해지다]
expel	통 배출하다
particle	명 입자
along with	~와 함께
spread	통 펼치다; 퍼뜨리다
resist	통 저항하다; ~을 참다, 견디다

2 띵! 머리를 울리는 시원함

beat	통 이기다; 더 낫다, 능가하다
relief	명 (고통·불안 등의) 경감[완화]
refreshment	명 원기 회복, 상쾌하게 함
temple	명 관자놀이

last	동 지속하다[되다]
stop in one's tracks	하던 것을 갑자기 멈추다
spoonful	명 한 숟가락[스푼] (가득한 양)
regrettable	형 유감[후회]스러운
debate	동 논의하다
logically	부 논리적으로
undergo	동 (특히 변화·안 좋은 일 등을) 겪다[받다]
blood vessel	혈관
reflexively	부 반사[반동]적으로
constrict	동 수축되다[하다]
stabilize	동 안정되다, 안정시키다
expand	동 확장[팽창]되다
extend	동 확장[확대]하다
detection	명 발견, 탐지
symptom	명 증상
substance	명 물질
contract	동 수축하다
shrink	동 줄어들다
compress	동 압축하다[되다]

3 개에게 초콜릿은 독약

poison	동 독살하다
poisoning	명 중독, 음독
depend on	~에 달려 있다
contain	동 포함하다
chemical	명 화학물질
caffeine	명 카페인
toxic	형 유독의
digest	동 (음식을) 소화하다
effectively	부 효과적으로

accumulate	통 쌓이다, 축적되다
upset stomach	배탈
vomiting	명 구토
vomit	통 토하다
exclude	통 제외하다
internal bleeding	내출혈
extreme	형 극도의, 극심한
heart attack	심장마비
trick	통 속이다
vet	명 수의사(= veterinarian)

수능:ON 요지·주장

buffet	명 뷔페
platter	명 큰 접시
meal	명 식사, 끼니
availability	명 이용 가능성
available	형 이용 가능한
factor	명 요인
gain weight	체중이 늘다
normally	부 보통, 평소에
maintain	통 유지하다
steady	형 꾸준한, 한결같은
huge	형 (양이) 막대한[엄청난]
obese	형 비만인, 살찐
a variety of	다양한
high-calorie	형 고칼로리의
be true of	~도 마찬가지이다
conceal	통 숨기다
appealing	형 매력적인
overeat	통 과식하다

Economy

1 들인 돈이 얼만데!

get a refund	환불받다
irrational	형 비이성적인
reasonable	형 합리적인; 너무 비싸지 않은
fallacy	명 오류
supersonic	형 초음속의
costly	형 많은 돈[비용]이 드는
produce	동 생산하다
give up	포기하다
invest	동 투자하다
investment	명 투자
legendary	형 전설적인, 아주 유명한
financial	형 금융의, 재정의
triumph	명 (큰)업적[승리]
disaster	명 재앙
admit	동 인정하다
potential	형 잠재적인
profit	명 수익, 이윤
ignore	동 무시하다
quit	동 그만두다
matter	동 중요하다
waste	동 낭비하다
initial	형 처음의, 초기의
routine	명 틀, 일상

2 광고보다 믿게 되는 사람

approach	명 접근법, 처리 방법
promote	통 홍보하다
triple	통 3배가 되다, 3배로 만들다
following	명 추종자[팬]들
affect	통 영향을 미치다
significant	형 중요한[의미 있는/커다란]
drive	통 (사람을 특정한 방식의 행동을 하도록) 만들다
avoid	통 방지하다, 막다, 모면하다
fear	명 공포, 두려움, 무서움
miss out	(참석하지 않음으로써 유익하거나 즐거운 것을) 놓치다
exclusive	형 독점적인, 전용의

3 소비자를 낚는 상품!

discount	명 할인
save	통 절약하다
profit	명 이익
loss	명 손해
end up v-ing	결국 ~하게 되다
strategy	명 전략
have to do with	~와 관계가 있다, 관련되다
component	명 구성 요소
razor	명 면도기
give away	~을 거저 주다
for free	무료로
be locked into	~에 걸려들다, 휘말리다
refill	명 리필 제품
blade	명 칼날
to one's advantage	~에게 유리하게

| in advance | 미리, 사전에 |
| stick to | ~을 고수하다, 지키다 |

feature	명 기능
modern	형 현대의
consumer	명 소비자
fairytale	명 동화
make a choice	선택하다
a series of	일련의
option	명 선택(할 수 있는 것)
psychological	형 심리적인, 정신적인
extreme	명 극단
quality	명 질
take advantage of	~을 이용하다
release	동 풀어주다; 공개[출시]하다
budget	명 예산

Environment & Geography

1 하나쯤은 괜찮다고?

occasion	몡 때
remind A of B	A에게 B를 생각나게 하다
seashell	몡 조개껍데기
consequence	몡 (발생한 일의) 결과
fulfill	동 다하다, 수행하다
crucial	형 중대한, 결정적인
blow away	(바람에) 날리다, 날아가다
serve	동 제공하다; (~로) 쓰이다
essential	형 필수적인
habitat	몡 서식지
nest	몡 둥지
break down	부서지다; 분해되다
nutrient	몡 영양분
organism	몡 유기체
decrease	동 감소하다
decline	몡 감소; 쇠퇴
permanent	형 영구적인
reverse	동 뒤바꾸다

2 이보다 더 추울 순 없다!

village	몡 마을
temperature	몡 온도, 기온
unfrozen	형 얼지 않은
patch	몡 부분
name after	~의 이름을 따서 이름 짓다

freeze	통 얼다; 얼리다(froze-frozen)
on average	평균적으로
immediately	부 즉시
prevent	통 막다, 방해하다
convenience	명 편의, 편리; 편의 시설
coal	명 석탄
reindeer	명 순록
adapt	통 맞추다; 적응하다
harsh	형 가혹한; 혹독한
despite	전 ~에도 불구하고
extreme	형 극도의, 극심한
condition	명 조건; 《pl.》 환경

3　당신이 모르는 당근 이야기

most likely	아마, 필시
cultivate	통 재배하다
Dutch	형 네덜란드의
cross-breading	품종 간 교배
cross	명 십자 기호; 혼합, 이종 교배
exactly	부 정확히, 꼭
traditional	형 전통적인
royal family	왕실, 왕족
practical	형 실용적인
lack	통 ~이 없다
pigment	명 색소

수능:ON　도표

| share | 명 몫, 지분 |
| urban | 형 도시의 |

population	몡 인구
continent	몡 대륙
the Caribbean	카리브해 지역
reverse	몡 (정)반대
rank	통 (등급·순위를) 차지하다
position	몡 위치; 순위[등수]

| 1 | 굴려야 사는 곤충 |

complain	동 불평하다
grateful	형 감사하는
dung beetle	명 쇠똥구리
nothing but	오직
animal waste	동물의 배설물
continent	명 대륙
Antarctica	명 남극 대륙
divide A into B	A를 B로 나누다
dweller	명 거주자
term	명 용어
bury	동 묻다, 매장하다
pile	명 더미
nest	명 보금자리, 둥지
underneath	전 ~의 아래에
treasure	명 보물
taste	명 맛; 취향
plant-eater	초식동물
seek out	~을 찾아내다
meat-eater	육식동물
feed on	~을 먹고 살다
make a contribution to	~에 기여하다[공헌하다]
nutrient	명 영양분
appreciate	동 감사하다
endangered	형 멸종 위기에 처한
insect	명 곤충

(green) iguana	몡 (녹색) 이구아나
forehead	몡 이마
lens	몡 렌즈; 수정체
normal	혱 보통의, 평범한
detect	통 감지하다
sense	통 감지하다
predator	몡 포식자
bird of prey	맹금(류)
hawk	몡 매
lizard	몡 도마뱀
functional	혱 기능하는
function	몡 기능
evolutionary	혱 진화의
vision	몡 시력, 시야
prey	몡 먹이[사냥감]
to some extent	어느 정도는
refer to	가리키다, 나타내다
notice	통 알아차리다, 인지하다

orca	몡 범고래
gentle	혱 온화한, 순한
nature	몡 자연; 천성, 본성
misunderstand	통 오해하다
prey	몡 먹이[사냥감]
proof	몡 증거(물), 증명(서)
massive	혱 거대한
collide	통 충돌하다, 부딪치다

flip	통 휙 뒤집(히)다
startled	형 깜짝 놀란
expose	통 (유해한 환경 등에) 노출시키다
vulnerable	형 (~에) 취약한, 연약한
prioritize	통 우선순위를 매기다
nutritious	형 영양분이 많은, 영양가가 높은
organ	명 장기[기관]
enormous	형 막대한, 거대한
fatty	형 지방이 많은, 지방으로 된
liver	명 간
encounter	명 (우연한) 만남[접촉]
remarkable	형 놀랄 만한, 주목할 만한
intelligence	명 지능
at the expense of	~을 희생하여
marine	형 바다의, 해양의
organism	명 유기체; 생물

 짧은 어구 빈칸 추론

respectable	형 훌륭한, 존경할 만한
institution	명 단체, 기관, 협회
trace ~ back to	~의 기원을 …까지 거슬러 올라가다[추적하다]
horn	명 뿔
gut	명 내장
aggression	명 공격(성)
intensity	명 강렬함, 강함
monumental	형 기념비적인
core	형 핵심적인
repertoire	명 레퍼토리, 연주곡 목록
composer	명 작곡가
band	명 무리

chase	통 쫓다
source	명 근원
symbol	명 상징
dominance	명 지배, 우월함
expression	명 표현
predatory	형 포식성의, 공격적인
determination	명 결심, 결정
legal	형 법적인
reflect	통 비추다; 반영하다
capture	통 잡다, 포획하다

Arts & Entertainment

---

1 썩은 토마토의 색다른 용도

wonder	통 궁금하다, 궁금해하다
source	명 (사물의) 원천; 자료
find out	~을 알아내다
review	명 논평[비평] 통 논평[비평]하다
opinion	명 의견
gather	통 모으다[수집하다]
critic	명 비평가, 평론가
divide A into B	A를 B로 나누다
positive	형 긍정적인
negative	형 부정적인
be marked with	~으로 표시되다
consider	통 (~을 …로) 여기다[간주하다]
rotten	형 썩은
performer	명 연기자, 연주자
awful	형 끔찍한, 몹시 나쁜
unique	형 독특한
lengthy	형 장황한, 너무 긴
well-known	형 유명한

---

2 두 마녀의 숨겨진 이야기

wicked	형 못된, 사악한
wizard	명 마법사
of all time	역대, 지금껏
amaze	통 (몹시) 놀라게 하다
audience	명 관중

witch	몡 마녀
eventually	円 마침내, 결국
ruler	몡 통치자, 지배자
evil	휑 사악한
reveal	통 드러내다
reference	몡 참고; 인용
running time	몡 상연 시간
intermission	몡 중간 휴식 시간
attend	통 참석하다
conceal	통 감추다, 숨기다
dismiss	통 묵살[일축]하다

3 물감이 춤추는 순간

abstract	휑 추상적인
drip	몡 똑똑 떨어지기 통 똑똑 떨어지다[떨어뜨리다]
lay	통 놓다(laid-laid)
canvas	몡 캔버스
flat	円 평평하게, 반듯이
paintbrush	몡 그림 붓
background	몡 배경
dip	통 (액체에) 살짝 담그다, 적시다
squeeze bottle	눌러 짜내는 플라스틱 병
process	몡 과정
satisfied	휑 만족하는
conscious	휑 의식적인
instinct	몡 본능
angle	몡 각도, 각
complicated	휑 복잡한

look through	~을 살펴보다[훑어보다]
pile	📵 더미
junk	📵 쓰레기
lie	📵 눕다; (사물이) 놓여 있다(lay-lain)
rusty	📵 녹슨
handlebar	📵 (자전거나 오토바이 등의) 핸들
rearrange	📵 재구성하다, 재배열하다
object	📵 물건, 물체
existing	📵 기존의
possibility	📵 가능성
imaginative	📵 상상력이 풍부한
creativity	📵 독창성, 창조력
genius	📵 천재
throw away	~을 버리다
masterpiece	📵 걸작, 명작
transform A into B	A를 B로 변형하다
destroy	📵 파괴하다
refer to	언급하다; 가리키다

1 유령 부대를 아시나요?

unit	명 (임무를 위한) 부대, 단체
specialist	명 전문가
expert	명 전문가
mission	명 임무
fool	동 속이다, 기만하다
accomplish	동 완수하다, 성취하다
fake	형 가짜의
rubber	명 고무
set up	(기계·장비를) 설치하다
airwave	명 《pl.》 방송 전파
blast	동 폭발시키다; 쾅쾅 울리다
front line	최전방
confuse	동 혼란시키다
national security	국가 안보 문제
operate	동 작동되다; (군사) 작전을 벌이다
involve	동 참여시키다
strategy	명 전략
reveal	동 드러내다
deceptive	형 기만적인
deceive	동 속이다
battlefield	명 전장, 싸움터

2 함부로 쓸 수 없던 그 색깔

national flag	명 국기
rarely	부 드물게, 좀처럼 ~하지 않는

rare	형 드문, 보기 힘든
be related to	~와 관련 있다
dye	명 염료
the Mediterranean	명 지중해
produce	동 생산하다
extremely	부 극도로
wealthy	형 부유한
royalty	명 왕족
afford	동 ~할 여유[형편]가 되다
object	명 물건, 물체
artificially	부 인공적으로
discovery	명 발견
large amounts of	다량의 ~

3 춤인가, 싸움인가

face to face	(~와) 얼굴을 서로 맞대고
initially	부 처음에
assume	동 추측하다
assumption	명 추측
glance	명 흘낏[획] 봄
perform	동 행하다
combine	동 결합하다
acrobatics	명 곡예
participant	명 참가자
spin	명 회전, 돌기
flip	명 톡 던지기[치기]; 공중제비
disguise	동 변장하다; 위장하다
force	동 ~을 강요하다; 억지로 ~하다
protect	동 보호하다, 지키다
slave	명 노예

self-defense	명 자기방어, 호신
flexibility	명 유연성
self-confidence	명 자신감
courage	명 용기

수능 :ON 글의 순서

perfume	명 향수
attractive	형 매력적인
attract	동 끌다, 불러일으키다
evidence	명 증거
ancient	형 고대의
tomb	명 무덤
heaven	명 천국
stick	명 막대기
give off	~을 내뿜다
religious	형 종교의
ritual	명 의식
favor	명 호의, 은혜
treat	동 대하다, 다루다
pharaoh	명 파라오(고대 이집트의 왕)
discoverer	명 발견자
jar	명 병, 단지
surround	동 둘러싸다, 에워싸다
body	명 몸, 신체; 시체
fragrance	명 향기
side effect	명 부작용

Cultures & Customs

1 달리면 무지개가 된다!

finish line	결승선
sign up for	~을 신청하다
take part	참가하다
be sure to-v	반드시 ~하다
take place	개최되다
keep track of	~을 기록하다
promote	통 증진시키다
community	명 지역 사회
participate in	~에 참가하다
wild	형 야생의; 열광적인
inspire	통 영감을 주다
enhance	통 향상시키다, 높이다

2 휘게, 행복하게

consider	통 고려하다; 여기다[생각하다]
appear	통 나타나다; (글 속에) 나오다
Danish	형 덴마크(인)의
define	통 정의하다
definition	명 정의
refer to	~을 나타내다
general	형 일반적인
lifestyle	명 생활방식
seek out	~을 찾아내다
excitement	명 흥분; 흥분되는[신나는] 일
moment	명 순간

comfort	몡 안락, 편안 (↔ discomfort 몡 불편함)
relaxing	혱 편안한, 느긋한
relax	통 휴식을 취하다
stressful	혱 스트레스가 많은
concept	몡 개념
emphasize	통 강조하다
pleasure	몡 기쁨, 즐거움
complicated	혱 복잡한
tension	몡 긴장 상태

Lunar New Year	음력 설날
temple	몡 신전, 사원
miraculous	혱 기적적인
recovery	몡 (건강) 회복
branch	몡 나뭇가지
countless	혱 무수히 많은
journey	통 여행하다, 이동하다
fulfill	통 이행하다, 실행하다
make a wish	소원을 빌다
roll up	~을 둘둘 말다
secure	통 안전하게 지키다; 고정시키다
string	몡 끈, 줄
launch	통 시작하다; 던지다
attempt	통 시도하다
likelihood	몡 가능성
grant	통 주다; (소원을) 들어주다
signify	통 의미하다
greedy	혱 욕심 많은
tie	통 (끈 등으로) 묶다

damage	통 손상을 주다
switch	통 전환하다, 바꾸다
artificial	형 인공의, 인조의
fake	형 모조의, 인조의

수능:ON 문장 삽입

lord	명 군주; 영주
tradition	명 전통
rotten	형 썩은
battle	명 전투, 싸움
origin	명 기원
legend	명 전설
evil	형 사악한
miller	명 방앗간 주인
resist	통 저항하다
assist	통 돕다
come to one's aid	~을 도우러 오다
recreate	통 재현하다
annually	부 매년
place	통 놓다[두다]
replace	통 대체하다
crate	명 상자
ship	통 실어 나르다, 수송[운송]하다
carriage	명 마차
on foot	걸어서, 도보로
injury	명 부상
suffer	통 시달리다; (부상 등을) 겪다
black eye	명 멍든 눈

09 Social Science

1 소녀의 목소리, 세계를 바꾸다

region	몡 지역, 지방
education	몡 교육
threaten	통 협박하다, 위협하다
take over	~을 인계받다; 장악하다
set up	건립하다, 설립[수립]하다
government	몡 정부
stand up to	~에게 저항하다[맞서다]
unfair	혱 부당한, 불공평한
report	통 알리다, 발표하다; (신문·방송에서) 보도하다
survive	통 살아남다
attack	몡 공격, 폭행
speak out	공개적으로 말하다[밝히다]
give a speech	연설하다
headquarters	몡 본사, 본부
in one's honor	~에게 경의를 표하여
promote	통 촉진하다, 증진하다
rule	몡 규칙; 지배
outgoing	혱 외향적인
describe	통 묘사하다, 말하다

2 팀워크의 함정

agricultural	혱 농업의
conduct	통 (특정한 활동을) 하다, 수행하다
participant	몡 참가자
utilize	통 활용[이용]하다

considerable	형 상당한
phenomenon	명 현상
productivity	명 생산성
noticeable	형 뚜렷한, 현저한; 눈에 띄는
motivation	명 동기 부여
achievement	명 성과
highly	부 크게, 매우
value	동 평가하다; 가치 있게 여기다
contribute	동 기부하다; 기여하다
assign	동 (일·책임 등을) 배정하다
vague	형 모호한
reflect	동 반사하다; 반영하다
constructive	형 건설적인
enhance	동 향상시키다
efficiency	명 효율성
collaboration	명 협업, 협동
socialize	동 사회화시키다
blend into	~와 뒤섞이다

3 숫자로 편견을 넘어서다

astronaut	명 우주 비행사
land	동 착륙하다
infamous	형 악명 높은
involve	동 수반[포함]하다; 참여시키다
unknown	형 알려지지 않은
stand out	두드러지다
graduate from	~을 졸업하다
complicated	형 복잡한
separately	부 따로따로
coworker	명 동료

work on	~에 노력을 들이다, 착수하다
brilliant	휑 훌륭한; 뛰어난
play a role	역할을 하다
perform	통 수행하다
calculation	명 계산, 산출
manned mission	유인 탐사
mission	명 임무
bias	명 편견, 편향
exploration	명 탐사, 탐험
teach oneself	독학하다
be made up of	~로 구성되다
contribute	통 기부하다; 기여하다
hinder	통 저해[방해]하다

수능:ON 긴 어구 빈칸 추론

pose	명 포즈[자세]
sign	명 몸짓, 신호, 표시
common	휑 흔한
gesture	명 몸짓
cybersecurity	명 사이버 보안
expert	명 전문가
fingertip	명 손가락 끝
obvious	휑 확실한[분명한]
fingerprint	명 지문
extract	통 뽑다, 추출하다
distance	명 거리
steal	통 훔치다, 도둑질하다
personal	휑 개인의[개인적인]
sensitive	휑 세심한; (정보·주제 등이) 민감한
application	명 응용 프로그램

specialized	휑 전문적인, 전문화된; 특별한 목적에 적합한
analyze	통 분석하다
available	휑 이용 가능한
cautious	휑 조심스러운, 신중한
wise	휑 지혜로운, 현명한
evolution	명 진화
simulate	통 ~한 척하다, 가장하다

SECTION 10 Science & Technology

1 달의 특별한 변신

full moon	몡 보름달
go through	(절차를) 거치다
phase	몡 단계; (변화하는 것의) 상[모습]
occur	통 발생하다
orbit	통 궤도를 돌다
opposite	혱 다른 편[쪽]의
more like	오히려 ~에 가까운
oval	몡 타원형
relationship	몡 관계
occasionally	뷔 때때로
distance	몡 거리
constantly	뷔 끊임없이

2 군중 속의 온기

crowd	몡 군중
uncomfortable	혱 불편한, 거북한
inconvenient	혱 불편한
purpose	몡 목적; 용도
recycle	통 재활용하다
source	몡 원천, 근원
capture	통 붙잡다, 포착하다
underground	혱 지하의
store	통 저장하다
pump	통 퍼 올리다
reduce	통 줄이다

climate	명 기후
design	동 디자인하다; 설계하다
transfer	동 옮기다; 전환하다
cool down	서늘해지다[하게 하다]; 식다, 식히다
region	명 지방, 지역

3 달걀 속 숨겨진 과학

hard-boil	동 단단하게 삶다
yolk	명 (달걀 등의) 노른자
assume	동 (사실일 것으로) 추정하다
spoil	동 망치다; 썩히다
throw away	버리다[없애다]
consume	동 소비하다; 먹다
chemical	형 화학의
reaction	명 반응
be composed of	~로 구성되어 있다
protein	명 단백질
contain	동 포함하다
extended	형 길어진[늘어난]
period	명 기간
harmless	형 무해한
maintain	동 유지하다
remain	동 계속 ~이다
be likely to	~할 것 같다
avoid	동 피하다
overcook	동 (음식을) 너무 오래 익히다[삶다]
immediately	부 즉시, 즉각
structure	명 구조
discoloration	명 변색
preparation	명 준비

ordinary	형 보통의; 평범한
secret	형 비밀의
pop	통 펑 하고 터지다
be made from	~으로 만들어지다
variety	명 다양성; 품종
kernel	명 (씨앗의) 알맹이
outer layer	명 외층, 바깥쪽의 막
pass through	~을 빠져나가다[통과하다]
turn into	~으로 변하다
escape	통 새어 나가다
result in	(결과적으로) ~을 야기하다
build-up	명 증가
pressure	명 압력
temperature	명 온도
explode	통 폭발하다
cracking	형 (무엇이 벌어져서 생긴) 금
release	명 방출[유출]
evaporate	통 증발하다[시키다]
melt	통 녹다[녹이다]

Word Review

01 Psychology

다음 우리말은 영어로, 영어는 우리말로 쓰시오.

1 tension _____

2 motivate _____

3 complicated _____

4 character _____

5 demonstrate _____

6 accompanying _____

7 constantly _____

8 designate _____

9 bother _____

10 interruption _____

11 conduct _____

12 process _____

13 임무, 일 _____

14 실험실 _____

15 관계 _____

16 현상 _____

17 참가자 _____

18 영향을 주다 _____

19 익명의 _____

20 청소년 _____

21 가상의 _____

22 다가가다 _____

23 맹목, 무지 _____

24 감지하다 _____

SECTION 02 Health & Medicine

다음 우리말은 영어로, 영어는 우리말로 쓰시오.

1	sneeze	_____
2	disturb	_____
3	swollen	_____
4	logically	_____
5	undergo	_____
6	symptom	_____
7	contain	_____
8	chemical	_____
9	accumulate	_____
10	meal	_____
11	availability	_____
12	obese	_____
13	적절한	_____
14	회복	_____
15	배출하다	_____
16	(고통·불안 등의) 경감, 완화	_____
17	유감[후회]스러운	_____
18	안정되다, 안정시키다	_____
19	제외하다	_____
20	극도의, 극심한	_____
21	속이다	_____
22	유지하다	_____
23	꾸준한, 한결같은	_____
24	매력적인	_____

03 Economy

다음 우리말은 영어로, 영어는 우리말로 쓰시오.

1 fallacy _____

2 financial _____

3 promote _____

4 affect _____

5 loss _____

6 strategy _____

7 component _____

8 consumer _____

9 option _____

10 psychological _____

11 quality _____

12 budget _____

13 합리적인; 너무 비싸지 않은 _____

14 투자하다 _____

15 재앙 _____

16 잠재적인 _____

17 수익, 이윤 _____

18 접근법, 처리 방법 _____

19 추종자[팬]들 _____

20 공포, 두려움, 무서움 _____

21 독점적인, 전용의 _____

22 할인 _____

23 절약하다 _____

24 극단 _____

04 Environment & Geography

다음 우리말은 영어로, 영어는 우리말로 쓰시오.

1   occasion

2   fulfill

3   decline

4   freeze

5   adapt

6   extreme

7   cross

8   traditional

9   practical

10 lack

11 urban

12 position

13 서식지

14 영양분

15 온도, 기온

16 편의, 편리; 편의 시설

17 가혹한; 혹독한

18 재배하다

19 색소

20 몫, 지분

21 인구

22 대륙

23 정반대

24 (등급·순위를) 차지하다

 **Nature**

다음 우리말은 영어로, 영어는 우리말로 쓰시오.

1 complain   _____

2 grateful   _____

3 dweller   _____

4 normal   _____

5 predator   _____

6 vision   _____

7 massive   _____

8 prioritize   _____

9 organism   _____

10 aggression   _____

11 dominance   _____

12 legal   _____

13 묻다, 매장하다   _____

14 보물   _____

15 영양분   _____

16 기능하는   _____

17 진화의   _____

18 알아차리다, 인지하다   _____

19 충돌하다, 부딪치다   _____

20 막대한, 거대한   _____

21 지능   _____

22 훌륭한, 존경할 만한   _____

23 강렬함, 강함   _____

24 표현   _____

다음 우리말은 영어로, 영어는 우리말로 쓰시오.

1 opinion   _____

2 rotten _____

3 lengthy _____

4 wizard _____

5 eventually _____

6 attend _____

7 flat _____

8 background _____

9 angle _____

10 look through _____

11 rusty _____

12 destroy _____

13 궁금하다, 궁금해하다 _____

14 긍정적인 _____

15 끔찍한, 몹시 나쁜 _____

16 관중 _____

17 참고; 인용 _____

18 묵살[일축]하다 _____

19 추상적인 _____

20 본능 _____

21 복잡한 _____

22 물건, 물체 _____

23 가능성 _____

24 걸작, 명작 _____

SECTION 07 History

다음 우리말은 영어로, 영어는 우리말로 쓰시오.

1 expert _____

2 accomplish _____

3 confuse _____

4 rarely _____

5 produce _____

6 royalty _____

7 initially _____

8 combine _____

9 slave _____

10 attract _____

11 heaven _____

12 treat _____

13 작동되다; (군사) 작전을 벌이다 _____

14 속이다 _____

15 전략 _____

16 극도로 _____

17 ~할 여유[형편]이 되다 _____

18 발견 _____

19 추측 _____

20 보호하다, 지키다 _____

21 참가자 _____

22 고대의 _____

23 의식 _____

24 향기 _____

다음 우리말은 영어로, 영어는 우리말로 쓰시오.

1   take place

2   inspire

3   promote

4   appear

5   general

6   moment

7   temple

8   countless

9   signify

10 origin

11 resist

12 injury

13 지역 사회

14 야생의; 열광적인

15 향상시키다, 높이다

16 정의

17 강조하다

18 긴장 상태

19 (건강) 회복

20 욕심 많은

21 전환하다, 바꾸다

22 전통

23 재현하다

24 시달리다; (부상 등을) 겪다

09 Social Science

다음 우리말은 영어로, 영어는 우리말로 쓰시오.

1   region _____

2   unfair _____

3   attack _____

4   agricultural _____

5   noticeable _____

6   vague _____

7   astronaut _____

8   separately _____

9   hinder _____

10 common _____

11 personal _____

12 cautious _____

13 협박하다, 위협하다 _____

14 본사, 본부 _____

15 촉진하다, 증진하다 _____

16 참가자 _____

17 활용[이용]하다 _____

18 (일·책임 등을) 배정하다 _____

19 악명 높은 _____

20 훌륭한; 뛰어난 _____

21 기부하다, 기여하다 _____

22 전문가 _____

23 추출하다 _____

24 분석하다 _____

SECTION 10 Science & Technology

다음 우리말은 영어로, 영어는 우리말로 쓰시오.

1 phase _____

2 orbit _____

3 distance _____

4 uncomfortable _____

5 store _____

6 transfer _____

7 assume _____

8 maintain _____

9 structure _____

10 escape _____

11 pressure _____

12 melt _____

13 다른 편[쪽]의 _____

14 관계 _____

15 때때로 _____

16 군중 _____

17 원천, 근원 _____

18 기후 _____

19 기간 _____

20 즉시, 즉각 _____

21 준비 _____

22 보통의; 평범한 _____

23 폭발하다 _____

24 증발하다[시키다] _____

Word Review 정답

SECTION 01

1 긴장 **2** 동기를 부여하다 **3** 복잡한 **4** 성격; (책·영화 등의) 등장인물 **5** 입증하다 **6** 동반하는, 덧붙인 **7** 계속해서 **8** 지정하다, 지명하다 **9** 괴롭히다 **10** 중단, 방해 **11** (특정한 활동을) 하다 **12** 처리하다 **13** task **14** laboratory **15** relationship **16** phenomenon **17** participant **18** influence **19** anonymous **20** adolescent **21** imaginary **22** approach **23** blindness **24** detect

SECTION 02

1 재채기하다; 재채기 **2** 방해하다 **3** 부어 오른 **4** 논리적으로 **5** (특히 변화·안 좋은 일 등을) 겪다[받다] **6** 증상 **7** 포함하다 **8** 화학물질 **9** 쌓이다, 축적되다 **10** 식사, 끼니 **11** 이용 가능성 **12** 비만인 **13** appropriate **14** recovery **15** expel **16** relief **17** regrettable **18** stabilize **19** exclude **20** extreme **21** trick **22** maintain **23** steady **24** appealing

SECTION 03

1 오류 **2** 금융의, 재정의 **3** 홍보하다 **4** 영향을 미치다 **5** 손해 **6** 전략 **7** 구성 요소 **8** 소비자 **9** 선택 (할 수 있는 것) **10** 심리적인, 정신적인 **11** 질 **12** 예산 **13** reasonable **14** invest **15** disaster **16** potential **17** profit **18** approach **19** following **20** fear **21** exclusive **22** discount **23** save **24** extreme

SECTION 04

1 때 **2** 다하다, 수행하다 **3** 감소; 쇠퇴 **4** 얼다; 얼리다 **5** 맞추다; 적응하다 **6** 극도의, 극심한 **7** 십자 기호; 혼합, 이종 교배 **8** 전통적인 **9** 실용적인 **10** ~이 없다 **11** 도시의 **12** 위치; 순위[등수] **13** habitat **14** nutrient **15** temperature **16** convenience **17** harsh **18** cultivate **19** pigment **20** share **21** population **22** continent **23** reverse **24** rank

SECTION 05

1 불평하다 **2** 감사하는 **3** 거주자 **4** 보통의, 평범한 **5** 포식자 **6** 시력, 시야 **7** 거대한 **8** 우선순위를 매기다 **9** 유기체; 생물 **10** 공격(성) **11** 지배, 우월함 **12** 법적인 **13** bury **14** treasure **15** nutrient **16** functional **17** evolutionary **18** notice **19** collide **20** enormous **21** intelligence **22** respectable **23** intensity **24** expression

SECTION 06

1 의견 2 썩은 3 장황한, 너무 긴 4 마법사 5 마침내, 결국 6 참석하다 7 평평하게, 반듯이 8 배경 9 각도, 각 10 ~을 살펴보다[훑어보다] 11 녹슨 12 파괴하다 13 wonder 14 positive 15 awful 16 audience 17 reference 18 dismiss 19 abstract 20 instinct 21 complicated 22 object 23 possibility 24 masterpiece

SECTION 07

1 전문가 2 완수하다, 성취하다 3 혼란시키다 4 드물게, 좀처럼 ~하지 않는 5 생산하다 6 왕족 7 처음에 8 결합하다 9 노예 10 끌다, 불러일으키다 11 천국 12 대하다, 다루다 13 operate 14 deceive 15 strategy 16 extremely 17 afford 18 discovery 19 assumption 20 protect 21 participant 22 ancient 23 ritual 24 fragrance

SECTION 08

1 개최되다 2 영감을 주다 3 증진시키다 4 나타나다; (글 속에) 나오다 5 일반적인 6 순간 7 신전, 사원 8 무수히 많은 9 의미하다 10 기원 11 저항하다 12 부상 13 community 14 wild 15 enhance 16 definition 17 emphasize 18 tension 19 recovery 20 greedy 21 switch 22 tradition 23 recreate 24 suffer

SECTION 09

1 지역, 지방 2 부당한, 불공평한 3 공격, 폭행 4 농업의 5 뚜렷한, 현저한; 눈에 띄는 6 모호한 7 우주 비행사 8 따로따로 9 저해[방해]하다 10 흔한 11 개인의[개인적인] 12 조심스러운 13 threaten 14 headquarters 15 promote 16 participant 17 utilize 18 assign 19 infamous 20 brilliant 21 contribute 22 expert 23 extract 24 analyze

SECTION 10

1 단계; (변화하는 것의) 상[모습] 2 궤도를 돌다 3 거리 4 불편한, 거북한 5 저장하다 6 옮기다; 전환하다 7 (사실일 것으로) 추정하다 8 유지하다 9 구조 10 새어 나가다 11 압력 12 녹다[녹이다] 13 opposite 14 relationship 15 occasionally 16 crowd 17 source 18 climate 19 period 20 immediately 21 preparation 22 ordinary 23 explode 24 evaporate

MEMO

MEMO

MEMO

MEMO

독해

체계적인 초·중·고등 독해 프로그램

Starter 1 | 2 | 3
Junior 1 | 2 | 3 | 4
Challenger 1 | 2 | 3

READING EXPERT

중고등 대상 7단계 원서 독해 교재

Level 1 | Level 2 | Level 3 | Level 4 | Level 5 |
Advanced 1 | Advanced 2

기강 잡고

기본을 강하게 잡아주는 고등영어

독해 잡는 필수 문법 | 기초 잡는 유형 독해

빠른 독해를 위한 바른 선택

기초세우기 | 구문독해 | 유형독해 | 수능실전

The 상승

독해 기본기에서 수능 실전 대비까지

직독직해편 | 문법독해편 | 구문편 |
수능유형편 | 어법·어휘+유형편

수능

맞수

맞춤형 수능영어 단기특강 시리즈

구문독해 기본편 | 실전편
수능유형 기본편 | 실전편
수능문법어법 기본편 | 실전편
수능듣기 기본편 | 실전편
빈칸추론

핵심만 콕 찍어주는 수능유형 필독서

독해 기본 | 독해 실력 | 듣기

수능1up

수능 영어 1등급 올려주는 상위권 수능 독해서

빈순삽함 유형편 | 간접연계 소재편

얇빠 얇고 빠른 미니 모의고사 10+2회

수능 핵심유형들만 모아 얇게! 회당 10문항으로 빠르게!

입문 | 기본 | 실전

수능만만

만만한 수능영어 모의고사

기본 영어듣기 20회 | 기본 영어듣기 35회+5회 |
기본 영어독해 10+1회 | 기본 문법·어법·어휘 150제 |
영어듣기 20회 | 영어듣기 35회 |
영어독해 20회 | 어법·어휘 228제

NE능률 영어교육연구소

NE능률 영어교육연구소는 전문성과 탁월성을 기반으로
영어 교육 트렌드를 선도합니다.

조 은 영 선임연구원   **이 희 진** 선임연구원
이 정 민 연구원   **박 지 연** 연구원

펴 낸 날	2025년 08월 05일 (초판 1쇄)
	2025년 11월 15일 (제2쇄)
펴 낸 이	주민홍
펴 낸 곳	(주)NE능률
지 은 이	NE능률 영어교육연구소
개 발 책 임	김지현
개 발	조은영, 이희진, 이정민, 박지연
영 문 교 열	Curtis Thompson, Alison Li, Courtenay Parker
디자인책임	오영숙
디 자 인	안훈정, 오솔길, 장수현
제 작 책 임	한성일
등 록 번 호	제1-68호
I S B N	979-11-253-5027-9

대 표 전 화	02 2014 7114
홈 페 이 지	www.neungyule.com
주 소	서울시 마포구 월드컵북로 396(상암동) 누리꿈스퀘어 비즈니스타워 10층